Küchenkabinett

Bodo H. Hauser • Ulrich Kienzle

Küchen-
kabinett

Essen und Trinken bei Rechten und Linken

Herausgegeben von Stephan Reichenberger
unter Mitarbeit von Dorothea Friedrich,
Joseph Boeuf de la Motte und Käte Bora

WILHELM HEYNE VERLAG
MÜNCHEN

Umwelthinweis:
Dieses Buch wurde auf chlor- und säurefreiem Papier gedruckt.

2. Auflage

Fotoproduktion: Schwanstein.com
Artwork: HouseWorks digital media, Mechthild Schmidt
Layout Bildteil: Martina Eisele
Dokumentation des Textes
WER IS(S)T WAS UND WO IN BERLIN: Dona Kujacinski
Satz: Gramma GmbH, München
Druck und Bindung: Wiener Verlag, Himberg
Printed in Austria

ISBN 3-453-16536-5

SPEISEKARTE

SPEISEKARTE

Amuse-Gueule:

DAS KULINARISCHE QUINTETT

Berliner Tafelrunde zum Thema
Politik und Genuß

Ort und Zeitpunkt waren gewählt mit Sinn für Symbolik. Am Abend des 22. August 1999, nur wenige Stunden bevor Bundeskanzler und Positano-Heimkehrer Gerhard Schröder erstmals in Berlin seine Amtsgeschäfte aufnahm, während die Regierungsumzügler aus Bonn noch unter den Folgen des Sommertheaters stöhnten und im Chaos fehlgeleiteter Aktencontainer verzweifelten, versammelten sich im Restaurant »Quadriga« des Hotels Brandenburger Hof fünf Herren rund um einen Tisch: Aus dem Rheinland Bodo H. Hauser und Wirtschaftsminister a. D. Otto Graf Lambsdorff, aus Schwaben Ulrich Kienzle und Grünen-Fraktionssprecher Rezzo Schlauch sowie der streitbare Feinschmecker Hanjo Seißler mit Sitz in München und Seele in Hamburg.

Die politische Tafelrunde wurde bekocht vom Berliner Spitzenchef Wolfgang Nagler, gebürtiger Oberpfälzer, und vom Bonner Platzhirsch Rainer Halbedel, der aus Süd-Oldenburg stammt. Auf dem Speisezettel lockte ein schwäbisch-rheinisches Gourmet-Menü, auf der Themenliste stand die bange Frage: Warum gibt es immer weniger genußfähige und genußfreudige Politiker? Fazit nach zweieinhalb Stunden Essen und Gespräch: Der Magen zu und alle Flaschen offen, die Eingangsfrage vollmundig beantwortet und so manche neu in den Raum gestellt.

Das »kulinarische Quintett« liefert quasi den oralen Rahmen für das vorliegende Buch, in dem Hauser & Kienzle sich auf nur scheinbar politikfernes Terrain wagen. Schnell werden die Zusammenhänge sichtbar. Was hat Regieren mit Dinieren zu tun? Warum verströmt das Wort Arbeitsessen hierzulande einen Hautgout? Wie kommt es, daß Spitzenköche in unseren Nachbarländern als Kulturschaffende gelten, während sie in Deutschland mit Friseuren und Schneidern in einen Schickimicki-Topf geworfen werden? Haben nach dem Ausfall von Oskar Lafontaine und Joschka Fischer als regierende Vorzeige-Gourmets die wenigen Genießer noch eine Chance gegen die Übermacht der Genierer?

Davon handelt dieses Buch, das aber immer wieder genüßlich vom Menüplan abschweift und vor allem eines ganz bestimmt nicht sein will: Gastro-Katechismus für Food-Fundis oder Küchen-Pietisten. Mögen zwischen Rechts und Links auch Welten liegen, über die Brücke weltlicher Genüsse lassen sich solche Gegensätze allemal für ein paar Stunden vereinen – wie das »Küchenkabinett« und die darin versammelten Pamphlete und Rezepte beweisen werden.

Da die Regale der Buchhandlungen bereits unter Kochbüchern mit (angeblichen) Lieblingsrezepten prominenter Persönlichkeiten zusammenbrechen, präsentieren Hauser & Kienzle in ihrem »Küchenkabinett« keine weitere Ansammlung volksnaher Schnellgerichte. Vielmehr ungewöhnliche Speisen, deutschen Spitzenpolitikern auf den Leib gekocht, auf daß ihnen beim Ausfüllen künftiger Fragebögen zum Thema Lieblingsgericht anderes einfallen möge als Currywurst, Schnitzel und Spaghetti.

Die Autoren wünschen guten Appetit beim Lesen und beim Nachkochen!

Menü I:

KOMM, HERR KANZLER, SEI UNSER GAST

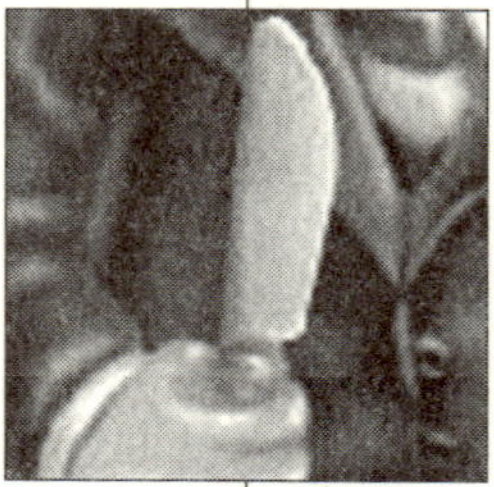

Bonn gibt den Löffel ab –
Berlin biegt ihn sich zurecht

Amuse-Gueule von Wolfgang Nagler:

BULETTE AUF KARTOFFELSALAT, STRAMMER MAX MIT WACHTELSPIEGELEI

Für 4 Personen

Zutaten:

BULETTEN

200 g Kalbsschulter
1 Semmel, am besten vom Vortag, in Milch eingelegt
1 Ei und etwas Butter
2 Scheiben Kochschinken
2 EL Zwiebelwürfel und ein wenig kleingehackte Petersilie
zum Würzen: Senf, Pfeffer, Salz, süßes Paprikapulver

KARTOFFELSALAT

20 Pellkartoffeln, am besten Grenaille
¼ l Rinderkraftbrühe
6 EL Schalottenessig
2 Schalotten in Würfeln
zum Würzen:
Senf, Salz, Pfeffer, Öl und Schnittlauch

STRAMMER MAX

1 Graubrotscheibe, mit Essig und Öl leicht angemachte Salatkopfstreifen (ca. halber Salatkopf), ca. 2 Scheiben Schwarzwälder Schinken, in Würfel geschnitten, 8 Wachteleier und etwas Butter

Zubereitung:

BULETTEN

Kochschinken, Zwiebeln und Petersilie leicht in Butter anschwitzen. Kalbsschulter, die Semmel und die Schinkenmasse zusammen im Fleischwolf zerkleinern. Ei und Gewürze dazu. Jetzt die Hackmasse in kleine, flache Kugeln formen und langsam in der Pfanne ausbraten.

KARTOFFELSALAT

Graubrotscheiben. Kartoffeln weich kochen, pellen und in leicht erkaltetem Zustand in Scheiben schneiden (blätteln). Die Brühe mit dem Essig und den Schalottenwürfeln leicht aufkochen und noch warm über die Kartoffeln geben. Mit Senf, Salz, Pfeffer und Öl abschmecken und vorsichtig vermengen. Mit kleingeschnittenem Schnittlauch garnieren.

STRAMMER MAX

Pro Person wird aus der Graubrotscheibe ein ca. 5 cm großer Taler ausgestochen. Leicht in Butter anrösten. Darauf die Kopfsalatstreifen und den Schwarzwälder Schinken gleichmäßig schichten. Die Wachteleier in der Pfanne in leicht schäumender Butter braten und auf das belegte Brot legen.

Hauser:
Woher kommt es, daß wir von Politikern überall immer nur lesen: Currywurst, Schnitzel, Spaghetti ...? Ich habe den Eindruck, die meisten Politiker sehen sich zuerst demoskopische Umfragen an, bevor sie Statements darüber abgeben, wie sie leben und was sie gut oder schlecht finden. Wenn einer ein Original ist und sich öffentlich zu seinen Besonderheiten bekennt, brächte ihm das bestimmt mehr Sympathien ein als jede künstliche Imagepflege. Beispiel Urlaub: Es gab eine Zeit, da dachten alle Politiker, sie müßten unbedingt in Deutschland Urlaub machen, vielleicht gerade noch in Österreich, aber nicht weiter weg. Keiner wagte seinen wahren Neigungen nachzugehen.

Seißler:
Das dürfen Sie in Deutschland nur, wenn es ums Auto geht. Da können Sie auf den Putz hauen, daß es nur so knattert. Kein Mensch findet es anstößig, wenn Sie achtzig- oder hunderttausend Mark für ein Auto hinlegen. Aber wenn ich mit meiner Frau gut essen gehe und dann zugebe, daß ich dafür 500 Mark bezahlt habe, schauen mich die Leute an, als sei ich meschugge. Der Deutsche fährt an die Tankstelle und antwortet auf die Frage, welches Öl er haben möchte: Natürlich das beste! Anschließend fährt er mit dem teuersten Motoröl ins billigste Speiselokal mit dem schlechtesten Olivenöl.

Schlauch:
Anläßlich eines Wahlkampfes hab' ich es mal gewagt, in

einem der besten Stuttgarter Lokale, der »Wielandshöhe« ...

Seißler:
... bei Vincent Klink ...

Kienzle:
... ein grüner Gourmetkoch im Schwäbischen, das ist sowieso schon ein Wunder ...

Schlauch:
... also in der »Wielandshöhe« ein sogenanntes Fundraising-Essen zu veranstalten im Wert von 888 Mark pro Kopf. Acht Mark für den Kellner, 80 Mark für den Koch, 800 Mark für meinen Wahlkampf. Die CDU verbreitete daraufhin eine Presseerklärung mit der Botschaft: Unser Kandidat ißt Maultaschen mit den Bürgern. Will heißen: Wer sich zum Genuß öffentlich bekennt, der gerät sofort in Generalverdacht.

Kienzle:
Das hat natürlich auch mit dem schwäbischen Pietcong zu tun, mit diesem speziellen Pietismus, der seit Hunderten von Jahren alles verfolgt, was mit Genuß zu tun hat.

Graf Lambsdorff:
Bei uns im Rheinland vergnügt man sich gerne mit gutem Essen. Das wird sich hoffentlich auch in Berlin fortsetzen. Vorher muß dort allerdings das kulinarische Niveau noch etwas angehoben werden.

Seißler:
Ich bitte Sie, Herr Lambsdorff! In Bonn gibt es gerade mal den Rainer Halbedel – Ende der Fahnenstange!

Graf Lambsdorff:
Es gibt in Bonn eine Reihe von sehr guten Italienern. Es gibt den wahrscheinlich besten Japaner Deutschlands. In Bonn! Und sehr zu meiner Beruhigung ziehen die alle nicht mit um nach Berlin.

Seißler:
Wenn ich mir die Gesichter im Handbuch des Deutschen Bundestages anschaue, dann weiß ich: Diese Leute sind zum Genuß nicht befähigt.

Hauser:
Denen steht der Verzicht ins Gesicht geschrieben.

Rainer Halbedel läßt die Vorspeise servieren: Himmel und Ääd mit Blutwurst und Gänsestopfleber.

Hauser:
Ah, etwas aus dem Rheinland!

Schlauch:
Im Schwäbischen nennt man das Schlachtplatte.

Hauser:
Nein! Oh, nein!

Kienzle:
Blut und Leberwurst.

Vorspeise von Rainer Halbedel:

HIMMEL UND ÄÄD MIT BLUTWURST UND GÄNSESTOPFLEBER

Für 4 Personen

WEINEMPFEHLUNG:
1998 Kreuznacher Rosenberg
Gewürztraminer – QbA – feinherb
Weingut Korrell – Johanneshof, Nahe

Zutaten:
1 dicke festkochende Kartoffel
1 dicker Apfel, am besten Boskop
50 g durchwachsener Räucherspeck
1 dicke Zwiebel
1–2 frische kleine Blutwürste (Flöns), in Stücke geschnitten
4 kleine Scheiben Gänsestopfleber
zum Würzen: Salz, Pfeffer, frischer Majoran, Muskatnuß und etwas alter Balsamessig

Zubereitung:
Die Kartoffel und den Apfel in mittelgroße Würfel schneiden. Den Räucherspeck und die Hälfte der Zwiebel in feine Würfel schneiden. Den Speck mit den Zwiebelwürfeln kurz anbraten, danach die Kartoffel hinzugeben und ebenfalls kurz mit anschwitzen. Jetzt kommt der Apfel hinzu. Den Topf abdecken, damit der Apfel saften kann und die Kartoffel dadurch praktisch im Apfelsaft gart. Jetzt mit Salz, Pfeffer, Majoran und der Muskatnuß würzen. Die andere Hälfte der Zwiebel in dünne Scheiben schneiden und goldgelb anrösten. Die Blutwurst und die Gänsestopfleber braten und an dem fertigen Himmel und Ääd anrichten, zum Schluß die Zwiebelringe darüberlegen und je nach Geschmack mit dem alten Balsamessig beträufeln.

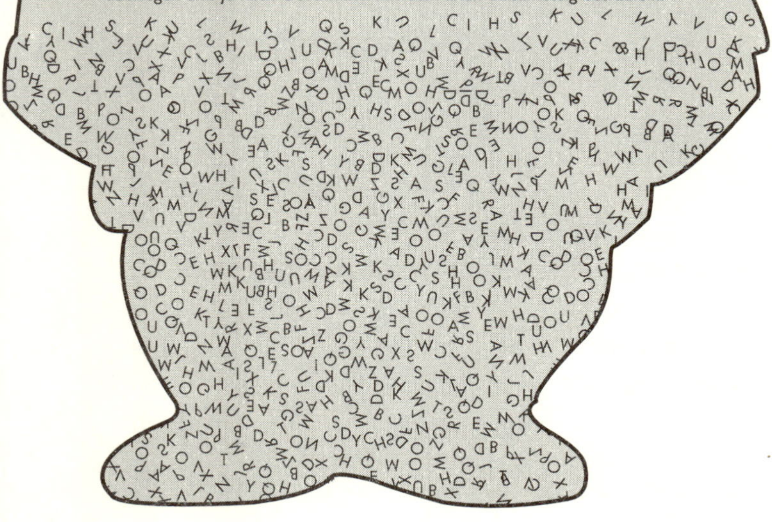

Hauser:
Das ist doch keine Leberwurst, Kienzle, sondern Gänsestopfleber.

Graf Lambsdorff:
Ist das wirklich ein urrheinisches Gericht?

Hauser:
»Himmel und Ääd« kommt ganz klar aus...

Graf Lambsdorff:
... Schlesien!

Hauser:
Wie bitte ...?

Graf Lambsdorff:
Kein Zweifel.

Hauser:
Also »Himmel und Ääd« ist bei uns Apfelkompott mit Kartoffelbrei.

Graf Lambsdorff:
Trotzdem kommt es aus Schlesien.

Seißler:
Herr Halbedel, warum haben Sie Ihrem »Arme-Leute«-Gericht ausgerechnet Gänsestopfleber zugefügt?

Halbedel:
Als kleine Reverenz an die Franzosen, die uns Rheinländern immer sehr wohlgesonnen waren.

Seißler:
Darf ich Ihren Eröffnungsgang »Himmel und Ääd« dahingehend interpretieren, daß Bonn für Sie bisher der Himmel war, Sie jetzt aber durch den Regierungsumzug unsanft auf der Erde gelandet sind?

Halbedel:
Aber nein. 310.000 Bonner wollen doch künftig nicht schlechter essen als die paar Politiker. Ich bin eigentlich ganz froh, daß die endlich weg sind aus Bonn. Politiker wollen immer im letzten Augenblick einen Tisch reservieren, erwarten möglichst große Portionen für möglichst wenig Geld, haben beim Essen nur ihre Akten im Kopf und ansonsten wenig Ahnung von guter Küche. In meinem Restaurant geht seit dem Regierungsumzug der Umsatz nach oben und nicht, wie befürchtet, nach unten.

Graf Lambsdorff:
Ich zumindest bleibe Ihnen erhalten, Herr Halbedel.

Seißler:
Herr Lambsdorff, viermal im Jahr kocht Rainer Halbedel bei Ihnen zu Hause auf. Wie lange geht das schon so?

Graf Lambsdorff:
Ich glaube, seit acht Jahren.

Seißler:
Für Freunde oder dienstlich?

Graf Lambsdorff:
Nur für Freunde. Zu mir nach Hause lade ich nur Leute ein, die ich wirklich bei mir privat um den Tisch haben will. Darunter sind unter anderem auch Politiker.

Seißler:
Können Sie kochen?

Graf Lambsdorff:
Gerade mal so, daß ich nicht verhungere. Spiegeleier, Rühreier und andere schöne Dinge. Aber meine Frau kocht gut – und sie guckt bei Halbedel aufmerksam in die Töpfe.

Kienzle:
Dieses »Himmel und Ääd« – wirklich lecker! Toll der Kontrast aus einfacher Schwarzwurst und – Tierfreunde mögen mir verzeihen – Gänsestopfleber.

Graf Lambsdorff:
Wenn meine Tochter nach Hause kommt, wird so was regelmäßig beanstandet, aber dennoch gegessen.

Seißler:
Vorbei die Zeiten, als Gänse noch nach traditioneller Methode genudelt wurden, liebevoll in den Arm genommen von der Bäuerin oder vom Bauern. Ich hab' mir mal diese Batterien angesehen, wo sie Enten und

Gänse von Automaten stopfen lassen: Rohr in den Rachen und dann mit Hilfe von Druckluft vollpumpen ... Scheußlich!

Kienzle:
Aber die Leber hat Ihnen dann trotzdem geschmeckt.

Seißler:
Sie war köstlich!

Kienzle:

WAS ABGEORDNETEN ALLES AUF DEN MAGEN SCHLÄGT

Eine Woche im Leben des MdB Bernd Reuter, SPD

Geld, welches die Abgeordneten des Deutschen Bundestages dafür einstreichen, daß sie bei Sitzungen körperlich anwesend sind, wird Tagegeld genannt. Was nichts damit zu tun haben soll, daß Parlamentarier ihre Zusammenkünfte so lästig empfinden wie Frauen ihre Tage. Wer den menschenleeren Plenarsaal in sogenannten Sitzungswochen (!) – das ist knapp die Hälfte aller Wochen eines Jahres – vor Augen hat, dem kommt rasch in den Sinn: »Der deutsche Abgeordnete liebt die Wahlperiode, aber er haßt die Sitzungstage.« Die Ausflucht: »Wir haben die Hauptarbeit in den Ausschüssen erledigt« zieht nicht. Stimmte das, wäre nicht einzusehen, weshalb das sogenannte Hohe Haus jedesmal, wenn es umgezogen ist, einen noch größeren, noch prächtigeren Aufenthaltsraum zum Debattieren in Anspruch genommen hat. Wozu? Wenn doch der Schwerpunkt der Tätigkeit in kleinen Diskutierzirkeln liegt.

Die gigantische gläserne Reichstagskuppel, durch die die Mitglieder des Plenums in den Himmel starren und so ihren Träumen nachhängen können, ist neu. Der Souverän – das Volk, nein, wie komisch – kann den Abgeordneten jetzt aufs Dach steigen. Nicht unbedingt, um ihnen beim Kungeln zuzuschauen, dazu müßten sich Bürgerinnen und Bürger zu weit aus dem Fenster lehnen. Aber sie können den unten Versammelten das Gefühl geben, unter ständiger Kontrolle zu stehen. Beobachtet zu werden. Wie die Tiere im Zoo. Die werden jedoch wesentlich besser verpflegt als das gemeine »Mitglied des Bundestages« (MdB), das nur seinem Gewissen verpflichtet ist und von niemand Aufträge oder Weisungen entgegennehmen soll, sagt das Grundgesetz. Haha! Dem ordinären MdB geht's nicht gut. Es ißt schlecht. Es neigt zu Übergewicht und zu ein bißchen Blut im Alkoholkreislauf. »So ist es eben, das Geschäft mit der Politik«, strahlen die Hauptdarsteller auf dieser Bühne und scheinen sich dabei auch noch wohl zu fühlen.

Einer, der fast immer da ist, wenn gesessen wird; einer, der hinten bankt und bangt und doch oft vorne sitzt – links neben dem Präsidenten oder der Präsidentin; einer, der das, wofür er sich – seit 1980 – hat wählen lassen, ernst nimmt; einer, der heilfroh ist, seinen 180 Zentimetern nur noch 115 Kilogramm Lebendgewicht statt, wie noch bis vor kurzem, 128 Kilo zuzumuten, heißt Bernd Reuter, SPD; Wahlkreis 137, Hanau, Jahrgang 1940. Der graduierte Bauingenieur ist Obmann der Schriftführer des Deutschen Bundestages. Er ist einer von denen, die von Journalisten Hinterbänkler genannt werden, obwohl sie oft effizienter arbeiten als die großen Faltenwerfer und Flinkredner der deutschen Politik.

Bernd Reuter ist im besten Sinn Durchschnitt. Seine Eß-, Trink- und Arbeitsgewohnheiten werden sich nur durch kleine Vorlieben von denen anderer Berufspolitiker unterscheiden. Es sei denn, die sind Vegetarier und Guttempler. Reuter hat notiert, wie er bislang sicherstellte, daß er nicht vom Fleische fiel:

Montag

Als Mitglied des SPD-Fraktionsvorstandes mußte Reuter »schon montags morgens« nach Bonn. Ehefrau Roswitha kaufte zum Wochenende oberhessische Wurst in solchen Mengen ein, als seien die beiden – erwachsenen – Kinder noch im Hause. Sind sie aber nicht. Das führte an jedem Montag zu umfänglichen Freßpaketen. Deren Schrumpfung bisher kurz nach Mainz am Klapptisch eines Großraumwagens im Intercity einsetzte:

»... habe ich dann meine Wurst ausgepackt und mit großem Genuß gefrühstückt, indem ich Scheibe für Scheibe abschnitt.«

In Bonn angekommen, wurde der Rest im Kühlschrank verstaut, »damit er für die Woche genießbar blieb«. Sehr wahrscheinlich, weil saure Äpfel zehren, durften in den Vorräten des Abgeordneten Reuter Äpfel nie fehlen. Nach dem Palaver im Vorstand der SPD-Bundestagsfraktion pilgerte an jedem Montag, den das Bundestagspräsidium werden ließ, eine Schar Sozialdemokraten in ein griechisches Lokal gleich hinter der »Reuter-Brücke«, das den schönen spanischen Namen »Bodega« trägt.

»In den 80er Jahren nahmen daran Kollegen wie Georg Schlaga, Klaus Daubertshäuser, Rudi Schmidt, Walter Buckpesch und Albert Pfuhl – also eine gemischte hessische Spitzentruppe – teil.« Zum Ritual gehörte der »Odysseus-Teller« – eine Mischung aus griechischen Spezialitäten.

Und so wie sich andere beim Essen über Gott und die Welt, Hölzchen und Stöckchen, Leckeres und Feines unterhalten, so saßen die Genossen bei einfachen Gerichten über Politik zu Gericht. Jeder gab das Seine – Umwelt, Verkehr, Landwirtschaft und Inneres – dazu. Nach und nach änderten sich die Namen in der Truppe und die Speisen: Das allmontägliche Bonn schwand mit in Olivenöl gebackenen Zucchini, Auberginen, Paprika, viel Knoblauch – »der Gesundheit und des Geschmackes wegen« – und Tsatsiki aus den Adreßbüchern und dem Bewußtsein.

Dienstag

Der Dienstag begann morgens um halb acht beim Ehepaar Heinz und Beate Habeth. Heinz Habeth ist Metzgermeister. Zwei Brötchen gab's und viel Gespräch. Eine Semmel stets mit Zungenblutwurst, die andere wahlweise mit Schinken oder Schwartenmagen belegt. Die Rede war von Politik, weil der Fleischer über das, was im Parlament geschah, immer auf dem laufenden war. Erstens sowieso und zweitens, weil ein Schwarzer in weißem Habit, der Helmut Kohl beraten haben soll, ebenfalls zu den Kunden des Ehepaares Habeth zählt: der Dominikanerpater Heinrich Basilius Streithofen.

Gegen ein Uhr mittags saß – immer wieder dienstags – die Arbeitsgruppe Petitionen in der Parlamentarischen Gesellschaft beisammen und beriet über Eingaben an die Abgeordneten. Das dabei stattfindende Arbeitsessen »mußte von jedem selbst bezahlt werden«. Dummerweise war es Reuters Aufgabe, solche Sitzungen zu leiten, weil er in diesen Angelegenheiten Sprecher seiner Fraktion ist. Was »den Genuß beim Essen stark beeinträchtigte«. Er lobt im übrigen die Speisenkarte. Sie sei vielfältig gewesen, »besonders die guten Suppen, Salate und Nachspeisen sind hervorzuheben«.

Von zwei Uhr nachmittags bis sechs Uhr am Abend ging's ins dienstägliche Fraktionstreffen, danach bis kurz nach neun Uhr ins Gespräch mit den Obleuten des Petitionsausschusses. Es folgte in der Parlamentarischen Gesellschaft ein Stammtisch, zu dem neben »hessischen Freundinnen und Freunden auch Kolleginnen und Kollegen aus anderen Landesgruppen, vor allem aus Baden-Württemberg und aus Nordrhein-Westfalen«, stießen. Bei Sülze mit Remouladensauce, Bratkartoffeln, Salat und anschließend, als »Belohnung für den schweren Tag«, drei Kugeln Eis – eine davon immer Karamel – ohne Sahne, wurde um personelle und politische Entscheidungen gestritten, fand ein »Nachtarocken« zur Fraktionssitzung statt.

Mittwoch

Mittwochs frequentierte der Volksvertreter aus Nidderau bereits um sieben Uhr morgens den Laden des Ehepaares Habeth, weil »die Sitzungen des Petitionsausschusses nicht selten bereits um sieben Uhr dreißig begannen«. Der Belag auf Reuters Brötchen sah an diesen Tagen aus wie am Dienstag. Mittags vertilgte er zumeist die Reste seiner oberhessischen Vorräte. Die Landesgruppe Hessen der SPD – Reuter ist seit vielen Jahren deren Vorsitzender – tagte an jedem Mittwoch einer Sitzungswoche ab sieben Uhr abends in der Hessischen Landesvertretung. Heißa, da schlug das Herz schneller, und da klatschten die Hessen in die Hände: »Aale Worscht« aus Nordhessen gab es und »Handkäs« mit hessischem »Äppelwoi« und Wein aus dem Rheingau. Ab zehn Uhr gaben sich dann die einen oder die anderen dem einen und dem anderen »Schlummertrunk« hin.

Donnerstag

Der Donnerstag stellte den Schlachtermeister Habeth morgens von der Belieferung des Abgeordneten Reuter mit Wurstsemmeln frei: Verschiedene Verbände, Vereine und sonstige Organisationen – beispielsweise die Industriegewerkschaft Bauen – Agrar – Umwelt oder das Deutsche Rote Kreuz – versorgten ihn und andere mit einem Frühstück. Falls ausnahmsweise nicht, dann mußte Heinz Habeth doch in Aktion treten. Mittags standen meistens Eintöpfe oder Salate aus der Kantine des Abgeordneten-Bürohauses »Langer Eugen« auf dem Plan. Das fiel gelegentlich – wenn »die Anwesenheit im Plenum notwendig war« – unter den Tisch. Ließ es sich einrichten, war Reuter abends im »Nanking« am Kaiserplatz zu finden. »Ma Po Taufu« und Peking-Ente oder Rindfleisch mit Glasnudeln und chinesischem Gemüse ließ er sich selten entgehen. Zuvor nahm er – »je nach Gemütsverfassung« – eine »Frühlingsrolle« oder eine »Wan-Tan«-Suppe zu sich. Und – »interessante Unterhaltungen« mit anderen Parlamentsmitgliedern, die er im »Nanking« näher kennenlernte: Horst Ehmke und Hans Koschnick zum Beispiel. Mit ihnen und Artverwandten wurde die Geschichte der einstmals ruhmreichen sozialdemokratischen Partei geordnet, die Ost-Politik besprochen, die China-Politik verhackstückt, die sozialliberale Koalition unter die Lupe genommen. Und es wurden – nicht zu vergessen – Witze gerissen und Anekdoten erzählt. Auf diese Weise schloß Bernd Reuter Freundschaft mit Wei Jun Wu und einigen seiner Verwandten, die eine Reihe von »Nanking«-Restaurants in Deutschland betreiben. Bei ihnen lernte er Angehörige der chinesischen Botschaft und viele chinesische Geschäftsleute kennen, mit denen er seitdem engen Kontakt hält.

Freitag

Der Freitag nahm seinen Anfang meist bei Habeths. Brötchen wie immer und – »für die Heimfahrt noch ein kleiner Proviant an Putenfrikadellen«. Nachmittags brachte der IC ihn gemeinsam mit »der Kollegin Adelheid Tröscher« im Großraumwagen – »wegen der klappbaren Tischchen« – nach Hause. Bis Koblenz war die Wegzehrung des Bonner Metzgers in aller Regel »vernichtet«, es konnte politikastert werden. Auch mit anderen Reisenden, die den Zug bevölkerten, weil »man im IC zwischen Bonn und Frankfurt immer interessante Leute aus allen Bereichen trifft«. Am Ende solcher Dienstfahrten – zu Hause angekommen – »gab es dann wieder die gute Hausmannskost«.

Außer daß die hessische SPD-Landesgruppe sich in Berlin bereits organisiert hat, ist alles andere noch offen. Reuter hofft, daß sich »auch in Berlin entsprechende Eßgewohnheiten herauskristallisieren«. Er wünscht sich dabei vor allen Dingen, »daß sich im Umfeld des Reichstages gesündere Ernährungsgewohnheiten einführen lassen«.

Seißler:
Es wurde viel getrunken in Bonn. Bernd Reuter macht seit vielen Jahren bei unserer Fastenaktion mit. Erst seit er »nein« sagt während der Fastenzeit, ist ihm aufgefallen, wieviel er im Laufe eines Tages schluckt. Ist das immer noch so?

Schlauch:
Die Gelegenheiten sind mannigfach. Wo immer man hinkommt, werden Getränke gereicht. Oft aber ist auf diesen Empfängen der Wein schlecht. Ich lass' ihn stehen.

Seißler:
Wer lädt denn zu Veranstaltungen mit schlechtem Wein?

Graf Lambsdorff:
Die Organisationen können Sie gar nicht alle aufzählen!

Hauser:
Viele unserer Fernsehkollegen haben früher dem Alkohol kräftig zugesprochen, auch wenn die Sendung noch bevorstand.

Kienzle:
Alkohol hieß in Journalistenkreisen »Nachrichtendiesel«.

Hauser:
Heute aber ist der Druck so groß, das geht nicht mehr.

Schlauch:
Bei uns Politikern hängt das auch ein bißchen ab von Regierung oder Opposition. In der Opposition hat man es etwas leichter und mehr Zeit. Da kommt es nicht so darauf an.

Graf Lambsdorff:
Also ich habe auch in der Regierungsfraktion einige erlebt ...

Schlauch:
Ich merke es an mir selbst. Seit dem Regierungswechsel trinke ich sehr viel weniger. Es hängt aber auch mit der Fitneßwelle zusammen. Man ißt bewußter, und man trinkt bewußter.

Kienzle:
Wein ist doch Medizin!

Hauser:
Hinzu kommt, daß heute überall Fernsehkameras herumstehen. Das war früher nicht so. Ein Politiker befindet sich also permanent im Blickpunkt.
Das erhöht natürlich den Druck.

Seißler:
Darüber ist seinerzeit ein Fraktionskollege von Herrn Lambsdorff, Detlef Kleinert, kräftig ins Stottern geraten.

Graf Lambsdorff:
Wenn Sie hier schon Namen nennen, muß auch erzählt werden, daß der gute Detlef Kleinert einmal zu später Abendstunde im Bundestag redete, gut redete, spaßig und druckreif; als der Bundestagspräsident Johnny Klein – auch ein Mann von großem Humor – dann sagte: »Herr Abgeordneter, Ihre Redezeit ist abgelaufen«, gab es großes Geschrei aus dem Plenum: »Nein! Nein! Laßt ihn doch reden!«

Kienzle:

EIN LEBEN FÜR DIE SOJA-WURST

Konrad Adenauer – ein heimlicher Grüner?

Er malte Hitler und Napoleon und schoß auf Rudi Dutschke, dichtete die Bild-Zeitung über den Attentäter. Adenauer liebte die Rosen und guten Wein und erfand die Soja-Wurst. Ohne Witz! Frau Poppinga hatte davon übrigens keine Ahnung. Sie sah zwar mit scheelen Blicken, wie ihr geliebter Konrad mit Nonnen leckeren Wermut trank und wie er italo-schweizerischen Kindern Schokolade mitbrachte, aber die Sache mit der Wurst wäre ihr kaum Wurscht gewesen. Deutschlands beliebtester Machiavelli als Avantgardist der Reformhäuser! Schier unglaublich. Tagsüber führte er das durch und durch harmlose, aber offenbar gänzlich unausgefüllte Leben eines Oberbürgermeisters von Köln. Nachts frönte er seiner wahren Leidenschaft und überzog Europa mit einer Flut von Soja-Patenten. In Kliniken wurden wehrlose Kranke, die gegen den Fraß keinen Widerstand leisten konnten, als Versuchskaninchen verwendet. Dankesschreiben der glücklichen Anstaltsleiter, die ein Vermögen einsparten: »Ich kann nur betonen, daß die Wurst von allen Kranken ausnahmslos sehr gern gegessen wurde, und zwar von den meisten die Blutwurst noch lieber als die Leberwurst.« Für die BSE-bedingten Vegetarier von heute trübt allerdings ein Wermutstropfen die ansehnliche Wurstpampe: Das Soja wurde von Konrad Adenauer ergänzt mit Knochenbrühe und Gelatine. Help! Nein, ein Tierfreund war der Alte nicht. Als er von einem Metzger (!) einen neuen Hund kaufte, empfahl ihm der grundgute und tierliebe Schlachter, den Freßnapf auf einen Schemel zu stellen; es sei besser für das Knochengerüst des Hundes, wenn er sich nicht bücken müsse. Adenauer hatte für solch liebevolle Fürsorge nur Spott und Hohn übrig. Ob er nicht vielleicht auch noch Messer und Gabel bereitlegen solle?

Hauser:

GÄRTNER AUS LIEBE

Willy Brandt – spätes Glück beim Schrubben und Schrebern

Brigitte Seebacher-Brandt bedeutete für Willy tatsächlich die totale Regression: Auf dem Dachgarten in Unkel zog er in adretten Kübeln Lauch, Tomaten, Möhren und Salat – der Schrebergärtner war endlich heimgekehrt. Lübeck ist überall. Man muß es nur wollen. Brandts zweite Frau Rut war beim Besuch der Schwiegermutter in spe 1947 noch beeindruckt von der Nonchalance, mit der deren Lebenspartner dem Huhn im Stall den Kopf abschlug. Hoppla! Aber den Spargel und die Kartoffeln aus dem Gemüsegärtchen wollen ehrenwerte Proletarier nun mal keinesfalls fleischlos genießen. Eher feudal mutet dann allerdings wieder die

Selbstverständlichkeit an, mit der die Mutter dem Erstgeborenen die besten Stücke servierte.

Bei Brigitte mußte Willy dann ran. Er hatte beim Kochen zu helfen und trug sogar den Müll runter. So was Liebes! Brigitte schloß den Sprit weg; besoffen nach Hause zu kommen war ebenfalls nicht mehr drin. In Berlin hatte er in diesem Zustand gern die Freunde seiner Kinder aus dem Haus gejagt. Die norwegische Hausfrau mußte versöhnen durch Backen wieder und wieder. Doch Brandt war lernfähig: Nachdem eine Berliner Tageszeitung gehöhnt hatte, der Regierende Bürgermeister Brandt habe hoffentlich seine Verhandlungspartner im Osten der Stadt in dem Zustand zurückgelassen, in dem er im Rathaus wieder eingetroffen sei, aß Brandt vor offiziellen Besäufnissen stets eine Dose Ölsardinen. Die strenge Moral seiner Vorfahren konnte Brandt nicht ins eigene Leben retten. Hatte ihm der Großvater noch unerbittlich befohlen, einem mitleidigen Werksdirektor zwei Brotlaibe zurückzubringen – »Ein streikender Arbeiter nimmt keine Almosen« –, so fand der jugendliche Willy 1937 nichts dabei, in Paris ein Mitglied der arbeitenden Klasse auszuplündern: »Für 20 Franc – Käse und Wein – soviel Sie wollen!« verhieß die Tafel vor einem einfachen Bistro. Brandt und ein norwegischer Genosse bestellten Platte auf Platte, bis der Wirt sie wütend rausschmiß.

Sicher war es Brandts Wissen um die sittenstrenge Lebensart seiner Großeltern, das ihn davon abhielt, seiner Oma (die ihn großgezogen hatte) einen schönen »Moin, Moin« zu wünschen, als sie 1961 in Lübeck zu seiner Kundgebung kam. Mit Weinkrämpfen mußte sie vom Platz geführt werden. Brandts leibliche Mutter, die nie für ihn gekocht hatte, plazierte der Sohn auf einen Ehrenplatz. Die Aufgabe, eine Haushälterin auszuwählen, fanden die Brandts tierisch schwer. Also überließen sie den Job ihrem Hund Blackie. Als die Berlinerinnen für den Job Schlange standen, fiel Rut einfach kein besseres Kriterium ein. Der Frau, die jahrelang für Familie Brandt kochen und sich um die Söhne kümmern sollte, legte sich Blackie ergeben zu Füßen. Damit war die Sache entschieden.

Doch jetzt freuen wir uns erst einmal auf die nächste BILD-Geschichte von Frau Seebacher-Brandt-Kopper: »So ist Hilmar als Ehemann«. Wir werden Zeuge sein, wie Kopper abspeckt, wie er brav den Müll runterträgt und auf dem Balkon Gemüse für ein Abendessen zieht, das er gar nicht einnehmen will. Für ihr indiskretes Geplapper ist die ehrgeizige Verliebte inzwischen von der Deutschen Bank abgestraft worden. Aber auf einen festen Job ist die wohlhabende Brandt-Erbin ja Gott sei Dank nicht angewiesen.

Kienzle:

COLA AUS DEM ROTWEINGLAS

Helmut Schmidt – Kanzler ohne Geschmack

Zahlreiche JournalistInnen haben sich Helmut Schmidt an die Fersen geheftet. Wenn auch nicht aus demselben Grund wie an die des bekennenden Nicht-Säulenheiligen Willy Brandt. Nein, sie wollten sehen, wie das Geheimnis hinter der Maske aussah. Und siehe da, es gab keins. Schmidt war 1:1; und das spiegelte sich auch in seinen Essensvorlieben. Das Glück für Schmidt liegt in der Erbsensuppe mit Butterbrot. Sobald sich der Tisch unter Langusten bog, sah Kanzler Schmidt rot und schwadronierte vom »Miteinander von Arbeitgebern, Arbeitnehmern, Unternehmensleitung, Gewerkschaften und Betriebsräten«, was zum Beispiel die Brasilianer bei gegebenem Anlaß ganz höllisch interessierte.

Interviews geben hieß für Schmidt mit vollem Mund reden (bloß keine Zeit verlieren!). Der englische Journalist Peter Jenkins lehnte dankend ab, als ihn Schmidt an Kraftbrühe und Butterbrot teilhaben lassen wollte. Köche fanden sich in Schmidts Umgebung überflüssig: Schmidts Leib-und-Magen-Sekretärinnen kochten ihm nix, fütterten ihn auf Wunsch aber jederzeit mit Schokolade (lila), was Schmidt kalorienmäßig mit Coffeemate statt Sahne im Kaffee auszugleichen versuchte. Schmidt – ein Süßer! Wer hätte das gedacht. Manchmal bereiteten ihm die Hausdamen Bratkartoffeln mit Buletten wie bei Muttern; Muttern Loki saß derweil im Kanzlerbungalow und grollte. Sie fand, daß ihr Mann zuwenig aß und zuviel trank: Kaffee, Tee, Buttermilch und Coca-Cola aus dem altbekannten Rotweinglas.

Diese sagenhafte Chuzpe haben deutsche JournalistInnen immer ganz gräßlich bewundert. Vor allem mangels anderer Persönlichkeitsmerkmale. Und so stürzt sich die nach zwei Tagen Schmidt halbverhungerte Nina Grunenberg ratlos auf Egon Bahr, um ihn nach der Diskrepanz zwischen Helmut Schmidts Image und seiner Persönlichkeit zu befragen. Doch Bahr ist genauso ratlos. »Image?« Er schüttelt den Kopf. Amerika, du hast es besser. Als Bill Clintons Verhörvideo in den USA ausgestrahlt wurde, sahen die Nationen weltweit fasziniert, wie der amerikanische Präsident Cola-Light aus der Büchse süffelte. Offen, ehrlich, geradlinig, wie es nur Bill Clinton sein kann.

Wenn Frauen Herrn Schmidt zu nahe kamen, wich er zurück. Dann lehnte er sogar Erbsensuppe ab: Greta Burmester hatte sie ihm im Henkelmann offeriert. Hatte der Mann, der im Urlaub gerne in unförmig großen Wollhosen herumlief, etwa einen Sinn für Ästhetik? In China aß sein Auge mit: »Überall kunstvoll geschnittene Ornamente, Schmetterlinge und Vögel aus Rettichen, roten Möhren und roter Bete. Ein Höhepunkt war eine riesige grüne Melone, die als Salatschüssel diente.« Seine Ohren versuchte Schmidt vergeblich rauszuhalten: »Dieses Schmatzen und Schlürfen, das in China nun einmal üblich ist.«

Hauser:

DER DOLCH DES METZGERS

Franz Josef Strauß – kein Freund von Obst und Gemüse

Kaum zu glauben, aber als Kind bekam Franz Josef Strauß keinen Nachtisch. Dafür aber war seine Mutter eine großartige Köchin; damit hatte sie vor der Heirat auch ihr Geld verdient. Der Vater war Schlachter. Meist kam »Halsstich« auf den Tisch. Das Stück Fleisch, in dem der Dolch des Metzgers seine Spuren hinterlassen hat? An den Mord will der normale Verbraucher nicht erinnert werden, der Metzger denkt gern an das vollbrachte Werk. Obst war im Hause Strauß unbekannt; erst später im Leben gab's für Franz Josef Birne satt. Der begeisterte Jäger ging oft in den Wald, um Hirsche zu treffen, gelegentlich traf er dort auch Helmut Kohl. Doch seine Lieblingsspeise war die verkochte Brotsuppe. Bayern, Franzosen und Italiener verkochen sie alle mehr oder weniger gleich: Weißbrot, Zwiebeln, Ei und manchmal Sahne. Ach so: und natürlich Fleischbrühe. Wieder nix Vegetarisches. Von den Köchen der Schildkrötensuppe lernten Strauß' Assistenten, wie man dem Chef die Krawatte anziehen konnte. Das kann man aber erst erzählen, wenn die Kinder schon im Bett sind. Apropos: Fleischlichen Freuden gegenüber blieb Strauß stets aufgeschlossen. Einmal wollte er vor dem New York Plaza mit amerikanischen Hausfrauen Rezepte tauschen, aber die wollten keine Eier an die Suppe machen. Und so endete alles in einer polizeinotorischen Randale. P.S.: Entgegen allen landläufigen Darstellungen in Wort, Schrift und Zerrbild machte FJS sich nicht viel aus Bier. Er trank lieber Weißwein – natürlich in Maßen.

Kienzle:

DIE STÄRKE DER KARTOFFEL

Hans-Dietrich Genscher – Sago statt Mondamin

Dick, aufgeschwemmt, infarktgefährdet – so stellen wir uns einen ordentlichen Außenminister vor, der seine Arbeit sauber erledigt und unbeirrt als Frühstücksdirektor von einem Dejeuner zum nächsten jettet. Nicht wegen einer komplett anderen Politik, nein, wegen seiner komplett anderen Figur hatten die Deutschen Schwierigkeiten, nach Genscher und Kinkel mit dem abgehagerten Fischer warm zu werden, bis ihn die heiße Kosovokrise direkt in unsere Herzen katapultierte. Aber das ist eine andere Geschichte. Genscher! Aufgeblasen und hochwichtig. Seine Erinnerungen ein einziger Berg von Vermerken und Wiedervorlagen. Niemals erfahren wir, was Genscher gegessen, stets aber erfahren wir, was Genscher beim Essen gedacht hat. An Gorbatschow ziemlich oft, an die große Verantwortung eines deutschen Außenministers noch viel öfter und an den Weltfrieden eigentlich immer. Alles jedenfalls gräßlich bedeutend, wenn natürlich auch nicht so bedeutend wie Genscher selbst.

Was spielt es da für eine Rolle, was er sich gerade auf die Gabel spießte! Hätte der Koch allerdings versagt, wäre er von Genscher sicher so auf dessen bekanntermaßen zurückhaltende und menschlich nette Art zusammengestaucht worden, an die sich selbst seine ergebensten Mitarbeiter nie wirklich gewöhnen konnten. Ja, es fiel Genscher schwer, mit Menschen warm zu werden. Schon als Kind bevorzugte er Pferde. Mit einem ansonsten namenlosen »Braunen« – vielleicht war es aber Mister Ed? – soll er stundenlange Gespräche geführt, ihm himmelschreiende Ungerechtigkeiten ins Ohr geflüstert haben. Tagsüber sah der kleine Hans-Dietrich, wie Kühe kalbten, Schweine warfen, Hühner und Enten geschlachtet wurden. Ja, da bleibt nichts Menschliches mehr fremd, und was auf den Tisch kommt, muß gegessen werden. Nur dem »Stern« vertraute er einmal an, zum Abendessen wünsche er sich stets Bratkartoffeln. Prompt setzte es 1982 eine »Goldene Kartoffel«.

Doch auch einen Liberalen soll man nicht vorschnell beurteilen. Nach einem Lieblingsrezept aus Kindertagen befragt, nennt Genscher wie die meisten dicklichen Politiker natürlich die übliche rote Grütze. Doch er ist der einzige, der sie mit Sago statt mit hundsordinärer Speisestärke à la Mondamin anrühren würde. Wir gehen davon aus, daß es sich um echten Perlsago von der Sagopalme aus Indonesien oder Neuguinea und nicht um die gemeine deutsche Kartoffelstärke handeln würde, die als »deutscher Sago« arglosen Verbrauchern immer wieder aufgedrängt wird. Hut ab, Genscher!

Hauser:

KOCH OHNE KELLNER

Oskar Lafontaine – Muße und Mousse im Saarland

Seit Oskar Lafontaine die saarländische Landesvertretung in Bonn mit einem Viersternekoch bestückte, gilt er als Feinschmecker. Überhaupt darf man Oskar als freßlustig bezeichnen, ohne mit einer Klage rechnen zu müssen. Die gastronomische Szene des Saarlands von der Bar »La Cascade« bis zur »Villa Fayence« ist ihm bestens vertraut. Lag die CDU so falsch, als sie Lafontaine während des Wahlkampfs als Koch und Schröder als den Kellner bezeichnete? Inzwischen hat der Koch das Handtuch geschmissen, weil ihm plötzlich auffiel, daß ein Berufspolitiker keine Zeit für die Familie und zuwenig Zeit für seine Hobbys (»Fressen, Saufen, Vögeln«) hat. Das ist nun kein Problem mehr, Familie und Hobbys lassen sich gut unter einen Hut bringen: Hausmann Oskar mit der fürstlichen Pension bereitet voller Inbrunst seiner toughen Christa leckere Sauereien zu.

Zum Beispiel die toskanische Forellenmousse. Aus Lachsforellenfilet. Allein das beweist Lafontaines Souveränität. Nicht die ordinäre gezüchtete Regenbogenforelle darf es sein, von der Kenner sagen, ihr Geschmack ähnle dem frischer Bachforellen wie Sägemehl jungen Bambusschößlingen. Nein, die Lachs- oder Meerforelle ist fast so rosa wie Lachs; der Dichter Ausonius wartete im vierten Jahrhundert in Bordeaux noch darauf, daß sie selbst zu einem Lachs mutieren werde. Gut, daß er vergeblich wartete, denn die Lachsforelle ist lange nicht so fett wie ihr rosafarbenes Vorbild (warum Lachse heutzutage so ganz besonders lecker rosafarbig aussehen, wollen wir lieber gar nicht wissen). Ah, ein magerer Fisch! Das wird Christa gefallen. Und für Klein-Maurice, der sicher Pommes wollte, aber nicht kriegte, zum Nachtisch rote Grütze, deren Zubereitung der Papa auch mühelos beherrscht. Hoffentlich aber läßt er den Rotwein weg! Denn geradeso, als erwischte man Scharping mal wieder ohne Helm auf dem Rad, wäre es, ertappte man Oskar mit einem Deziliterchen Roten am Herd, während der Junge schon nach dem Nachtisch greint. (Nicht, als ob das nach dem 11. März 1999 noch irgendeine Rolle spielte ...)

Umsonst auch Oskars Geschenk einer Kiste Cohiba-Zigarren als Gratulation zur Wahl des Bundeskanzlers. Dabei wissen wir, seit die FDP-Politiker Eberhard Wolf und Mirko Röder Schröder ein Care-Paket nach Positano geschickt haben, daß so ein Kistchen immerhin DM 1500,– kostet. Ja, selbst Männerfreundschaften, die mit einem Glas Schnaps im Braunschweiger »Ritter St. Georg« besiegelt werden, sind nichts wert, wenn das arme Deutschland für zwei solche Riesengockel einfach zu klein ist.

Hauser:

Wie war das denn zu Ihren Regierungszeiten, Graf Lambsdorff? Erinnern Sie sich an kulinarische Highlights?

Graf Lambsdorff:

Nein. Helmut Schmidt legte keinen besonderen Wert auf kulinarische Genüsse, und auch Helmut Kohl hatte

Vorlieben für bestimmte Gerichte, die nicht jedermann teilte ...

Kienzle:
Der Saumagen ist besser als sein Ruf. Was kann der Saumagen dafür, daß der Kohl so auf ihm rumgeritten ist?

Graf Lambsdorff:
Das hat dem Saumagen erst zur Popularität verholfen.

Kienzle:
Der Saumagen war eine wunderbare Möglichkeit, dem Kanzler etwas Pejoratives anzuhängen. Die Journalisten schlugen quasi den Magen und meinten die Sau.

Hauser:
Dieser Name allein hat ihn wahrscheinlich runtergerissen. Saumagen hört sich ja wirklich furchtbar an.

Kienzle:

DER MEISTESSENDE KÖNIG

Helmut Kohl – ein Schwellkörper als Kanzler

Manchmal fuhr Helmut Kohl 30 Kilometer mit dem Fahrrad, um eine heiße Häsin einem prämierten Rammler zuzuführen. Und da sagt der Wirt des Deidesheimer Hofs, Manfred Schwarz, doch glatt, Kohl sei kein Gourmet. Dabei hat sich der junge Kohl nur für den leiblichen Genuß künftiger Hasenbraten aufgerieben, nicht weil er aus tierliebem Altruismus Hasenwesen vereinen wollte, die zusammengehörten. Ja, wenn es wirklich darauf ankam, hat sich unser Altkanzler schon immer abgestrampelt. Daß sich die Nachkriegslehrer bei der Schulspeisung die fettesten Brocken aus der Linsensuppe fischten, bevor sie die Brühe an ihre Schüler weitergaben, stellte Klassensprecher Kohl ganz schnell ab.

Einer seiner Biographen vermutet, Kohls frühe Hingabe an die CDU habe mit dem üppigen Nahrungsangebot im Pfarrhaus des Dekans Johannes Fink zusammengehangen, der politisch orientierte Bibelstunden – was ist das eigentlich? – mit Kaffee und Kuchen servierte. An diesem Ort hat der sechzehnjährige Kohl das Aussitzen gelernt: Bis zur deftigen Brotzeit am Abend hielt er eisern durch. Doch zunächst blieb er schlaksig und soll als Tanzschüler beim Rock 'n' Roll eine ausgezeichnete Figur gemacht haben. Hannelore Kohl, die er rockend kennenlernte, blickte bewundernd zu ihm auf: »Mein italienischer Eisverkäufer!«

Ja, Kohl sah damals im entferntesten noch nicht so aus wie Götz Alsmann heute; das kam erst im Mainzer Landtag, als ihm die große Last der Verantwortung die glänzenden schwarzen Haare fest auf den Schädel und der Zeitgeist die enorme Brille auf die Nase drückte. Und mit der fiesen Formulierung eines SPIEGEL-Schreibers begann Kohls Verbitterung gegenüber dem Hamburger Blatt: Beim Stichwort »Weltlage« denke der Kanzleraspirant nur an »Forster Jesuitengarten« oder an »Kallstadter Saumagen«. Kohl wurde stinkesauer und verweigerte von Stund' an offizielle SPIEGEL-Interviews.

Saumagen! Die Geschichte des Saumagens ist eine Geschichte voller Mißverständnisse und fast genauso eklig. Aber das Verspeisen von Innereien fanden die Deutschen schon immer abstoßend, dabei ist der Magen in diesem Fall doch nur die Hülle der Mahlzeit. Jeder kennt den Dialog: »Ein Pfund Lyoner!« »Im Kunst- oder im Naturdarm?« Na also. Gereinigt wird der Magen der Sau mal wieder von einem Dritten, dem Metzger, aber die treusorgende Hausfrau hockt sich dann halt wenigstens hin und bindet das Teil weitgehend zu. (Emergency-Room-Experten können auch nähen.) Kohls Leib- und Magenkoch Manfred Schwarz beherrscht fünf verschiedene Versionen des urigen Gerichts, um das Kohl seine Staatsgäste selten herumkommen ließ. Maggie Thatcher, mikrowellenverseucht, britisch und daher kulinarisch ohnehin nicht satisfaktionsfähig, fand es bloß »kurios und ›gemütlich‹«, doch die wie Kohl hedonistisch gesonnenen Russen Gorbatschow und Jelzin verlangten Nachschlag. Manfred Schwarz benannte die Blut- und Leberwurst-Version mit Pommery-Senf-Sauce nach Boris Jelzin, weil der sogar das Rezept einforderte.

Gäste hin, Gäste her – einmal im Jahr hungert Kohl. In Bad Hofgastein mümmelt er Dinkelsemmeln. Erschüttert sahen Felipe González und John Major, wie Kohl seinen Joghurt löffelte, fünfzigmal an einem einzigen Bissen seines Brötchens kaute und sich in seinem fiebrigen Hungerwahn kaum noch daran erinnern konnte, Eduard Ackermann jemals – nach dessen Lieblingssauce – »Carbonara« genannt zu haben, während sie schlechten Gewissens österreichisch tafelten. Zwanzig Kilo magerte, nein, das wäre übertrieben, nahm Kohl jedesmal ab. Ein ehemaliger CDU-Sprecher, der fast gleichzeitig Goethe zum Schwulen erklärte, verstieg sich zu der Behauptung, die Franzosen seien angesichts dieses Naturspektakels hingerissen gewesen. Sie hätten Kohls körperliche Veränderungen als Beweis seiner Erdverbundenheit genommen und den Rhythmus der Jahreszeiten mit dem Auf- und Abschwellen von Kohls Körper verglichen. Nicht ganz so phallisch wie Mitterrands Exzesse. Aber immerhin eine Schwellung.

Kohls herausragendes Kaliber als Vielfraß machte die deutsche Wiedervereinigung erst möglich. Hans »Johnny« Klein hat die Menüfolgen bei den entscheidenden Gesprächen mit Gorbatschow minutiös protokolliert. Zum Frühstück Butter, Honig, Käse, Semmeln, Toast, Marmelade, dunkles russisches Brot, frische Tomaten, eingelegte Gurken, geräucherter Lachs, kalter Stör, viele Dosen Kaviar, Platten mit Wurst, Eierspeisen, Fleischpiroggen und Syrniki (eine Art kleiner salziger Topfenstrudel, erklärt Klein). Im Gästehaus in Moskau: Kaviar, Blini, geräucherter Stör, ein Fischgang, Huhn mit Kraut, Bohnen, Gurken, Erdbeereis, Obst, Wodka, Mineralwasser, Weißwein und Rotwein aus Georgien, Champagner, armenischer Cognac, Kaffee. In der Datscha: Sakuski! Also Blini mit Kaviar, ausgebackene Hühnerschenkel, Schaschlik an Spießen von der Länge mittlerer Degen, Erdbeereis und Obst, Mineralwasser, leicht säuerlicher Moosbeerensaft und – Krimsekt, georgischer Weißwein, Münchner Bier, armenischer Cognac und Wodka. Das hätte Doris doch nie erlaubt!!!

Patricia Clough hat bei Elias Canetti die richtige Einschätzung für Kohl gefunden: »Die Figur des meistessenden Königs ist nie ganz ausgestorben. Immer wieder ist es vorgekommen, daß einer sie seinen entzückten Untertanen vorgespielt hat.« Von halbgaren Karotten halte er nun mal nichts, sagt Kohl. Er sei kein Kaninchen. ER mußte zu Paarungen auch niemals hingeradelt werden.

Hauser: CHILI CON SCHRÖDER

Gerhard & Doris – »Sie kamen sich näher zwischen Wild und Fisch«

Nach Willy Brandt ist Schröder nun der zweite sozialdemokratische Bundeskanzler mit einer jungen Dritt- oder Viertfrau, die ihm das Saufen verbietet. Wenn auch nur bis 18 Uhr; danach ist Schröders Selbstbeherrschung begrenzt, und selbst Doris richtet nichts mehr aus. Irgendwie verbessern sich die Genossen zwar jedes Mal wieder ein bißchen hinsichtlich des Alters ihrer Ehefrauen, aber mit zunehmender Jugend werden die Mädels intoleranter gegenüber den Schwächen ihrer alten Herren. Auch Fischer mußte zum abgespeckten Asketen werden, ehe ihn eine jugendliche Praktikantin (!) erhörte, die er dann natürlich nach altdeutscher Sitte sofort heiratete. In Amerika zum Beispiel ist das nicht üblich.

Auch Schröder hatte nicht den Nerv, mit einem

g'schlamperten Verhältnis in die Wahl zu ziehen, und ehelichte Doris, bevor die Tinte unter dem dritten Scheidungsvertrag trocken war. Der Mensch ist, was er ißt. »Schnitzel« Schröder – mehr muß man nicht wissen. Und wieder heftet sich eine Journalistin an Kanzlerfersen, in diesem Fall Ulrike Posche, und sieht erschüttert, wie Schröder kurz vor der Bundestagswahl in der Sommerfrische Borkums am Bahnhof sitzt, Weißbier zischt und Minestrone ißt, während seine grazile Neugattin Brechts »Ballade von der Hanna Cash« anstimmt, in die der kleine Gerd stehend mit gereckter Faust einfällt. Ja, das ist unser Lied, könnte das Paar anschließend geseufzt haben, denn wie heißt es bei Brecht: »Sie kamen sich näher zwischen Wild und Fisch/und gingen vereint durchs Leben.« Leider setzt es dann bei BB Prügel für die liebe Hanna, aber wenigstens in diesem Punkt wird sich Schröder ja wohl beherrschen können. Weniger zurückhaltend zeigte sich Schröder im erlauchten Kreise bei seinem Hochzeitsmahl, als er die Reaktion friesischer Genossen auf die künftige First Lady Deutschlands leutselig weitergab: »Sieht aus wie Schneewittchen, hat ja hinten kein' Arsch und vorne keine Tittchen.« – Schnitzel Schröder at his best.

Bonn weine er keine Träne nach, versuchte der Kanzler den Rheinländern den Abschied von seiner Person leichtzumachen. In der Kneipe des Wirts, der sich leidenschaftlich für Bonn einsetzte, nach der negativen Entscheidung aber sofort im Auto nach Berlin saß, um seine gastronomischen Bemühungen an die Spree zu verlegen, in der Kneipe des verachteten Vaterstadtverräters Friedel Drautzburg also, müßte sich Schröder eigentlich fühlen wie der Fisch im Wasser. Doch sein erster Abend dort in der »Ständigen Vertretung« (»StäV«) war ihm nach seinem dilettantischen Auftritt im Theater am Schiffbauerdamm total verleidet. Eine Rede wie auf einem Stadtteilfest in Rheda-Wiedenbrück, befindet sogar Fan Ulrike Posche nach dem Ereignis, das für die SPD großer Wahlkampfhöhepunkt in Sachen Kultur hatte werden sollen. Schröder genehmigt sich als erstes ein Kölsch. Gott sei Dank ist es schon weit nach 18 Uhr, und Doris ist eh' nicht da. Diesmal eigentlich schade. Sie könnte ein bißchen dolmetschen, als Schröder in rudimentärem Englisch vergeblich versucht, sich mit Ben Kingsley zu unterhalten. Denn ein Kosmopolit ist unser Kanzler nicht.

Auch in Spanien mußte er sich mangels Weltläufigkeit von der Zeitung »ABC« veräppeln lassen. Eingeladen in Marbella von Regierungschef José María Aznar ins Restaurant »La Torre« – keinesfalls das erste am Platze –, bestellte er weltmännisch ein Steak, während die anpassungswütige Doris wie das Gastgeberpaar Goldbrasse im Salzmantel wählte. Die spanische Presse feixte. »Das Essen war sehr gut, und Aznar hat sogar bezahlt«, großkotzte Schröder. Da feixten die Spanier noch mehr. Denn Aznar hatte die Schröders mit einem zweitklassigen Wein abgespeist. Solchen Spott hat Gerhard Schröder in diesem Fall wirklich nicht verdient. Hatte er sich doch nur endlich einmal nach einer Devise Helmut Schmidts richten wollen: »Iß unter deinem Stand!«

Nach seinem Lieblingsrezept befragt, nennt Schröder Chili con Carne. Ha! Endlich sozialistische Kampfeslust im Sinne Mao Tse-tungs! Maos Assoziation von Chili und revolutionärem Geist: »Roter Pfeffer in die Politik!« Noch heute ist in Hannover etwas von dem sprühenden Temperament zu spüren, das Gerhard über Niedersachsen brachte.

Chili con Carne ißt man am besten aus einem tiefen Teller. Den habe Kollegin Doris Köpf nicht erfunden, versicherte treuherzig ein Journalist Gerhard Schröder, als der verliebte Gockel sich hintenherum nach dem Objekt seiner frischen Begierde erkundigte. Der Mann gelangte nur unter größten Schwierigkeiten wieder in Schröders Tafelrunde zurück.

Hauser:
Schröder ist ja mit seinem unerfüllten Schnitzelwunsch berühmt geworden.

Seißler:
Aber er wußte doch, wen er geheiratet hatte. Hillu war vorher schon Vegetarierin.

Schlauch:
Ich kenne auch Vegetarier, die genießen können.

Kienzle:
Man kann ja auch sehr gut vegetarisch kochen.

Seißler:
Schwieriger wird es schon bei den Veganern. Die lehnen es sogar ab, Schuhe aus Leder zu tragen. Kaufen sich dafür aber Plastikschuhe mit einer Verfallszeit von ich-weiß-nicht-wieviel-tausend Jahren. Die höchste vegeta-

rische Stufe haben die Fruktoristen erreicht. Die essen nur, was von Baum und Strauch freiwillig runterfällt, weil sie auch Pflanzen keine Verletzungen zufügen wollen.

Graf Lambsdorff:
Fruktoristen? Nie gehört. Schauderhaft!

Hauser:
Wie tröstlich die Gewißheit, daß auch Vegetarier sterben müssen.

Kienzle:
Mich erstaunt immer wieder der ungesunde Gesichtsausdruck der überzeugten Vegetarier.

Schlauch:
Kann ich nicht bestätigen. Zum Beispiel der Cem Özdemir aus meiner Fraktion ist ein sinnenfroher, lebenslustiger Vegetarier.

Graf Lambsdorff:
Manche Vegetarier trinken Wein, andere nicht – vielleicht liegt darin der Unterschied.

Berliner Appetithappen für Hauser und Kienzle im Brandenburger Hof: Bulette auf Kartoffelsalat, dazu Strammer Max mit Wachtelspiegelei.

Als Sekundanten fürs "Kulinarische Quintett" suchten sich Hauser und Kienzle zwei Politiker, die nicht nur gerne gut essen und trinken, sondern auch öffentlich dazu stehen: Grünen-Fraktionssprecher Rezzo Schlauch und Ex-Wirtschaftsminister Otto Graf Lambsdorff (FDP).

◀ Gastrosoph Hanjo Seißler: "Der Deutsche fährt an die Tankstelle und antwortet auf die Frage, welches Öl er haben möchte: Natürlich das beste! Anschließend fährt er mit dem teuersten Motoröl ins Speiselokal mit dem billigsten Olivenöl."

Der Grüne und sein Roter: Schwabe Schlauch liebt edle Tropfen aus Frankreich und Italien. Sein Lokalpatriotismus in Sachen Wein ist begrenzt: "Der Trollinger ist ein Kulturgut fürs Museum – rühret nicht daran!" Dafür brennt er zuhause seinen eigenen Obstschnaps.

Kienzle:

GRILL MICH!

Jürgen Trittin – der Schlaraffe des Kanzlers

Wer über Jürgen Trittin spricht, muß erst mit Schröder fertig werden. Pat und Patachon. Wir erinnern uns: Ausgerechnet gegenüber der Ackerbau und Viehzucht treibenden Klasse, gegenüber den Ernährern des deutschen Volkes, gegenüber den Bauern, hat sich der serielle Monogamist Schröder endgültig als Sexist erwiesen. Als sich bei einer Protestkundgebung vor Wut schwitzende Farmer die T-Shirts mit dem Aufdruck »Das letzte Hemd« vom Leib rissen, fragte der Kanzler leutselig: »Gibt's bei euch denn keine Bäuerinnen?« Pfui. Die Widerständler forderten den deutschen Bundeskanzler auf, sich zu schämen. Aber wer Schröder kennt, weiß, daß sie da auf Granit gebissen haben.

Doch etwas anderes nehmen deutsche Frauen Schröder noch viel übler: Wie er Jürgen Trittin behandelt. Seit sich Trittin – ledig, aber Vater!! – vom Chefarroganten im Grünen-Wahlkampf zum Underdog gemausert hat, der von Schröder pausenlos düpiert wird (ein Stichwort von vielen: Altautorücknahmeverordnung!), fliegen dem Grünen die Herzen zu. Und seit er öffentlich den Frauen die Macht über das Feuer zurückgegeben hat, sowieso: »Männer maßen sich die Bedienung des Grills an, aber die Männer können es nicht, denn sie haben kein Gefühl für das Verhältnis von Hitze und Nahrung.« Und wo der kleine, untersetzte Schröder jetzt stumpf und dumpf Schnitzel, Chili con

Carne und Currywurst verschlingt, bloß weil er es endlich wieder darf, ist der große, schlanke Trittin offen für kulinarische Experimente, und – das läßt die WählerInnenherzen endgültig höher schlagen – er hört sogar auf seine Sekretärin. Wenn SIE ihn warnt, Pilze trockneten beim Grillen aus, kippt Trittin brav einen Schuß Bier über die Champignons, und siehe, es wird gut. Da verzeihen ihm deutsche Hausfrauen sogar die Mär vom Bauern, den man persönlich kennen müsse, bevor man den Salat bei ihm kaufen könne. Aber vielleicht kennt Trittin ihn ja sogar wirklich? Womöglich sogar – – – seine Bäuerin?!

Gekocht hat Trittin schon immer gerne. Kaum war das Kochbuch für Linke »Schlaraffenland, nimm's in die Hand« vom Wagenbach Verlag 1974 auf den Markt geworfen worden, hat er es auch schon gekauft und danach gekocht. Immer dem Prinzip Brechts huldigend: »Wenn man nicht nach Genuß strebt, nicht das Beste aus dem Bestehenden herausholen und die beste Lage einnehmen will, warum sollte man da kämpfen?« Und so kämpfte Trittin um Macht und Einfluß, nur daß er jetzt keine Zeit mehr zum Kochen hat. Aber er ist groß im Suppebestellen und wird in seinem Ministerium unter seinen weiblichen Untergebenen bereits als Heiliger gehandelt, weil er für eine Kollegin mitten in der Nacht im Hotel etwas Heißes bestellt hat. Ob das dem Personal dort genauso gut gefiel, ist nicht bekannt.

Wirklich leidenschaftlich und vehement wehrt sich Trittin gegen die Behauptung, ein »Meister der kreativen Nudel« zu sein. »Nein! Ich koche auch unglaublich gerne Suppen und Braten mit guten Saucen.« Gegen tierische Produkte hat der grüne Minister offenbar nichts einzuwenden; hoffen wir, daß er sich bei Sägegarnelen (schicker: Gambas), die er selbstverständlich nur auf dem Holz alter Weinstöcke grillt, in altindianischer Manier dafür entschuldigt, ihnen das Leben ausgehaucht zu haben. Versöhnlich stimmen dürfte das Universum natürlich auch die intelligente Art des Pazifisten Trittin, den Hinterlassenschaften von Kriegen positive Seiten abzugewinnen: Auf dem Müll fand der kleine Jürgen einen Gasmaskenbehälter, den er mit Kartoffeln befüllte und ins Lagerfeuer warf. Das Gefäß glühte vor Hitze, aber die Kartoffeln waren gar. Und die beste Nachricht: Die Behälter waren wiederverwendbar! Seit übrigens Trittin bei der Zeitschrift »Gala für echte Kerle« (oder so ähnlich) wochenlang auf Knien darum bettelte, endlich auch mal schwarzweiß im Armani abgelichtet zu werden, denken deutsche Frauen darüber nach, ob er nicht doch vom selben Kaliber ist wie Schröder himself. Pat und Patachon eben.

Graf Lambsdorff:
Sehen Sie sich doch mal an, wie sich Deutschland in den letzten 20 Jahren gastronomisch weiterentwickelt hat. Zugegeben, das hängt nicht gerade mit den Politikern zusammen. Aber ich beobachte immer wieder junge Leute, zuletzt hier am Nebentisch im Brandenburger Hof, die sich – vielleicht einmal im Monat – ein wirklich großes Essen leisten. Na bitte, ist doch in Ordnung.

Seißler:
Die Verbesserung der Küche in Deutschland verdanken

Fischgericht von Rainer Halbedel:

ZANDERFILET AUF SPÄTZLE MIT STEINPILZEN

WEINEMPFEHLUNG:

1997 Burkheimer Feuerberg
Weißer Burgunder – Spätlese – trocken
Weingut Rainer Bercher, Baden

Zutaten:

1 Zander, ca. 800 g schwer
250 g kleine Steinpilze
1 dl trockener Weißwein (am besten Riesling)
1 dl Fischfond
2 dl Sahne
25 g Butter
Salz, Pfeffer, Kerbel

FÜR DIE SPÄTZLE:

2 Eier
2 Eigelbe
150 g Weizenmehl
1 EL Weizengries
2 EL Mineralwasser
Salz, Pfeffer

Zubereitung:

Den Zander schuppen, filetieren, die restlichen Gräten ziehen und in 4 gleiche Stücke schneiden. Aus den Zutaten für die Spätzle einen Teig bereiten und diesen so lange mit der flachen Hand in einer Schüssel schlagen, bis der Teig Luftblasen bildet. Den Teig mit einer Palette über kochendem Salzwasser von einem Brett in das Salzwasser schaben. Danach in Eiswasser abschrecken und zur Seite stellen. Die Steinpilze gut putzen, säubern sowie waschen und anschließend braten und mit Salz und Pfeffer würzen. Die Steinpilzabfälle ebenfalls gut reinigen und kurz anschwitzen. Die Steinpilzabfälle mit etwas Kerbelstielen würzen und mit dem Fischfond und dem Weißwein auffüllen. Etwas (um ca. die Hälfte) recuzieren lassen und die Sahne hinzugeben. Nochmals um die Hälfte reduzieren lassen und durch ein Sieb passieren. Den Zander langsam auf der Haut braten (vorher mit Salz und Pfeffer würzen) und von oben immer mit dem eigenen Sud begießen, damit er gleichmäßig gart. Die Spätzle kurz in Butter schwenken und auf dem Teller anrichten. In die Sauce einige Butterflocken einrühren und mit Salz und Pfeffer abschmekken. Eirige gezupfte Kerbelblätter dazugeben und um die Spätzle gießen. Den Zander auf den Spätzle anrichten und zusammen mit den gebratenen Steinpilzen servieren.

wir wahrlich nicht den Politikern, sondern einer Kaste, die eigentlich dafür bekannt ist, daß sie Essen durch Trinken ersetzt – den Journalisten. Die meisten von ihnen essen zwar immer noch schlecht, aber einige haben irgendwann angefangen, über die Qualität des Essens nachzudenken und darüber zu schreiben.

Kienzle:
Allen voran ehemalige bzw. enttäuschte Linke. Achtundsechziger. Wolfram Siebeck, Paczensky und viele andere.

Hauser:
Jetzt erfindet Kienzle die 68er Küchenrevolution!

Kienzle:
Das sind Fakten, Fakten, Fakten, Hauser! Aber Fakten verwirren Sie ja nur. Ihr Rechten wollt einfach nicht wahrhaben, daß wir das deutsche Küchenwunder ausgerechnet den Linken verdanken.

Kienzle:
MAN IST, WAS MAN ISST
Eine kurze Freßgeschichte der Bundesrepublik

Am Anfang wurde einfach drauflosgefressen. Landauf, landab stürzten sich die Deutschen hemmungslos auf Kalbs- und Schweinshaxen, auf Schlachtplatten, Blut- und Leberwurst, auf Buttercremetorten und Hähnchen, auf Schmalzbrot und Wurststullen. Hauptsache Kalorien! Noch saßen den meisten die Hungerjahre in den Knochen, und niemand wußte, wie lange das neue Glück anhalten würde. Die 50er Jahre, sie sind in die Geschichte eingegangen als die Zeit des großen Fressens. Damals haben tüchtige deutsche Metzgermeister die Republik mehr verändert, als alle Politiker und Marschallpläne es vermocht hätten.

Gut essen – das war anfangs natürlich eine Frage guter Beziehungen, zu Bauern, Bäckern, Metzgern und Lebensmittelhändlern. Bis die Währungsreform kam. Gut essen, das bedeutete dann auch satt und vor allem dick sein. Das Ideal der 50er Jahre. Im Gegensatz zum asketischen Adenauer erwählten sich die Deutschen folgerichtig den beleibten Zigarrenraucher Ludwig Erhard zum Symbol des Wirtschaftsaufschwungs. Man ist, was man ißt. Und vor allem: Man ist stolz darauf zu zeigen, was man gegessen hat. Wohlstand für alle, die Philosophie des Wirtschaftsprofessors, bedeutete zunächst einmal Essen! Essen! Essen! Ein Volk fraß sich durch – im wahrsten Sinne des Wortes. Ein kollektiver Kraftakt, der schließlich in der »Freßwelle« der 60er Jahre mündete.

Damals war es vor allem die gutbürgerliche deutsche Küche, die verschlungen wurde. Kalbsbraten mit Eiernudeln, Schnitzel und Jägerbraten. Wer etwa Schildkrötensuppe »Lady Curzon« aus der Dose orderte, wurde damals argwöhnisch als Feinschmecker betrachtet. Das »Steak Westmoreland« auf den Speisekarten, benannt nach einem amerikanischen NATO-General, erinnerte manche Deutschen schmerzlich an die noch fehlende staatliche Souveränität. Aber das war dem normalen »Wohlstandsbürger«, der jetzt auf der politischen Bühne erschien, ziemlich egal. Dieser, frisch motorisiert und in Aufbruchstimmung, begann zu reisen. Mit Folgen für die deutsche Eß-Szene. Aus Capri und vom Lago Maggiore zurück, verlangten die Bundesbürger neue Gaumenkitzel. Pizza zum Beispiel und Spaghetti waren plötzlich gefragt und ein Glas Rotwein aus den bauchigen, strohumflochtenen Chiantiflaschen. So entstanden die ersten ausländischen Spezialitätenrestaurants in Deutschland: Pizzerien und Balkangrills.

Eine kleine Kulturrevolution zum richtigen Zeitpunkt, denn die deutsche Küche wirkte zu diesem Zeitpunkt ungefähr so besiegt wie einst die deutsche Wehrmacht. Sie hatte allerdings freiwillig kapituliert. Als kulinarische Höhepunkte galten damals Fliegenpilztomaten mit Fleischsalat, belegte Schinkenbrötchen, russische Eier und Käsecreme. Die wurde mit rotleuchtendem Paprikapulver chic überpudert. Das Ergebnis war eine mehlig-pampige Geschmacksmischung. Und wer das aushielt, bekam als »krönenden Abschluß« einen Eisbecher mit Fruchtsalat zum Nachtisch, eine undefinierbare Melange von glitschigen Fruchtstücken aus der Libby-Dose. Zum finalen Geschmacksterror entwickelte sich schließlich der Toast »Hawaii« – Ananas aus der Dose mit Schinken und Scheiblettenkäse zu einer gummiartigen Masse verschmolzen. Das kulinarische Schwerverbrechen der 50er und 60er Jahre.

Trotz oder gerade wegen solcher Verirrungen war Essen längst zum Statussymbol geworden – wie der Mercedes, der Bungalow und der Pelzmantel. Man aß schließlich auf Weltniveau – so glaubte man. Jedenfalls anders als in der DDR. Und so wurde aus der Freßwelle der 60er Jahre auch eine politische Demonstration. Essen als gelebter Antikommunismus. Nach dem Motto: »Wir sind wieder wer!« Auch gastronomisch.

Gebratene Hähnchen – einst Inbegriff des sonntäglichen Luxus – wurden neben dem Volkswagen zum Volksvergnügen. 1969 gab es in Deutschland West schon 337 »Wienerwald«-Restaurants. Die Deutschen lebten im Hähnchendelirium. Essen war wichtig, Politik Nebensache. Während Franzosen und Briten sich noch mit ihren undankbaren Kolonien herumschlugen, lehnten die Deutschen sich zurück und ließen sich bereitwillig von den US-Buletten-Konzernen McDonald's und Burger King kolonisieren, die damals schon die anspruchslos gewordenen Gaumen vieler Deutschen eroberten. »Burger-Kolonialismus«.

Selbstverständlich: Der Mann von Welt machte diese Infantilisierung der Eßgewohnheiten nicht mit. Er gab sich der Selbsttäuschung hin, daß das, was er konsumierte, mit Kochkunst zu tun hatte. Noch einmal, bevor die deutsche Küche endgültig ihren Niedergang erlebte, bäumten sich die hiesigen Köche auf. Die Freßwelle endete in einer gigantischen Grillfete. Alles wurde gegrillt. Würstchen, Steaks, Forellen, Hummer. Die Deutschen lebten sozusagen in ständiger Grillbereitschaft. Fleisch wurde mit Früchten kombiniert, Kalbskotelett mit Ananas, Fisch mit Bananen. Ohne Rücksicht auf Verluste. Je kühner die Kombination, um so kreativer galt sie. Es war die Hochzeit des falschen Essens. Nie vorher und nachher wurde in Deutschland so schlecht gespeist. Die deutsche Küche hatte sich selbst abgeschafft. Frischgemüse war aus den Töpfen verschwunden. Ohne einen Befehl von oben. Bohnen, Erbsen, Karotten, sogar Spargel kamen fast nur noch aus Dosen.

Dafür huldigte die orientierungslose Gastronomie einem anderen Irrsinn. Statt Cognac zu trinken, wurde mit ihm »auf Teufel komm raus« flambiert. Nichts war mehr sicher vor den Feuerwerkern hinter dem Herd, selbst Vanilleeis mit heißen Himbeeren. Die Restaurants zwischen Flensburg und dem Bodensee erstrahlten im Widerschein hochlodernder Cognacfackeln. Die Köche mutierten zu wahren Pyromanen, obwohl der geschmackliche Erfolg des Feuerwerks eher zweifelhaft war. Für die meisten Gerichte bedeutete das Flambieren eine Feuerbestattung erster Klasse.

Die deutsche Küche war nun wirklich am Ende – ausgebrannt wie das politische System. Erst die Studenten-Revolte von '68 ermöglichte einen kleinen Neuanfang in der Küche. Prolo war chic. Das Einfache kam in Mode. Man aß fast nur noch Schmalzbrote und Spaghetti und trank billigen Rotwein. Feinschmecker gehörten zum Feindbild. Kulinarischer Höhepunkt der Rebellen war Knoblauchbrot aus dem Backofen. Knoblauch, einst von den Nazis als das Gewürz der Juden diffamiert, wurde rehabilitiert. Immerhin eines der bleibenden Verdienste der Studentenrevolte.

Die eigentliche Revolution in der Küche fand erst viel später statt. In den Jahren nach 1975. Das deutsche Küchenwunder – eine unmittelbare Folge der fehlgeschlagenen 68er-Revolution. Die Avantgarde der Köche schielte zum ersten Mal frech nach Frankreich. Sie fanden Unterstützung bei einigen Gastro-Journalisten, die sich das Metier selbst beigebracht hatten, Gert von Paczensky zum Beispiel, der Kölner Klaus Besser und Wolfram Siebeck. Mit der Revolution in der Politik hatte es wieder nicht geklappt. So blieb nur die Küche als Ausweg. Die Küche – das neue Reich der Freiheit. Sofortiges Glückserlebnis inbegriffen. Der Kampf galt nun nicht mehr dem politischen Establishment, die neuen Feinde waren geschmackloses Dosengemüse, pampige Mehlschwitzen und fette Soßen. Und die wurden mit der gleichen Inbrunst bekämpft wie zuvor die politischen Gegner. »Macht kaputt, was euch kaputtmacht!« Der Lust an der Revolution folgte die Lust am guten Essen. Frische, hochwertige Produkte waren jetzt gefragt. Nicht mehr kürzere Arbeitszeiten, kürzere Garzeiten und butterarme Saucen wurden gefordert. Ein Kohlrabi sollte wieder nach Kohlrabi schmecken. Ein Flußkrebs nach Flußkrebs. Punkt. Aus. Das war das neue deutsche Küchenmanifest.

Aber wie gefährlich der Job des Gastrokritikers damals noch war, zeigt das Beispiel Klaus Bessers. In den 70er Jahren ließ ein Kölner Gastronom seinen journalistischen Peiniger per Steckbrief suchen. Auf dem Plakat hieß es: »Dieser Mann hat Hausverbot. Wer ihn entdeckt, bekommt eine Belohnung!«

Was am meisten überraschte: Der kulinarische Feldzug hatte sogar Erfolg. München bekam sein »Tantris«, Köln seinen »Goldenen Pflug«, und selbst in der Genußdiaspora Hamburg entstanden Feinschmeckertempel, die vom »Michelin« mit Sternen bedacht wurden. Die neue deutsche Küche kam leicht daher, aber – typisch deutsch – die Köche nahmen die Sache viel zu ernst. Die Leichtigkeit des Seins, wie in Frankreich oder

Italien, war eben nicht ihre Sache. Die Köche, selbst Stars geworden, verkrafteten nicht alle das Rampenlicht, und mancher drehte durch. Ein verhängnisvoller Fehler: Die Teller wurden immer größer, die Portionen immer kleiner und die Speisekartensprache immer verschmockter. Hans-Peter Wodarz erfand den »Dialog der Früchte«: Wortakrobatik statt stilsicherer Kochkunst. Früchteteller – das klang einfach zu banal. Einer seiner Konkurrenten servierte sogar Rehrücken mit Schokoladensauce, ein anderer garnierte Krustentiere mit Bambusgräsern und einer roten Blüte. Schließlich kannte die Eitelkeit der Starköche keine Grenzen mehr. Sie wollten schnell berühmt und reich werden, und mancher ertrug den Streß nur noch mit Kokain. Wenige Jahre nach ihrem Siegeszug wurde die Nouvelle cuisine von den Köchen selbst gemeuchelt. Anfang der 80er Jahre herrschte dekorative Willkür auf den Tellern, und immer kleinere Portionen sorgten für die Flucht der Gäste und den schnellen Exitus der Neuen Küche.

Die Nouvelle cuisine jedoch hat überlebt. Überall von Barcelona bis Edinburgh wird heute nach ihren Regeln gekocht. Ihr Sieg hatte eine deutschtümelnde Küchenfraktion mobil gemacht. Die erklärte den frankophilen Köchen den Krieg und setzte Nationales und Bodenständiges gegen die welschen Einflüsse. Da kamen dann »Schweinenacken mit Schmorgurken«, »Pferdebohnen mit Räucherzunge« und »Grünkohl mit Gerstengrütze und gezuckerten Kartoffeln« auf den deutschen Tisch. Diese »Kitschküche« gefiel dem Publikum jedoch nicht allzusehr, eine Volksbewegung ist jedenfalls nicht daraus geworden. Recht so! Die deutsche Rechte hat ohnehin vom Essen und Genießen nie allzuviel verstanden. Der Rechte hat es gerne deftig auf dem Teller und reichlich (siehe Saumagen). Basta. So bleibt der teutonische Allesfresser der natürliche Feind des höheren Tafelvergnügens.

Als Beweis für diese These mag der neue hessische Ministerpräsident Roland Koch dienen, ein forscher Konservativer. Der hat in der »Süddeutschen« ein Eßbekenntnis abgelegt, das schaudern macht. Er »geht gerne zu McDonald's« – gestand er – und sein Lieblingsgetränk sei Coca-Cola. Und ausgerechnet so jemand steht als oberster Chef an der Spitze der hessischen Staatsweingüter. Was für eine grandiose Fehlbesetzung!

Dabei sieht der CDU-Jungstar nicht nach Limonade aus, sondern mehr nach Käsekuchen. »Der Pepsi-Test beweist doch nur« – so der kecke Koch stolz in seinem Geschmacksgeständnis – »daß Coca-Cola am besten schmeckt.« Anbiedernde globalisierte Geschmacklosigkeit. Bleibt nur zu hoffen, daß er nicht die Wahrheit gesagt hat. Wie einst ein anderer Konservativer, Ludwig Erhard. Der galt als einer der wenigen Feinschmecker in den Reihen der Rechten. Aber: Schon zu seiner Zeit gehörte eben Heuchelei zum politischen Geschäft. In einem Interview hatte er – seine Feinschmeckerleidenschaft verschweigend – Pichelsteiner Fleisch als sein Lieblingsgericht verraten. Zur Strafe mußte er bei Einladungen jahrelang diesen Eintopf vertilgen. Wer gerne gut aß, galt als verdächtig, Genußbereitschaft gehörte eben nicht zu den deutschen Sekundärtugenden.

Im Gegenteil. Die deutsche Lust- und Genußfeindlichkeit kann auf eine lange Tradition zurückblicken. Schon

Kant hat sie philosophisch überhöht. Es werde zuviel Lärm ums Essen gemacht – so mäkelte der Königsberger Lustfeind –, eine lästige, wenn auch lebensnotwendige Tätigkeit, um »die wurmförmige Bewegung der Gedärme zu erhalten«!

Und als zu Beginn der 80er Jahre ruchbar wurde, daß Gourmets aus dem Sozi-Lager die Frechheit besaßen, sich ganz besonders den Wonnen der toskanischen Küche hinzugeben, war schnell das Kampfwort »Toskana-Fraktion« geboren. Heute noch erregen sich schwarze Demagogen über den Gourmetkoch, den Oskar Lafontaine einst in die saarländische Vertretung nach Bonn geholt hat. Oskar, einer der wenigen echten Bonvivants in der deutschen Politik.

Linke Heilsarmisten und rechte Klassenkämpfer sind sich schnell einig, wenn es um die moralische Vernichtung des genießenden Gegners geht.

Aber es ist beruhigend, daß einige Deutsche trotzdem den Umgang mit dem richtigen Essen gelernt haben. Zu Pessimismus besteht also kein Anlaß. Die Nouvelle cuisine ist aus dem kulinarischen Alltag nicht mehr wegzudenken. Man muß sich nur immer klarmachen: Sie war und ist eine Methode, kein Stil. Übrigens: Der Minimalismus eingebildeter Köche – so Gourmetpapst Siebeck – schadete der Idee vom modernen Kochen mehr als alle »verfressenen Anhänger der Plumpsküche«.

Vieles ist in der deutschen Gastronomie in Bewegung geraten, das Pendel wird wohl kaum ganz zurückschlagen. Klare Linien und Trends waren in den 90er Jahren nicht auszumachen. Mal wurde eine »Neue Bescheidenheit« ausgerufen, mal herrschte eine neue Unübersichtlichkeit. Die Deutschen begannen mit dem Wok zu hantieren, asiatische Küche liegt groß im Trend. Aber noch etwas ist im Kommen: Convenience-food. 1998 haben sich 200.000 Tonnen industriell vorgefertigte Suppen und Brühen über die Deutschen ergossen. Ein Gespenst geht um, auch in gehobenen Restaurants – Convenience-food. Nicht alles, was man ißt, ist auch frisch. Es kommt gelegentlich aus der Fabrik. Auch in Feinschmeckerrestaurants.

Heimlich, still und leise hat sich indes ein anderes großes Küchenwunder vollzogen. Die Deutschen kochen wieder selbst – sehr zum Nachteil der Luxus-Gastronomie. Vor allem Männer zieht es seit Jahren immer öfter in die Küche. Kochen, das ist eine neue Art männlicher Selbstinszenierung, eine verspätete Emanzipation. Kochen ist eben eine viel zu ernste Angelegenheit, als daß man das Frauen allein überlassen könnte. So, mit Schürze und Kochlöffel bewaffnet, versucht der neue Mann Lebensart zu demonstrieren. Manchmal noch verkrampft und unsicher. Aber immer öfter.

Diese deutsche Kochleidenschaft hat jedoch auch desaströse Folgen. Neben der Talk-Seuche muß das deutsche Fernsehen jetzt mit einer fast noch schlimmeren Heimsuchung leben: Die Kochwut ist ausgebrochen. Auf allen Kanälen wird gnadenlos gebrutzelt und geköchelt. Jeder, der halbwegs einen Löffel halten kann, hat seine eigene Kochshow. Mit Biolek fing es an, die gestrenge Frau Herzog hat dann gnadenlos die deutschen Promis abgekocht, und Britta von Lojewski läßt täglich auf »VOX« labernde Provinzköche aufeinander los: zum

Kochduell. Niemand jedoch verkörpert diese neue deutsche Eßwelle mehr als der aus Österreich stammende multimediale Küchenrastelli Johann Lafer. Deutschland im Kochwahn. Zugegeben: Die Deutschen haben im 20. Jahrhundert schon Schlimmeres angestellt.

Graf Lambsdorff:
Ich finde das nicht in Ordnung, Herr Hauser, wenn Sie dem Herrn Kienzle darin widersprechen, daß die Linke wenigstens auf kulinarischem Gebiet etwas Ordentliches geschaffen hat.

Seißler:
Wenn Sie mit wenig auskommen müssen, und ich unterstelle mal, daß die meisten Linken immer ärmer gewesen sind als die Rechten, dann müssen Sie erfindungsreicher und phantasievoller sein – und auch entsprechend kochen.

Hauser:
Kienzles Vorbild Che Guevara hat darauf hingewiesen, daß man beim Essen von den Konservativen lernen kann.

Kienzle:
Aber was bloß?

ERNESTO »CHE« GUEVARA

Auf einer Rundreise durch Südostasien wohnte Che Guevara in Singapur in einem kleinen britischen

Hotel und trank glückselig Winston Churchills Lieblingswhisky. Und lobte das Menü. »Kameraden, wir müssen zugeben, daß diese imperialistischen englischen Hurensöhne wirklich etwas vom Essen verstehen!«

Kienzle:

WIR WOLLEN ESSEN!

Fidel Castro – glückliche Hühner im Wohnzimmer

Wenn der kubanische Volksheld Hunger hat, geht er in ein Restaurant. Das war schon immer so. Es sei denn, er machte mit irgendeiner Geliebten einen Haushalt auf; dann zog er in ein hübsches Haus am Strand, in dem genug Platz war für einen Koch, ein paar Kellner, Diener und einen Chauffeur. Sex hatte allerdings Priorität. Wenn er eine Frau im Bett hatte, ließ er seine Gäste auf das Essen warten. Einmal traf es den Sekretär von Jean-Paul Sartre, den er in der Hoffnung hofierte, ausländische Intellektuelle als Vorzeigefreunde zu gewinnen.

Aufsehen erregten Castros kulinarische Gewohnheiten 1960 bei seinem Besuch der UNO in New York. Nachdem die Kubaner aus ihrem ersten Hotel, dem Shelburne, ausgezogen waren, registrierte man dort nicht nur Brandlöcher in den Teppichen, sondern fand rohes Fleisch, leere Milchkartons und Hühnerfedern, die die amerikanische Phantasie gewaltig in Wallung brachten. Diese verfluchten Kommunisten! Sie schlachteten tatsächlich Hühner auf ihrer Suite! Die Kubaner siedelten in das bordellartige Hotel Theresa um, wo der Saustall in Castros Zimmer seinen Besucher Chruschtschow anekelte. Leitungswasser mied der große Führer: Er hatte Angst, vergiftet zu werden. Und Präsident Eisenhower gab der Paranoia frische Nahrung: Als einzige südamerikanische Delegation wurden die Kubaner nicht von ihm zum Essen eingeladen.

Castro mimte den Volksfreund und lud zur entsprechenden Zeit die schwarzen Hotelangestellten zum Mahl: »Wir sind nicht traurig. Wir nehmen es leicht. Wir wünschen ihnen guten Appetit. Mir ist es eine Ehre, mit den armen, bescheidenen Menschen von Harlem zu essen. Ich gehöre zu den armen, bescheidenen Menschen.« Sein Koch, seine Diener, Kellner und Chauffeure hatten ja schließlich auch nicht mitreisen dürfen. Zwei Jahre später setzte Castro gegen schwarze Hausfrauen, die topfdeckel- und pfannenschlagend mit dem Ruf »Fidel, wir wollen essen!« durch Cárdenas gezogen waren, sowjetische Panzer ein und ließ die Frauen ins Gefängnis werfen.

Das alles fand Giangiacomo Feltrinelli so interessant, daß er persönlich auf Kuba vorbeischaute und Castro zwanzigtausend Dollar Vorschuß für seine Memoiren in die Hand drückte. Castro unterhielt sich nächtelang mit dem italienischen Verleger, doch sie waren nicht allein: Reinrassige Leghorns stolzierten um sie herum. Castro ließ die Hühner nicht aus den Augen und versprach sich von seiner freien Wohnzimmerhaltung enorme Aufschlüsse über ihre Eierproduktion. Feltrinelli, der mit anderen revolutionären Persönlichkeiten gepflegteren Umgang gewohnt war – Champagner und Kaviar mit Ulrike Meinhof plus Gatten, auf seiner Yacht –, freundete sich umsonst mit dem kubanischen Exzentriker an, denn sobald Castro den gesamten Vorschuß für einen kanadischen Zuchtbullen ausgegeben hatte, riet er Feltrinelli in aller Freundschaft, das mit dem Buch doch zu vergessen. Er habe einfach keine Zeit, vor allem, da er bereits über ein neues Problem nachdächte: Ob er nicht doch eine Holsteiner Kuh auf seiner Terrasse halten könnte?

Hauser:
MAGGIE KOCHT FÜR HELMUT

Helmut Kohl erzählte mir mal eine Geschichte von einem Besuch bei Maggie Thatcher in No. 10, Downing Street. Die eiserne Lady redete stundenlang auf den Bundeskanzler ein und sprach dabei von sich immer in der dritten Person: Der britische Premierminister meint dies, der britische Premierminister meint das und so weiter. Irgendwann wurde Kohl ungeduldig und rief: Margaret, ich habe Hunger! Daraufhin sei sie aufgesprungen, hätte sich eine Schürze umgebunden und flugs etwas zu essen gemacht. Fortan sprach die britische Premierministerin mit dem deutschen Bundeskanzler nur noch in der Ich-Form.

Kienzle:

DIE MUTTER DER MIKROWELLE

Margaret Thatchers Nächte mit Denis und kaltem Braten

Auf die Hilfe einer Haushälterin verzichteten die eiserne Lady und ihr Gatte Denis in Downing Street No. 10: Ihren unregelmäßigen Tagesablauf könne man niemandem zumuten, fanden die Millionäre. Nachts um elf griff sich die Premierministerin dann völlig selbstverständlich den kalten Braten, während der Gatte ihr bereits den Schlummertrunk servierte.

Doch dann wurde die Mikrowelle Maggies bester Freund. Falklandkrieg? Ohne Mikrowellenherd ganz ausgeschlossen. Auch der enge Beraterstab wurde mit den elektroschockierten Lebensmitteln abgefüttert. Angriff auf Libyen? Unmittelbare Folge einer Mikrowellenmahlzeit. Der Krieg ist vielleicht nicht der Vater aller Dinge, ganz sicher aber der Daddy des Mikrowellenherds. Ende des Zweiten Weltkriegs brätelten sich die amerikanischen Soldaten im Radarmikrowellenstrahl Toast und Spiegeleier. Für größeren Komfort bei der Truppe packte Dr. Percy Daron Spencer die Radarwelle in einen Kasten – der erste Mikrowellenherd war geboren. Er tötete wie alle seine Nachfolger jedes Vitamin, jedes Mineral, jeden Nährwert. Ab sofort nahm jeder kleine Gefreite nur noch die Imitation einer Mahlzeit zu sich. Aber eine Forderung der Mikrowellengegner erfüllten diese ersten Betreiber instinktiv: Besitzer des Wunderdings sollten einen Waffenschein haben. Unter besonders ungünstigen Umständen kann die Leber ihres Jüngsten schon gegrillt sein – dessen eigene Leber wohlgemerkt –, bevor der tiefgefrorene Fisch heiß pulsiert. Dunkel orakelte Maggie Thatcher schon 1995: »So werde ich die Wirkung meiner Arbeit auf meine Zeitgenossen erst am Jüngsten Tag erfahren.« Sie wußte gar nicht, wie recht sie hat.

Graf Lambsdorff:
Ich war nur einmal bei ihr in No. 10 zu Gast – aber kochend habe ich sie leider nicht erlebt. Die kulinarische Krönung war für mich der Weltwirtschaftsgipfel in Versailles. Da wurde gegessen und getrunken, daß man nicht mehr zum Arbeiten kam. Eine tolle Mischung von Ludwig XIV. und Sozialismus. Klasse!

Hauser:

GENUSS OHNE REUE

François Mitterrands großes Fressen auf dem Sterbebett

A Hund war er fei scho. Seine Affären mit Ministerinnen und anderen Damen, denen er dann Pöstchen und Wohnungen besorgte, wurden von den Franzosen bewundert. Die reagieren auf Vetternwirtschaft und staatliche Kriminalität einfach viel gelassener als Deutsche, wie man beim Brüsseler Kommissarsspektakel unschwer erkennen konnte. Wenn auch François Mitterrand mit

Edith Cresson wunderbarerweise angeblich wirklich nichts gehabt haben soll. Egal! François Mitterrand starb, wie er gelebt hatte: Er verstieß gegen Gesetze. Sein Volk war ein letztes Mal tief beeindruckt.

In der Silvesternacht 1995 empfängt der schwerkranke Präsident – zehn Jahre lang hatte er gegen den Krebs gekämpft – in seinem Landhaus in Latche am Atlantischen Ozean eine kleine Festgesellschaft. Zu ihr gehören Familienmitglieder, Jacques Lang, Henri Emmanueli, der Sozialist vor Ort, Leibarzt Jean-Pierre Tarot und der Journalist Georges-Marc Benamou, ein enger Vertrauter Mitterrands. Sie warten im Eßzimmer. Plötzlich um neun Uhr steht der Präsident in der Tür. Aufrecht, sehr aufrecht, und bewegt sich nach vorn, ohne die Beine zu rühren. Seine Gäste bemerken, daß er von vier starken Armen ganz langsam transportiert wird, die eigenen Hände hängen leblos an ihm herab. Auf eine Chaiselongue legt man ihn ab. Doch unerwartet wird Mitterrand quicklebendig, als Austern aufgetragen werden. In kürzester Zeit hat er 30 Stück verschlungen und nickt ein.

Aber dann: »Ortolans!« Fettammern! Mitterrand erwacht zu neuem Leben. Wie das deutsche »Komitee gegen den Vogelmord e.V.« feststellt, sind es in Frankreich nur die Jäger und Vogelfänger, die der Staat wirklich wirkungsvoll schützt; die fast schon ausgerotteten Ortolane können per Dekret in Pariser Ministerien immer noch als Delikatesse verspeist werden. Wenn man ihrer habhaft wird. Emmanueli hatte, weiß Gott wo, zwölf Exemplare ergattern können. Sogar in Frankreich verboten ist allerdings die Zubereitung der reizenden kleinen Singvögel mit der weichen, schwermütig klingenden

Stimme als gallisches Blutgericht, genannt »Ortolans braisée«: Schmorfettammer. Die Vögelchen schwimmen heiß geröstet in ihrem eigenen Blut, und der Gebrauch von Messer und Gabel ist verpönt.

Dafür sind die weißen Servietten um so wichtiger. Unter ihnen verschwinden die Köpfe von Danielle und François Mitterrand, von Henri und Jacques, von Jean-Pierre und Georges-Marc. Zunächst saugen sie den Vögelchen im Schutz relativer Dunkelheit das Gehirn aus, und dann, formuliert es Gastro-Profi Vincent Klink sehr anschaulich in seiner Zusammenfassung der Ereignisse, »dann zersplittern die gerösteten Köpfe wie Kartoffelchips zwischen den Kiefern der Gourmets«. Nichts, rein gar nichts darf auf dem Tellerchen übrigbleiben; sonst hat sich der Esser des Schmankerls nachträglich als unwürdig erwiesen.

François Mitterrand, der alte Genießer, verzehrt zwei Vögel. Danach spricht er, der aus purer Lust am Klatsch die französische Polizei Hunderte Telefonleitungen anzapfen ließ, sehr enthusiasmiert über die Beine von Julia Roberts. Später wird die oft von ihrem Mann gedemütigte Danielle Mitterrand tapfer behaupten, ihr Gatte habe den Abend »in gelassener Heiterkeit« gefeiert. Es war jedenfalls das letzte Mahl, das Mitterrand je zu sich nahm. Von Stund' an verweigerte er Nahrung und Medikamente. Am 8. Januar 1996 starb er.

Graf Lambsdorff:
Ich habe schon von vielen Wünschen gehört, die andere sich auf dem Sterbebett noch schnell erfüllt haben. Dieser ist mir neu.

VORSICHT – GERUPFTE LERCHE!

Lecker auch eine andere Singvogelzubereitung, auf die das »Komitee gegen den Vogelmord e.V.« in Bonn gern hinweist: Der gerupften Lerche werden die Augen ausgebrannt. Den Hals im unteren Bereich spalten, Kopf in diesen Spalt einführen, die Beine unter dem Körper kreuzen und festbinden. Wacholder in den Vogel hineinschieben, salzen, pfeffern, Thymian und Lorbeer darauf verteilen. Ein Stück Speck fest um den Körper binden. Etwas Gin hinzufügen und auf dem Holzfeuer grillen. Der Gin flammt auf und parfümiert den ganzen Vogel. Bon appétit!

Kienzle:

IM LAND DES KÖCHELNS

Mao Tse-tung – revolutionäre Ideen dank Chili

Als Mao Tse-tung 1949 Josef Stalin besuchte, war er angesichts der Unmengen von Wodka und Borschtsch, die Stalin zu sich nahm, wie betäubt. Er starrte auf die Fisch- und Fleischportionen, die ihm halb roh erschienen, und brachte kaum etwas hinunter. Stalin hielt ihn darum für eine Memme und einen auf Sand gebauten Marxisten, dem nichts zuzutrauen sei. Dann wurde Mao krank. Doch Kulinarisches blieb zwischen den beiden Männern ein Thema. Kaum war Mao nach Peking zurückgekehrt, bekam Stalin Hunger auf Obst und wollte sich eine Ananasfabrik bauen. In China. Jetzt war Mao am Zug. Er telegrafierte zurück, ein Kredit für eine chinesische Fabrik wäre nett; Rückzahlung dann in Ananasnaturalien. Stalins Wutanfall änderte nichts daran; chinesische Ananas sollte es im Kreml vorläufig nicht geben.

Mao selbst liebte scharfes Essen. Eine Vorliebe aus Kindertagen, als in seinem Elternhaus von allen Dachbalken rote Pfefferschoten in Bündeln herabhingen. Maos Vater war reich geworden durch raffinierten Handel mit Schweinen und Getreide und schlichtem Wucher. Auch um Maos Haus »Klarer-Wasser-Teich« in Peking fanden sich tadellos gepflegte Beete. Mao als Gemüsegärtner? Nur perfekte Tarnung des Hauptquartiers der hunanesischen Kommunisten, die zwischen zwei Manifesten brav Unkraut jäten und Wege harken gingen. Das war 1922. In diesem Jahr gefiel es Mao auch, vermeintlich verwahrlost einen armen Arbeiter zu mimen und mit einer Horde von Mitstreitern zur Essenszeit in das Haus eines reichen Maklers einzudringen, wo sie den Unterschied zwischen den Gerichten auf dem Tisch und dem üblichen Speiseplan eines Arbeiters analysierten. Vermutlich war das Essen des Maklers nur milde gewürzt. Mao stellte kategorisch fest: »Je mehr Chili ein Mann ißt, desto revolutionärer werden seine Gedanken.«

Fünfzig Jahre später lud Mao Richard Nixon ein. Die Vorbereitungen waren Staatsgeheimnis. Dennoch wußten die Pekinger schnell, was Sache war. Das Niveau ihrer Lieblingsrestaurants in Peking sackte trostlos ab: Alle guten Köche waren in die Große Halle des Volkes abkommandiert worden, um die lukullischen Orgien für die amerikanischen Gäste vorzubereiten. Die besten Haifischflossen, gedämpften Garnelen und die weichsten Bambussprossen des Reiches sollten den Gästen vorgesetzt werden. Mao lächelte, als er hörte, daß Nixons Truppe während des ganzen Fluges übte, mit Stäbchen zu essen. Mit eigenen Augen wollte er die Früchte dieses Strebens allerdings nicht betrachten. Er selbst nahm am Bankett gar nicht erst teil.

VORSICHT – CHINESISCHE SUPPEN!

Die berühmtesten chinesischen Suppen, Haifischflossensuppe und Vogelnestsuppe, sind dickflüssig, um es euphemistisch auszudrücken. »Schleimig« trifft die Sache besser. Und schleimig wird die Vogelnestsuppe deswegen, weil die Schwalben, die ausschließlich als Lieferanten dienen, Halme und Seetang mit ihrem Speichel verkleben, der sich beim Kochen der Nester in wohlgefälligen Schleim auflöst. Flugblatt des »Vereins gegen Tierfabriken« (lauter Chili-Esser?) an die Besucher von Schweizer China-Restaurants: »Lieber Gast! Dieses Lokal hat Haifischflossensuppe auf der Menükarte und unterstützt damit das grauenhafte Abschlachten der Haie. Oft werden den lebenden Tieren die Flossen abgeschnitten. Mit dieser schrecklichen Wunde werden sie wieder über Bord geworfen, wo sie bewegungs- und steuerunfähig dem langsamen, qualvollen Tod überlassen werden.«

Hauser:

AMIS MAIS

Johannes Semlers Hühnerfutterrede

Heute, wo das Dioxin belgischer Hühnchen und das BSE europäischer Rinder gourmetunbedarften Hausfrauen und Müttern auch die allerletzte Zuflucht zu kindlicher Zufriedenheit verbaut, wo also die Geldgier namentlich flämischer und wallonischer Viehzüchter amerikanischen Fast-Food-Konzernen das Geschäft vermasselt (McDonald's, Kienzle!), denken die Amerikaner in nostalgischer Rührung zurück an Johannes Semler, der nur naiv, aber nicht böse war. Good old John! Am 4. Januar 1948, Gott, ist das lange her, hielt Semler als Direktor der Verwaltung für Wirtschaft vor dem Landesausschuß der CSU eine bitterböse Rede. Die Amis verlängerten nur deutsche Not und deutsches Elend, sabotierten deutsche Industrie und Wirtschaft, und in ihren Care-Paketen sei nichts Gutes drin. Bloß Hühnerfutter. Ah! Mais. Diese Hühnerfutterrede kostete Semler den Job, denn General Clay war überhaupt nicht amused. Mais als bloßes Hühnerfutter zu betrachten zeugte indes von so großer Ignoranz des Herrn Semler, daß seine Entlassung gerechtfertigt war. Nahezu jeder Gegenstand, der sich in einem nordamerikanischen Supermarkt befindet, ist irgendwann mit Mais in Berührung gekommen. Oder besteht aus Mais. Fleisch ist Mais. Milch auch. Amerikanisches Vieh und Geflügel wird mit Mais gemästet. Das hört sich tatsächlich besser an als Schafsmehl. Tiefkühlfleisch und -fisch werden zum Schutz vor Austrocknen mit einer dünnen Schicht Maisstärke überzogen. Das Braun und das Goldgelb in Puddings? Mais. Die Flüssigkeit, die in Konserven schwimmt: Mais. In jedem Karton, jedem Plastikbecher: Maisstärke. In Margarine: Maisöl. Glutamat, der verrufene Geschmacksverstärker: Maisprotein. Bonbons, Ketchup, Fabrikspeiseeis: Maissirup. Genauso wie in Bier (amerikanischem), Gin und Wodka. Zur Verbesserung der Rieselfähigkeit in Puderzucker: Mais. In Zahnpasta, Kosmetika, Hundefutter: Mais. Leder und Textilien werden mit Mais appretiert. Im Klebstoff: Mais. Hühnerfutter?! Törichter Semler.

Kienzle:

NUR DIE GANS WAR SEINE FREUNDIN

Winston Churchill – kein Kotelett blieb ungebraten

»Hunde schauen zu uns auf, Katzen auf uns runter, Schweine behandeln uns wie ihresgleichen«, sagte Sir Winston Churchill. Folgerichtig ging der Herzog von Marlborough mit seinen zwei Pudeln Rufus 1 und 2 und seiner Katze Ginger ins Bett und aß leidenschaftlich gerne Schinken. Im Bett trug er ausgeblichene rosafarbene Wäsche, was seine Frau überhaupt nicht störte. Sie schlief schon lange in ihrem eigenen Zimmer. Das Frühstück, verkündete Churchill sein Leben lang, solle man im Bett einnehmen. Und zwar allein. Vielleicht eine leise Kritik an seiner Mutter, die er einmal noch zwischen den Laken mit ihrem Liebhaber beim Frühstück erwischt hatte.

Schon als Kind in der Internatsschule war Churchill gierig und verfressen. Einmal stahl er Zucker in der Küche und wurde dafür bestraft; aus Wut darüber zertrat er den Strohhut des Direktors. Als allerdings Mrs. Everest, der gute Geist seiner Kindheit, die Spuren von Narben auf seinem Hintern entdeckte, die der durch die Mißhandlung zarter rothaariger Jungs sexuell erregte Headmaster dort hinterlassen hatte, wurde Winston sofort von der Schule genommen.

Nach dem frühen Tod seines Vaters ließ Churchills Mutter kein Kotelett ungebraten, um ihren Winston bei der Karriere zu unterstützen, wie der Sohn anerkennend vermerkt. Doch seine Verschwendungssucht hatte er von ihr geerbt: Es durfte immer nur vom Feinsten sein. Selbst während des Kriegs in Frankreich mangelte es Churchill an nichts: Corned beef, Stilton, Sahne, Schinken, Sardinen, getrocknetes Obst, Steak Pie, Champagner, Brandy, Portwein und Whisky standen täglich zur Auswahl. Auch wenn Churchill astronomische Summen verdiente, gab er alles mit vollen Händen wieder aus: Seine Finanzlage war immer prekär. »Ich habe nichts zu bieten als Blut, Mühsal, Tränen und Schweiß«, sagte er den Briten bei gegebenem Anlaß. Für ihn selbst durfte es schon ein bißchen mehr sein. Begründung: »Man soll dem Leib etwas Gutes bieten, damit die Seele Lust hat, darin zu wohnen.«

Das Personal fürchtete ihn; Churchills Launen waren

berüchtigt. Selbst seine geduldige Gattin stießen seine Paschamanieren ab, so daß die Diener in die Bresche springen mußten. Churchill liebte es, wenn sie ihn wie ein Baby verwöhnten, ihm das Bad einließen, ihn einseiften, abtrockneten, wieder anzogen und anschließend nicht ganz so babymäßig mit Zigarren und Drinks fütterten. Niemals war er glücklicher, als wenn ihm einer der Untergebenen auch noch die Socken anzog. Wirkliche Zuneigung empfand er gegenüber seinen Gänsen auf dem Lande. Als er einmal eine von ihnen tranchieren sollte, legte er plötzlich das Besteck beiseite und sagte mit soviel Niedergeschlagenheit, wie sie einem hungrigen Mann eben möglich ist, zu seiner Frau Clementine: »Clemmie, mach du das. Sie war eine Freundin von mir.«

Der lieben Clemmie gingen Churchills diverse Freunde der menschlichen Spezies allerdings oft auf die Nerven. Darum hat sie wohl auf die Frage, welches der wichtigste Mann in Churchills Leben gewesen sei, ohne Zögern geantwortet: »Der Koch.« Besser als andere behandelt hat er den Mann deswegen noch lange nicht: Selbst wenn sich der jeweilige Maître vor Verzweiflung schon die Haare raufte – Churchill kam prinzipiell zu spät zum Essen, ließ Gäste und Personal ungerührt warten und genoß seinen großen Auftritt, wenn er sich endlich aus dem Bett gewälzt hatte.

Hauser:

GULASCHKOMMUNISMUS

Nikita Chruschtschow – mit der Bratpfanne durch Rußland

Der Klassenkampf und die Ausrottung aller Kapitalistenschweine? Mitnichten. In Wahrheit war Nikita Chruschtschows Lieblingsthema die Landwirtschaft. Nichts hörte er lieber als Geschichten von Ackerbau und Viehzucht. Verständlich. Seine erste Frau Galina war 1921 bei der Hungersnot gestorben. Bei seinen russischen Untertanen, pardon, Arbeitern, Bauern und Intelligenzia, machte er sich allerdings ziemlich unbeliebt, weil er Sämlinge in Humus und Torf aus österreichischen Landen begeistert anpflanzen ließ, während er dieselbe Idee des Argrarbiologen Trofim Denissowitsch Lyssenko einige Jahre früher verlacht hatte. Letzten Endes war das aber doch auch nur wieder so eine Intrige, deren brisanteste Leonid Iljitsch Breschnew angezettelt hatte. Er hatte versucht, den KGB-Vorsitzenden Wladimir Jefimowitsch Semitschastny dazu anzustiften, Chruschtschow umzubringen. Und wie? Semitschastny dunkel: »Ich sollte es meinen Leuten befehlen ... Köchen ...«

Hat Chruschtschow also nicht nur zur Hebung der Arbeitsmoral bei seinen Besuchen in der Provinz von einem bestimmten Zeitpunkt an Arbeitsessen gemieden wie der Teufel das Weihwasser? Er kaufte sich eine riesige gußeiserne Bratpfanne, für die er einen Blechbehälter anfertigen ließ, damit sie im Kofferraum nicht schmutzig wurde. Auf dem Weg zum nächsten Städtchen ließ er bei seinen Rundreisen durchs Land an einem schönen Fleckchen anhalten, machte schnell ein Feuer am Straßenrand und briet ein paar Eier mit Schinken und Tomaten. »Es reichte für alle. Auch für seine Referenten und den Chauffeur.« Wundersam, ganz wundersam.

Einen Namen machte sich Chruschtschow damit, daß er acht Jahre nach der blutigen Niederschlagung der ungarischen Revolution an eben diesem Ort den »Gulaschkommunismus« propagierte. Die Begeisterung der Ungarn hielt sich in Grenzen; spontan wurde Chruschtschow von den Russen gestürzt. Nasdrowje! Die sündhaft teure Flasche Brandy, die Charles de Gaulle Chruschtschow geschenkt hatte, leerte nach dessen Tod sein Sohn. Der sparsame Monteur Nikita hatte einen Kick zu lange auf die besondere Gelegenheit gewartet.

Kienzle:

DER SPION, DER AUS DER KÜCHE KAM

Markus Wolf und sein Vater Friedrich Wolf

Sein Vater ließ sich am liebsten nackig ablichten, Markus Wolf nicht mal im Wintermantel. Jahrzehntelang hatten die westlichen Geheimdienste nur ein Jugendbildnis des ostdeutschen Geheimdienstbosses, dessen Vater

Friedrich Wolf – Kommunist, Arzt, Schriftsteller und eherner Vegetarier – diesen Unwillen zur Transparenz sicher gar nicht geschätzt hätte. Doch wie die Söhne aller Länder neigen auch die überzeugter Kommunisten zur Auflehnung gegenüber ihren Eltern. Konrad Wolf, Markus Wolfs Bruder, schlug zwar auch und ganz in Papis Sinne den Weg zum Kommunismus ein, aber er kündigte schon im jugendlichen Alter von sechs Jahren an, er werde als Erwachsener nur noch komplette Ochsen verspeisen.

Wie alle Linken buk er aber dann doch nur kleine Brötchen und gab sich mit Schaschlik zufrieden. Markus Wolf seifte seine Spioninnen und Spione gerne mit seinen Kochkünsten ein und bereitete ihnen Pelmeni: Teigtaschen mit Fleischfüllung. Ach so! Wie Ravioli oder wie Maultaschen! Wo denken Sie hin? Wolf glaubt immer noch an die Überlegenheit seines eigenen Systems. »Wer käme auf die Idee, einen Fasan mit einer Krähe zu vergleichen, nur weil beides Vögel sind?« Na ja, eigentlich jeder, aber Markus Wolf behauptet, das Schicksal der Menschen, für die er die Verantwortung trug, sei ihm oft – nicht immer – so quälend nahe gewesen, daß er sich gar nicht anders zu helfen wußte, als sie abzufüttern.

Anschließend hieß er dann seine Mannen, die Sekretärinnen der Wessis aufs Kreuz zu legen – die Kerle müssen im Bett wahre Wunder gewirkt haben, Hut ab vor solch alles umfassender Ausbildung durch die Stasi! Selbst nach der Wende hatte Wolf keine Gewissensbisse, sondern erzählte jedem, er habe schließlich nicht nach den Regeln des Knigge oder der Heilsarmee gehandelt. Nein, wahrlich nicht. Auch Vater Wolf lebte mit Ehefrau und zwei Söhnen zu Beginn des Moskauer Exils in einer kleinen Wohnung, in der er nonchalant auch seine Geliebte und die gemeinsame Tochter untergebracht hatte – da können die Kategorien schon etwas durcheinandergeraten. Nein, Gesundheitsapostel Friedrich Wolf brauchte kein Salz mehr (»Barbarische russische Sitte, alles zu versalzen«), er pfefferte sich sein Leben mit anderen Mitteln. Markus Wolf, der korrekte Kommunist, salzte unentwegt, den Teig, die Füllung und die Sauce seiner Pelmeni.

Hauser:

PRACHTKERL DANK VEGGIEBURGER

Ronald Reagan – vom Hafer gestochen

Ronald Reagans kulinarische Karriere begann mit einer faustdicken Lüge: Samstags schickte seine Mutter den älteren Sohn zum Schlachter, wo er Leber »für die Katze« holen sollte. Bloß, die Familie besaß gar keine Katze. Tatsächlich war die Leber der Sonntagsbraten, nachdem die Mutter unter der Woche den Suppenknochen immer wieder ins heiße Wasser geworfen hatte in der Hoffnung, doch noch ein paar Kalorien daraus hervorzulocken. Später kreierte sie ein ganz neues Genußerlebnis. Für einen Hamburger könnte man nicht phantastischer werben, als

Reagan die Köstlichkeit in seiner Erinnerung beschreibt: »Da lag ein dicker, runder Kloß... ich biß hinein... es war saftig und fleischig, das Wunderbarste, was ich je gegessen hatte.« Das Ding in der Soße bestand vor allem aus Hafer. Doch ganz anders als die Kinder von heute, die mit Wut auf die Entdeckung reagieren, daß die Familienbuletten keineswegs aus reellem Fleisch bestehen, sondern von der vegetarisch gesonnenen Mutter aus Hafer und Gemüse zusammengepanscht wurden, beweist der amerikanische Präsident auch retrospektiv wahre Größe: Der Klops sei sicher sehr gesund gewesen. Heute wissen wir, wie recht er hat. Hafer impulsiert im Menschen nicht nur die Stoffwechselvorgänge, wie die Anthroposophen sagen, sondern enthält eine große Anzahl von Mineralien und Spurenelementen, insbesondere Magnesium für Nerven und Hirn. Für den Schauspielschüler Ronald besonders wichtig: Biotin, unersetzlich für glatte Haut und schönes Haar. Hafer ließ diesen Mann so blühend aussehen, daß der Maskenbildner ihm von jedem Make-up dringend abriet. Bis Reagan der Hafer stach und er Präsident werden wollte.

Kienzle:

KONZIL DER KÖCHE

Der »Club des Chefs des Chefs« – eine geniale PR-Idee

Seit wenigstens tausend Jahren sind nur den hochbemützten, berockten Herren im und um den Vatikan herum bessere oder ähnlich herausragende Einfälle in Sachen Human Relations und Public Relations in den Sinn gekommen. Lexikon-Germanisten, die Deutsch für Ausländer ins Deutsche übertragen, behaupten, Human Relations seien »Ausdruck für die Gestaltung, Pflege und Förderung zwischenmenschl. Beziehungen in Organisationen, insbes. in Unternehmen und Verwaltungen«. Wo Menschen zusammenarbeiteten, zusammenträfen, dort entstünden »soziale Gebilde mit sozialen Prozessen«. Derartige Gemeinschaftsgespinste taugen ohne Public Relations einen feuchten Kehricht! Denn PR ist »das Bemühen (von Firmen, Vereinen oder Einzelpersonen) um öffentliches Vertrauen«. Bündig: »Die PR sollen ein möglichst positives Bild (Image) des Auftraggebers vermitteln.«

Die Wörter kommen aus den Vereinigten Staaten von Amerika, die Methoden von der katholischen Kirche. Zwei Einrichtungen, die nach dem Führerprinzip arbeiten. Und drei pfiffige französische Unternehmer – Gilles Bragard, der »Couturier der Küchenchefs«, Robert Cointreau, Hersteller von alkoholischen Getränken für Damen und Desserts, sowie Claude Rouzaud, Schaumweinverkäufer im Hause Roederer – haben das Verfahren Ende der 70er des 20. Jahrhunderts abgekupfert. Sie riefen den »Club des Chefs des Chefs« ins Leben. Perfekt. Dieser Club – Verein von Küchenchefs, die Präsidenten und Monarchen sowie Artverwandtes bekochen – ist so etwas wie der Klerus gegenüber dem Fußvolk katholischer »Laien«. Und wie die römische Kirche von Zeit zu Zeit ihre Mitraträger zu Konzilien oder Synoden zusammenruft, so trommeln ein Fabrikant für Textilien der Gastronomie und Hotellerie und zwei Getränkehersteller seit 1986 alljährlich Führungspersonal bekochende Weißwesten zusammen.

Den Weißtextilierten geht's allerdings – in beiden Vereinen – hinsichtlich ihrer Mobilität besser als den Violett- und Purpurträgern. Die Weißen stoßen in jedem Jahr in einem anderen Land auf neue Verehrer. Und jedes Mal finden sich Sponsoren, die die Reisenden auf das Gediegenste bewirten. Es muß etwas mit der Gläubigkeit der jeweiligen Verehrer der Weißen mit dem hohen Hut zu tun haben, daß solche Pilgerreisen ein ums andre Mal zu einem gewaltigen Ereignis werden... Anders als die Nachfolger Petri auf dem harten Heiligen Stuhl folgen dem Lukull auch Frauen nach: Zur Zeit zieren Rosaleen MacBride, Chefin in der Küche der irischen Präsidentin, und Sirkka-Liisa Ruottinen, in eben dieser Funktion erste der Brigade beim Staatspräsidenten von Finnland, die Männerrunde »Club des Chefs des Chefs«.

Die Chefs dieser Küchenchefs sind, selbst wenn sie sich Monarchen nennen, demokratisch kontrollierte Machthaber. Außer der von August Wehrle aus dem schweizerischen St. Gallen. Wehrle fertigte mit 70 (!) Kollegen seiner Zunft – Hilfspersonal nicht mitgezählt –, was dem reichsten Mann der Welt, dem Sultan von Brunei, und dessen weitschweifiger Familie täglich auf den Tisch kam. An drei Tagen im Jahr sind die Türen im Palast des Potentaten fürs »gemeine Volk« und »sämtliche Gäste des Landes« geöffnet. An diesen Tagen versorgten der Schweizer und sein aufgestocktes Team 15.000 Menschen. Wehrle ist nach vielen Jahren »Betriebszugehörigkeit« aus diesen Diensten ausgeschieden und hat sich auf Neuseeland selbständig gemacht. Einer der Gründe dafür könnte gewesen sein, daß er sich »zwar einerseits dort sauwohl« gefühlt hat, andererseits aber in stillen Stunden bis in Tränennähe beklagte, wie schlimm es sei, stets »Saucen ohne Alkohol« – der Sultan ist gläubiger Moslem – machen zu müssen. Ein Nachfolger für den »Club« ist noch nicht benannt worden.

Inwieweit die »Genossen«, die die Regierung der Volksrepublik China aus dem Großen Palast des Volkes in Peking zu den Jahrestreffen entsendet, Kündigungsrecht oder -schutz, Mitsprachemöglichkeiten und Anspruch auf Meinungsfreiheit haben, ist ungewiß. Die Tatsache, daß zu den geselligen Beisammenseins – neben dem Dolmetscher – immer ein vierter Mann mitreist, über dessen Funktion niemand Auskunft gibt oder geben kann, deutet nicht darauf hin, daß chinesische Regierungsköche ihren Bossen auf den Nasen herumtanzen dürfen.

Nun neigen Köche – außer im eigenen Machtgeviert oder als Modeerscheinungen – von Haus aus nicht gerade zu Geschwätzigkeit. So auch der Herrscher in den Küchen »Ihrer Majestät« der Königin von England,

Lionel Mann, nicht. Sowenig wie Athanasios Skouras, der den Präsidenten von Griechenland bekocht; José Moniz, Koch im Hause des kanadischen Premiers, oder Markus Burkart vom »Hof« des schwedischen Königs. Sudhir Kumar Sibal füllt dem indischen Präsidenten Teller und Gläser; Pavel Rehtacek dem der Tschechischen Republik. Gisli Thoroddsen arbeitet für den Präsidenten von Island, Domenico de Cesaris für den von Italien, Takashi Kondo für die Königin von Dänemark. Rune Norgaard sorgt fürs leibliche Wohl des norwegischen Königs, das seiner Familie und das seiner Gäste. Das gleiche tut Josef Normand für den Präsidenten der »Grande Nation Frankreich«. In den USA kümmert sich Walter Scheib – Präsident des Clubs – um den Zigarrenraucher Bill Clinton. Der Vize des Vereins, Gilles Brunner, rührt für den Fürsten von Monaco an; Kwankheo Vajaradoya für den Monarchen von Thailand. Dem Vorsteher von Mexiko wird von Toni Lejars, dem der Elfenbeinküste von Yves Dionneau aufgekocht. Die deutschen, schweizerischen und die UN-Superdemokraten halten sich keine festangestellten Köche. Sie lassen, wie die Herrscherclique von Singapur, im Bedarfsfalle von angesehenen Hotel-Chefköchen auftragen. In Bern heißt der Heinrich Lauber, in New York Max Suhner, in Singapur Peter Knipp. In Bonn heißt er immer noch Bernd Raths, nur kocht der nicht mehr für bundesdeutsche Präsidenten und Kanzler. »Wg.« Wegzugs der Amtsinhaber. Ein Neuer ist für ihn noch nicht gefunden worden. Ihn auszuwählen wird dauern. Aber wieder einmal ist der Caterer teurer Industrienahrung aus München, Käfer, im Gespräch.

Das wär' was, wenn der bayerische »Food-Stylist« Mitglied eines Clubs würde, der – neben anderen – Ronald Reagan, Ex-US-Präsident, Carl XVI. Gustaf von Schweden, Wan Li, Präsident der chinesischen, und Philippe Séguin, Präsident der französischen Nationalversammlung, zu seinen »Members of Honor« zählt.

Welch eine PR-Idee, Küchenchefs von Präsidenten und Monarchen einmal im Jahr mit neuen Weißwesten auszustatten, inklusive Firmenlogos, Namenszug und Wappen der Nation, wo sie ihrem Handwerk nachgehen; sie üppigst zu bewirten – nobelster Schaumwein französischer Abkunft steht dabei bis an die Türklinken; sie vorzuführen, als hätten sie im Auftrag ihrer Bosse etwas mitzuteilen! Dabei geht es ihnen wie den Konzilskollegien und den Synodalen der katholischen Kirche: Alle reden, keiner hat was zu sagen. Die Politiker, die sich bei solchen Gelegenheiten an jedes im Weg stehende Rednerpult klammern, dienen den Veranstaltern als Maskottchen. Dazu werden Presse, Hörfunk und Fernsehen geladen – und sie kommen in Scharen.

Ein Selbstgänger. Ein marketingelnder Selbstgänger. Ein besseres Ding ist seit tausend Jahren auch den alten Männern im Zwergstaat bei Rom nicht eingefallen.

Schlauch:
Maultaschen sind die schwäbische Form von Ravioli.

Seißler:
Woher kommt diese schwäbische Affinität zu Teigwaren?

Zwischengericht von Wolfgang Nagler:

POT AU FEU VOM OCHSENSCHWANZ MIT MARKKLÖSSCHEN UND MAULTÄSCHLE

Für 4 Personen

Weinempfehlung:
1997 Chardonnay »Barrique«
Weingut Christmann, Rheinpfalz

Zutaten:

POT AU FEU

1 Ochsenschwanz,
an den Gelenken in Stücke geschnitten
2 große Zwiebeln, 2 Karotten, 1/2 Bund Staudensellerie, 1/2 Stange Lauch
1 EL Tomatenmark
0,3 l Sherry und 0,3 l Madeira
1,5 l Rinderbrühe
0,4 kg Rinderwade, grob gewolft
10 Eiweiß und 0,1 kg Eiswürfel
Thymian, Rosmarin, Knoblauch, Pfefferkörner,
Lorbeer, Wacholder, Piment und Muskat

MARKKLÖSSCHEN

100 g durch ein Passiersieb gestrichenes,
gewässertes Rindermark
100 g Vollei
100 g entrindetes Toastbrot
1/2 EL Rahmpetersilie
Salz, weißer Pfeffer

MAULTÄSCHLE

Nudelteig:
100 g Eigelb
100 g Mehl Typ 405
25 g Hartweizengries
1 TL Pflanzenöl
Salz

Füllung:
100 g Kalbfleischfarce
200 g Spinat
30 g Schalotten
1/2 Knoblauchzehe
20 g Butter

Zubereitung:

POT AU FEU

Ochsenschwanz im gut vorgeheizten Bräter im Backofen braun anbraten. Das in Würfel geschnittene Gemüse zugeben und mitrösten. Tomatenmark hinzugeben und nochmals leicht rösten. Mit Sherry und Madeira ablöschen, reduzieren und mit Rinderbrühe auffüllen; ca. 3–3 1/2 Stunden köcheln lassen. Sobald das Gemüse weich ist, wird der Gemüsefond durch ein Spitzsieb passiert. Das Fleisch vom erkalteten Ochsenschwanz vom Knochen lösen und von Fett und Sehnen befreien. Die gewolfte Rinderwade mit Eiweiß, Eiswürfeln, den Gewürzen, dem Knoblauch und etwas Salz ziehen lassen und mit den Resten vom Ochsenschwanz (Knochen, Knorpel und Gemüse) vermischen. Mit dem Schmorfond auffüllen und bei starker Hitze unter ständigem Schaben (Rühren auf dem Topfboden) aufkochen lassen. Bei schwacher Hitze ca. 3–4 Stunden nochmals ziehen lassen. Durch ein Tuch passieren und abschmecken.

MARKKLÖSSCHEN

Alle Anteile zweimal durch die feine Scheibe des Fleischwolfes drehen. Mit Salz, weißem Pfeffer aus der Mühle und gehackter Rahmpetersilie abschmecken. Klößchen drehen und in leicht gesalzenem Wasser zugedeckt köcheln lassen.

MAULTÄSCHLE

Spinat waschen. Fein geschnittene Schalotten und etwas Knoblauch in Nußbutter anziehen. Spinat zugeben und kurz mitdünsten. Kalt stellen und danach hacken. Mit etwas Kalbfleischfarce vermischen und mit dünn ausgerolltem Nu-delteig Maultäschle formen. In Salzwasser al dente garen.

Anrichteweise:

Markklößchen, Maultäschle, tourniertes Gemüse (Karotte, Sellerie) in eine Suppenterrine geben, mit der klaren Ochsenschwanzsuppe auffüllen und mit klein geschnittenem Schnittlauch garnieren.

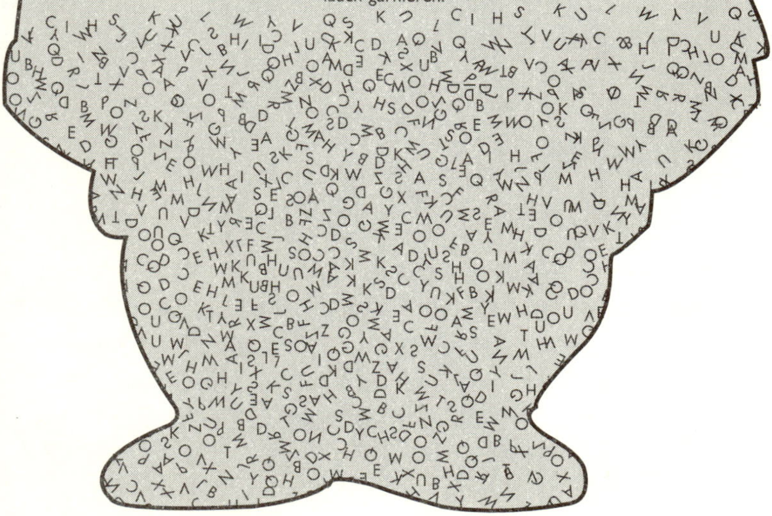

Kienzle:
Die sind billig herzustellen. Das ist einer der Hauptgründe.

Hauser:
Kienzle leidet darunter, daß derzeit der berühmteste Schwabe Gotthilf Fischer ist. Von dort unten kommt nichts mehr, im Gegensatz zu früher.

Kienzle:
Wer vom Niederrhein stammt, platte Landschaft, platter Witz ...

Hauser:
Weitblick, Kienzle!

Kienzle:
... der sollte sich nicht vergehen an dem, was die Schwaben geleistet haben.

Hauser:
Gotthilf Fischer!

Kienzle:
Zugegeben, ein gewisser Niedergang ist da, Gotthilf Fischer, Lothar Späth. Grundsätzlich aber gilt: Der Uhland und der Hegel, der Schiller und der Hauff, das ist bei uns die Regel, das fällt bei uns nicht auf. Der Niederrhein hat nicht mal einen Gotthilf Fischer zustande gebracht!

Hauser:
Aber da gibt es zum Beispiel den Beuys ...

Kienzle:
... den Friedrich Engels erwähnt Hauser lieber nicht.

Graf Lambsdorff:
Der ist ja auch Bergisches Land.

Hauser:
Engels war auf der scheel Sick, wie man bei uns sagt. Aber zurück zu den Schwaben. Die stehen ja nicht gerade für Genuß, sondern eher für Verzicht.

Kienzle:
Aus einem ganz simplen Grund. Schwaben war jahrhundertelang eine der ärmsten Regionen Europas. Die mußten sparen. Die hatten nichts. Woran erkennt man ein schwäbisches Schiff? Daran, daß keine Möwen hinterher fliegen. Und dazu kommt noch diese ehemals linke Bewegung, der Pietcong, der schwäbische Pietismus. Der ist heute eine ziemlich verlogene Angelegenheit. Aber ursprünglich war das eine sehr emotionale, linke Bewegung, die nicht den Verzicht, sondern die Revolution auf ihre Fahnen geschrieben hatte. Genießen galt in Schwaben immer als unmoralisch. Wo sonst wäre folgender Klatsch zweier alter Frauen denkbar: »Hast du des scho ghört – die Soundso liegt dahoim aufm Sofa und liest Romane!« Der Gipfel der Verwerflichkeit!

Seißler:
Lust- und Sinnenfeindlichkeit schreibt man ja den Protestanten zu. Zumindest in dieser Hinsicht bin ich wohl eher Katholik. Herr Lambsdorff, Sie sind evangelisch, wie sehen Sie das?

Graf Lambsdorff:
Erstens halte ich die Annahme für weit gefehlt, daß der Pietismus heutzutage kaum mehr von Bedeutung sei. In der württembergischen Kirche hat er immer noch beträchtlichen Einfluß. Andererseits war ich sehr gut bekannt mit dem Erfinder des evangelischen Kirchentages, Reinold von Thadden. Daß der den Genüssen abhold gewesen sei, kann ich ganz und gar nicht bestätigen. Obwohl er aus der pietistischen Glaubensrichtung kam.

Seißler:
Der Erhard Eppler jedenfalls geht zum Lachen in den Keller.

Kienzle:

KIESINGER UND DAS OLIVENÖL

Vom Rheinländer Konrad Adenauer lernte der Schwabe Kurt Georg Kiesinger Entscheidendes: Vor Staatsbanketten in Rußland Olivenöl trinken! 1955 hatte Adenauer einen ganzen Ölvorrat nach Moskau mitgenommen und flößte eigenhändig jedem Delegationsmitglied einen Eßlöffel davon ein. Auch »König Silberzunge« mußte schlucken. Am

Tag zuvor waren Wodka und süßer Krimsekt in Strömen geflossen und hatten eine Atmosphäre geschaffen, die ein westlicher Beobachter vielleicht mit Sorge wahrgenommen hätte, bemerkt Kiesinger selbstkritisch. Vor dem starken Schwarzwälder Kirschwasser, einem Gastgeschenk der Deutschen, prallten die trinkfreudigen Russen aber erschrokken zurück. Milden Wodka gewöhnt, nippte Chruschtschow vorsichtig am Schnapsglas und schüttelte sich: »Das bringt ja einen Ochsen um!« Er rührte sein Glas nicht mehr an. Kiesinger, der disziplinierte Genießer, hielt sich seinerseits beim Kaviar schweren Herzens zurück, weil er nicht als zügelloser Gourmand dastehen wollte. Als er dann Kanzler wurde, nahmen ihm alle seine NSDAP-Mitgliedschaft übel. Viel verdächtiger war jedoch sein Bekenntnis: »Ich habe es immer als ein Glück empfunden, im schwäbischen Land geboren zu sein.«

Schlauch:

In Schwaben sagt man über einen Geizhals nicht, »der ist geizig«, sondern, »der ist hungrig«. Insofern gibt es auch da eine Verbindung zum Genießen. Wenn jemand geizig ist, geizt er in erster Linie am Essen.

Hauser:

Sie sind doch Sohn eines Pfarrers. Stimmen Sie dem zu, was hier am Tisch über den Pietcong gesagt wird?

Schlauch:
Also es gibt da den sogenannten Remstal-Pietismus, der ist schon hart und schwer und durchaus pauschalisierbar, wie Kienzle es tut. Ich bin Gott sei Dank von diesem Phänomen nicht berührt worden. In meinem Elternhaus ging es anders zu. Da gab es einen wohlgefüllten Weinkeller, gutes Essen, Fröhlichkeit.

Seißler:
Kulinarisch im Gegensatz zum pietistischen Schwaben steht zum Glück der Badener, von den Schwaben abfällig Badenser oder Gelbfüßler genannt.

Kienzle:
Badener und Schwaben sind feindliche Brüder, notdürftig getrennt durch den Schwarzwald, die Badener aber auch durch den französischen Einfluß. Die Franzosen haben schon immer gut gekocht, und die Badener haben von ihnen gelernt. Darin sind sie den Schwaben weit voraus.

Schlauch:
Die Badener verstehen besser zu leben als die Schwaben. Die Schwaben sind schaffig, die Badener sind Genießer. Ich habe ja in Freiburg studiert 1966 bis 1968. Damals ist man zum Essen ins Elsaß hinübergefahren. Heute ist es umkehrt, viele Elsässer kommen ins Badische, weil dort die Küche enorm zugelegt hat.

Kienzle:

DER KARTOFFELKÖNIG

Lothars Späth-Kapitalismus

Lothar Späth liebt vor allem die Kartoffeln. Welche Symbolik. Ein Nahrungsmittel, das in der Geschichte des Kapitalismus, in dem das Cleverle sich so anmutig und geschmeidig bewegt wie ein Fisch im Wasser, schon immer eine kapitale Rolle gespielt hat. Frühe Proletarier, Hungersnot und Kartoffeln – das gehört einfach zusammen, im Guten wie im Bösen. 1740 rettete die Kartoffel beispielsweise die Iren vor dem Hungertod, 1845 allerdings hatte die epidemische Kartoffelfäule für dasselbe Volk die schlimmsten Auswirkungen: Längst hatten die Bäuerinnen ihre Öfen abgeschafft, sämtliche Brotrezepte vergessen und waren gerade mal noch in der Lage, Wasser heiß zu machen, um ihre Monospeise zu garen. Ja, der Dubliner Ernährungswissenschaftler Stephen Boyle ist felsenfest überzeugt: »Ohne die Einführung der Kartoffel hätten die machiavellistischen Bestrebungen der Londoner Regierung und der in England lebenden Landeigner niemals Früchte tragen können.« Die Schotten waren gegen diese Methode immun (wenn es ihnen auf Dauer auch nicht half); ihre presbyterianischen Geistlichen hatten ihnen den Kartoffelverzehr untersagt, da ihnen die in der Bibel notgedrungen unerwähnte Knolle als gottlos erschien.

Als Friedrich Engels die Lage der arbeitenden Klasse in England beschrieb, entwickelte er die Idee einer Kartoffelpyramide: Darbende Iren massenhaft zuunterst und für sie ausschließlich Kartoffeln, eine satte Fabrikarbeiterfamilie mit mehreren Ausgebeuteten zuoberst, die auf Kartoffeln gänzlich verzichtete und statt dessen täglich Fleisch und abends Speck und Käse zu sich nahm. Das beruhigte Engels ungemein, und er schrieb an Marx: »Endlich finde ich, daß mein 1857er Rüdesheimer jetzt gerade in der Periode ist, wo er getrunken werden muß, und dazu brauch' ich Deine Hilfe.«

Nostalgie genieße er, das sei doch was Schönes, sagt Lothar Späth. Darum liebt er vor allem »Saure Kartoffelrädle«, eine Art Gratin ohne Käse in Zwiebelsuppe, zu der manche Schwaben, verrät Späth, sogar noch zusätzlich Spätzle servieren würden. Er bevorzugt Saitenwürstle oder Rote Würste. Wenn sein Magen das noch verträgt, bitte. Seinen alten Untertanen stößt derzeit ein Projekt der Späthschen Spätzle-Connection (offiziell »Freundeskreis«) ziemlich sauer auf: das Baden-Badener Festspielhaus, mit dem den Baden-Badenern der Abschied vom Südwestfunk schmackhaft gemacht werden sollte. Dieser Kloß wird den Betrogenen noch lange im Hals stecken bleiben. Und im Juli 1999 hat Späth mal wieder fünfzig Arbeitnehmer der Jenoptik entlassen. Für die Mitte der Pyramide empfahl Friedrich Engels als Tagesmenü Porridge und Kartoffeln mit Speck.

Hauser:
SCHÄUBLE AUS BADEN

Manche Naturvölker, sagt der Philosoph Franz Rosenzweig, schämten sich entsetzlich bei der bloßen Vorstellung gemeinsamer Nahrungsaufnahme. Doch die »süße, vollreife Frucht der Menschlichkeit verlangt gerade in der Erneuerung des leiblichen Lebens nach Gemeinsamkeit von Mensch und Mensch«. Wohl gesagt! Der Badener Wolfgang Schäuble ging nur mit dem damaligen SPD-Fraktionsvorsitzenden Rudolf Scharping (Rheinländer) essen, denn die beiden können sich nicht ausstehen. Sie wurden in der Bonner »Traube« gesichtet, fern jeden Verdachts, miteinander zu kungeln. Zwei Männer, die kurzfristig zivilisiert mit Messer und Gabel aßen, um sich kurz darauf skrupellos das Messer in den Rücken zu rammen. Mit Hans-Ulrich Klose wäre Schäuble nie essen gegangen; dem hat Schäubles Anerkennung in SPD-Reihen auch so schon genug geschadet.

Die Freiheit des gemeinsamen Mahls in der Familie, erklärt Rosenzweig weiter, zeige sich vor allem darin, daß das jüngste Kind zu Worte komme und sich nach ihm, nach seiner Art und Reife, die Tischreden des Hausherrn richteten. Bei Schäubles silberner Hochzeit gab es im »Adler« im Glottertal Rehbraten und Spargel, und die jüngste Tochter Anna nahm jede Ansprache vorweg: »Hau weg den Scheiß!« Schäuble hielt gar keine Tischrede mehr. Sein Lieblingsgericht seit Kindertagen sind Maultaschen. Schwäbische Christen haben diese Delikatesse für die Zeit des Fastens erfunden: Gott sollte das Fleisch nicht sehen können.

Hauser:
Herr Schlauch, können Sie mir erklären, was mit dem Joschka Fischer passiert ist? Früher Genußmensch, heute Asket – wie sehen Sie diesen Wandel?

Schlauch:
Joschka Fischer ist halt doch ein Schwabe. Vielleicht ist bei ihm der Pietismus im späten Alter durchgebrochen. Ich weiß, daß er nach wie vor gut ißt. Aber er trinkt keinen Wein mehr.

Hauser:
Gibt es sonst noch Genußmenschen bei den Grünen?

Schlauch:
Jürgen Trittin, auch wenn man es ihm prima vista nicht ansieht, ißt gern und gut. Die Grünen sind, zumindest was Essen und Trinken betrifft, keine Verzichtsideologen. Die Grünen haben außerdem viel beigetragen zum guten Essen. Ihr Kampf für gute Produkte, für gute Nahrungsmittel richtet sich ja nicht nur gegen Schadstoffe, da geht es auch um den guten Geschmack. Es ist eben ein Unterschied, ob ich gelbe Rüben oder Tomaten verwende, die industriell produziert sind, oder ob sie aus ökologischem Anbau stammen.

Kienzle:
Mit dem ökologischen Wein habe ich meine Probleme.

Seißler:
Es gibt keinen anständig gemachten ökologischen Rotwein!

Schlauch:
Ich habe von gelben Rüben und Tomaten gesprochen.

Seißler:
Die gelben Rüben zeichnen sich vor allem durch ihre Unansehnlichkeit aus, die Äpfel durch Stockflecken. Das muß alles nicht sein. Öko-Winzer legen die Hände in den Schoß und denken, der liebe Gott wird's schon richten. Aber den Dingen nur einfach ihren Lauf zu lassen, das klappt nicht.

Kienzle:

DER WEINBERG RUFT

Heiner Geißler – Asket aus der Gleisweiler Hölle

Die gellenden Stimmen der Pfauen schrieb Aristoteles ihrer Vorliebe für Lauch zu. Darum aß auch Nero täglich seine Lauchsuppe, um seine Vorträge zur Klampfe eindrucksvoller gestalten zu können. Sie nannten ihn daher Porrophagus. Auch der bekennende Lauchliebhaber Heiner Geißler versuchte diesen Trick, und seine Stimme klang vielen Parteikameraden so störend in den Ohren wie den Römern das Geknödel ihres Kaisers. Zündler Nero steckte Rom an, und Kohl fand, Heiner

Geißler brenne offenbar der Kittel, wenn der das Maul zu voll nahm. Gern schlendert Geißler durch die Hölle, seine »Gleisweiler Hölle«, wie der Mikroweinberg heißt, dem Heiner jährlich 500 Liter abringen läßt, um sie dann an andere Promis zu verschenken.

Asketisch Geißlers Nudelpfannenrezept: ganze 250 Gramm für zwei Personen, und die Kalorien für die Pfifferlinge und den Lauch kann man getrost vernachlässigen. Prophetisch hatte die ZEIT Geißler schon 1993 mit dem Philosophen Straton verglichen, der so abgezehrt gewesen sei, daß er starb, ohne es zu merken. Überraschenderweise betont aber Geißler seine mentale Nähe zu einem Mann, der zeitlebens an Mäßigung und Verzicht nicht im Traum dachte, Franz Josef Strauß. Christdemokratische Anhänger und Wähler kämen nicht aus der Sekt- und Kaviaretage, sondern von dort, wo Weißbier und Leberkäs verzehrt werde. Auch Geißler vermutet unter Leberkäs- und Bockwurstessern einen feineren Sinn für soziale Gerechtigkeit und für das Wissen um die Universalität der Menschenrechte.

Nur haben Leberkäs- und Bockwurstesser Heiner Geißler aus irgendeinem Grund nie als einen der Ihrigen erkannt, und so scheiterte Geißler letzten Endes trotz seiner sportlichen Umtriebigkeit – » Ich kann die Politik besser machen, wenn ich weiß, ich kann auch in die Berge gehen« – am Koloß von Kohl, der in einem Gleitschirm oder auf dem Piz Palü niemals gesichtet wurde.

Hauser:

WELCH EDLER GEIST

Björn Engholm ist wieder da – als Prophet des Genießens

Schon rein genetisch ist Björn Engholm ein ganz Süßer: Sein Vater arbeitete für die Marmeladenfabrik Bad Schwartau. Aber dann wurde alles ganz anders. Björn Engholm war zwar auch sehr süß, wurde allgemein als der Beau der nordischen SPD gehandelt und sollte es nach seinem und der Partei Willen in der Bundesrepublik Deutschland einmal sehr weit bringen. Aber die Nordländer werden allgemein falsch eingeschätzt. Sie sind nicht doof, naiv und nur an roter Grütze interessiert. Nein, sie sind doof, verschlagen und machtbesessen, bewahren zu viele Scheinchen in ihren Tischkästen auf, die sie dann den Falschen in die Hand drücken, und saugen gierig noch das letzte Tröpfchen Honig aus dem falschen Ehrenwort ihres Rivalen. Dem legendären Schwur folgte die Schubladenaffäre. Da ging sie hin, die Hoffnung des Nordens, um der nächsten Lichtgestalt, Heide Simonis, Platz zu machen.

Wenig hörte man dann von Björn Engholm, der jetzt nur noch nachdenklich und zweifellos schön war, bis er seinen Führerschein wegen Trunkenheit am Steuer – immerhin 1,29 Promille – verlor. Vielleicht hatte er zuviel Götterspeise geschleckt, die Lieblingsnascherei seiner Kindheit. »Nicht die gleichnamige Süßspeise mit Gelatine!« Um Himmels willen, nein, eine Art Schwarzwälder Kirschtorte aus geriebenem altem Vollkornbrot,

Edelbitterschokolade und Sauerkirschkompott, mit Kirschwasser parfümiert. Dann aber schämt sich Engholm: Mit den Jahren, gibt er zu, hat er den Kirschwassergehalt seines Lieblingsgerichts entscheidend erhöht.

Führerscheinlos verlor Engholm den letzten Halt. Seither läßt er sich als Kulturpessimist durchs Land fahren und eröffnet Ausstellungen von Malern, die Radicchio malen. Die Zuhörer sind von Engholms bedrücktem Geplausche anschließend derart zugeschwallt, daß sie vor jeder Diskussion panisch zurückschrecken. Kein Wunder. »Lustvolles Essen, genußvolles Trinken, geistvolle Dialoge, anspruchsvolles Hören, erotische Näherungen und neugieriges Sehen markieren einige Zugänge zu umfassender Wahrnehmungskraft.« Aber das genügt Engholm noch nicht. »Der Slow-Food-Genießer schmeckt und riecht mehr und differenzierter als ein Fast-Food-Fan. Die phantasievollen Erotikerinnen ertasten und empfinden weit mehr als Sexisten.« Sexisten? Was für Sexisten? Und woher weiß Björn Engholm das? Vermutlich hat er es in geistvollen Dialogen oder aber beim anspruchsvollen Hören herausgefunden. »Von Stockholm bis Peking befördert der McDonaldismus die Gleichheit der Völker vor dem Burger.« Das sitzt, Pommesfresser! Bei Biolek hat Engholm eine Terrine von Räucherlachs mit Krabben oder Shrimps gekocht. Sein Weintip dazu: trockener Grauburgunder aus Baden oder ein Weißburgunder. Trinkt er noch nicht einmal selber den Wein seines Kiedricher Weinbergs?

Graf Lambsdorff:

Im Frankfurter Tigerpalast gibt es ein Restaurant, das

von Grünen betrieben wird. Da war ich mal mit Tom Königs essen. Erstklassig!

Kienzle:
Tom Königs – enttäuschter 68er! Noch einer, der sich ins Essen geflüchtet hat.

Schlauch:
Es gibt aber auch 68er, die die Flucht nach rechts angetreten haben, beispielsweise der Horst Mahler. Da ist mir die Flucht ins gute Essen allemal lieber.

Graf Lambsdorff:
Entscheidend finde ich die Tatsache, daß die meisten Linken die Flucht von ihren früheren Positionen angetreten haben – wohin auch immer.

Kienzle:
Das Schöne beim guten Essen ist: Das Glücksgefühl stellt sich sofort ein, man muß nicht erst auf die Revolution warten.

Schlauch:
Viele von den 68ern sind bei den Grünen gelandet, also nicht geflohen. Sie haben sich aktiv ins politische Geschehen eingemischt, wie auch immer man dazu stehen mag.

Seißler:
Von Jürgen Trittin habe ich eher den Eindruck, daß er aufgemischt wird, als daß er sich einmischt.

Graf Lambsdorff:
Vor uns steht so ein schönes Essen, und wir reden von Trittin!

Hauser:
Graf Lambsdorff, ein paar liberale Genußmenschen bitte!

Graf Lambsdorff:
Also natürlich Walter Scheel. Der Hermann Otto Solms weiß auch zu leben. Rainer Brüderle versteht was vom Wein, der Wolfgang Gerhardt auch.

Schlauch:
So sieht der aber nicht aus.

Graf Lambsdorff:
Ist aber so. Ein Rieslingtrinker.

Hauser:
RUDOLF SCHARPING UND DIE TOSKANA

Jutta Scharpings Vater war Winzer; folgerichtig interessierte sich die Tochter als Chemielaborantin vor allem für Pestizidrückstände in Lebensmitteln. Gatte Rudolf Scharping betonte derweil nimmermüde seine Lust am Leben, an lauter Musik und leckerem Essen in einem ganz bestimmten Teil Italiens. Seiner lockeren Lebensauffassung paßte sich mindestens eine seiner vielen Töchter an und ließ sich blutjung für »Max« nackt fotografieren. Nicht erst von da an, aber von da an besonders gern, bezeichnete sich Konstantin Wecker als »Freund« des sozialdemokratischen Politikers, der trockenen Riesling mag und in der Toskana vorsichtshalber nur in solchen Trattorien speist, deren Wirte ein Kochbuch verfaßt haben, dessen Vorwort Otto Schily geschrieben hat. Ja, in der Toskana-Fraktion kann man gar nicht vorsichtig genug sein.

Hauser:
Herr Schlauch, wie verhält es sich denn eigentlich mit dem Trollinger?

Schlauch:
Au! Ein ganz heißes Thema.

Hauser:
Glaubt Ihr Schwaben immer noch, das sei der beste Wein der Welt?

Seißler:
Also erst mal ist das kein schwäbischer Wein, sondern ein Südtiroler. Dort heißt er Vernatsch, auf italienisch Schiava. Aus dem Namen Tirolinger wurde Trollinger.

Kienzle:
Trollinger ist kein Wein, sondern ein Kulturgut. Ich habe mich dadurch auch täuschen lassen und lange geglaubt, Trollinger sei der beste Rotwein der Welt. Im Libanon mußte ich jedoch sehr schnell feststellen, daß die Liba-

nesen einen viel besseren Rotwein machen als wir in Württemberg.

Graf Lambsdorff:
Die Libanesen?

Kienzle:
Wunderbare Weine! Der Trollinger-Mythos soll von mir aus ruhig weiterleben, das ist schon in Ordnung. Bloß mit Qualität hat das nichts zu tun. Wir sprechen hier im Grunde ja auch nicht von einem Wein, sondern von einem Lebensmittel.

Schlauch:
Ich darf dazu leider nix sagen. Die baden-württembergische Landtagsfraktion der Grünen hat mal eine Anhörung gemacht zum baden-württembergischen Wein. Unser Experte war immerhin der Sommelier vom Restaurant »Wielandshöhe«. Als der jedoch verkündete, ein Großteil der Fläche, die zum Anbau von Trollinger genutzt wird, sei dafür überhaupt nicht geeignet, brach von den Winzergenossenschaften her ein Sturm los, der für die Grünen beinahe existenzgefährdend war. Darum sage ich nur: Der Trollinger ist ein Kulturgut fürs Museum – rühret nicht daran!

Graf Lambsdorff:
Das erinnert mich an Martin Bangemann, der mal während eines Wahlkampfes in Rheinland-Pfalz mit lauter Stimme rief, man möge ihm ein anständiges Glas Beaujolais geben. Der Wahlkampf war geschmissen.

Seißler:
Apropos Schmeißen, Herr Kienzle, Ihnen wurde doch mal von einem Fernsehdirektor der ARD eine Flasche Trollinger an den Kopf geworfen. Sie haben jetzt hier die Chance, den Vorgang ein für allemal historisch korrekt darzustellen. Bitte sehr!

Kienzle:

KOMMT EIN TROLLINGER GEFLOGEN

Meine denkwürdige Nacht mit den Chefredakteuren der ARD

Es ist einer jener Abende, an denen man nicht so richtig weiß, was aus ihnen werden soll. Die Chefredakteure der ARD sitzen vollzählig in der holzgetäfelten Bibliothek der Villa Reitzenstein in Stuttgart, Amtssitz des baden-württembergischen Regierungschefs. Ministerpräsident Späth hat die Nachrichtenbosse geladen, um Emil Obermann, den Dienstältesten von ihnen, zu verabschieden. Ein bißchen Small talk, die üblichen Reden. Gepflegte Langeweile.

Doch dann nimmt der Abend ungeahnt einen ganz anderen Verlauf. Obermann begrüßt den Ministerpräsidenten als »sehr verehrten Herrn Oberbürgermeister Späth«. Der erste Heiterkeitssturm. Aber es kommt noch besser. Seinem Nachfolger, Ernst Elitz, verpaßt er überraschenderweise den Vornamen Fritz. Ein wenig erinnert Emil Obermann an den zappeligen Louis de Funès. Der Unterschied: Seine irren Gags unterlaufen ihm unfreiwillig. Der Trollinger fließt jetzt in Strömen und verleiht dem Abend eine ganz eigene Dynamik.

Zu später Stunde nähert sich der besonders schwankende Teil der ARD-Konferenz jenem Tisch, an dem ich – damals Chefredakteur von Radio Bremen – mit Manfred Buchwald vom HR und Peter Staisch vom NDR beisammenhocke. Vor uns »steht« der leibhaftige Wolf Feller vom Bayerischen Rundfunk. In dem sah seinerzeit sogar die konservative »Bunte« den »Schwarzen Sheriff« der CSU. Der Hausherr hat gerade noch rechtzeitig unseren Tisch verlassen. Jetzt droht in der Villa Reitzenstein, unterm Ölbild des Späth-Vorgängers Filbinger, der Showdown. Feller an unserem Tisch! Ich gebe ihm zu verstehen, daß ein Westentaschen-Fouché (intriganter französischer Innenminister nach der Revolution – auf so hohem Niveau haben wir uns damals beleidigt) wie er hier unerwünscht sei. Daraufhin kommt es zu einem kurzen Wortwechsel, den der »Spiegel« wenige Tage später folgendermaßen wiedergeben wird:

Kienzle zu Feller: »Sie sind ein Kretin!«

Feller zu Kienzle: »Du Wurschtl, ich war sieben Jahre Skilehrer, dich misch' ich auf!«

Dann geht alles sehr schnell. Wolf Feller greift nach der nächsten Weinflasche und wirft sie nach mir. Großbottwarer Trollinger. »Streifschuß«, rufe ich laut »Spiegel«, »da sieht man, daß Sie keinen Stil haben. Mit Trollinger schmeißt man nicht, den trinkt man.« Derweil rinnt das schwäbische Nationalgetränk auf ein Biedermeiersofa. Der Pressechef des Ministerpräsidenten steckt die Geschichte einer Stuttgarter Zeitung. Anderntags setzt es fette Schlagzeilen: Die Trollingeraffäre! Das Ende unseres geselligen Beisammenseins ist einigen, die dabei waren, am Morgen danach nicht mehr erinnerlich.

Aber die Konferenz der Chefredakteure geht weiter. Thema: »unterhaltender Journalismus«. Ich habe eine dicke Nase. Aber bei jeder Wortmeldung Fellers hebe ich tapfer ein selbstgefertigtes Plakat in die Höhe: »Feller ist und bleibt ein Kretin.« – Nach der Veröffentlichung im »Spiegel« hat Wolf Feller beim Bayerischen Rundfunk seinen Spitznamen weg. Er heißt fortan nur noch »der Herr Kreehtin«.

Ja, so kam ich, als Kriegsreporter im Felde unbesiegt, an der schwäbischen Heimatfront zu einer ehrenhaften Blessur – in der Nacht, als der Trollinger flog.

Hauser:

Es geht das Gerücht, alle Teilnehmer dieser Runde hätten dem Trollinger so sehr zugesprochen, daß Kienzle von dem Flaschenwurf gar nichts mitbekommen hat.

Kienzle:

Das ist die alte Hausersche Unterstellungsmethode. Er war nicht dabei, aber er weiß alles.

Seißler:

Der Niederrheiner weiß nichts, kann aber alles erklären, sagt schon Hanns Dieter Hüsch.

Kienzle:
PAPA HEUSS UND DER HEILBRONNER WEINBAU

Wenn sich jemand über das Thema der Doktorarbeit von »Vierdelesschlotzer« Theodor Heuss lustig machte, »Heilbronner Weinbau«, wies er gelassen auf Gustav Stresemanns Promotionsthema hin: »Der Flaschenbierhandel«. Als Fünfjähriger verdiente sich der tüchtige junge Heuss allerdings ausgerechnet beim Hopfenzupfen sein erstes Taschengeld. Drei Pfennige erhielt er für eine volle Simeri, die er sofort beim Bäcker für Kandiszucker ausgab. Daher mißtraut er zunächst seinen Fähigkeiten als Weinbauer, als ihm ein Winzer ein Rebstück zum Schneiden überläßt. Vorsichtig erkundigt der sich später, was daraus geworden sei. Erleichtert hört er, niemand habe dem Weinberg angemerkt, daß er von Theodor Heuss bearbeitet worden sei. Hypermodern war Heuss' Opposition gegen Pestizide, wenn er sie auch etwas altbacken servierte:

»Laß deinen Chemieverstand
Schau in die Traubentonne
Der beste Laborant
Ist immer noch die Sonne.«

Heuss gab immerhin zu, daß allein schon die Idee des schwäbischen Zwiebelkuchens barbarisch sei, und sah zwischen »regelmäßigen Trinkern« auf der einen und »Säufern« auf der anderen Seite einen feinen

Unterschied. Hitler war ihm schon allein aus diesem Grund suspekt: »›Der andere‹ war Abstinenzler.«

Hauser:
Wie steht es denn mit unserem neuen Bundespräsidenten?

Seißler:
Im Elternhaus von Johannes Rau hing in der Küche ein Paradehandtuch, auf dem in gestickter Schrift zu lesen war: »Fünf waren geladen, zehn sind gekommen, tu Wasser in den Topf, heiß alle willkommen!« Was einerseits die Gastfreundschaft der Raus illustriert, andererseits auch ihre Einstellung zur »Nahrungsaufnahme«, wie es der sozialdemokratische Bundespräsident Gustav Heinemann immer wieder – ernst gemeint! – nannte. Bei Johannes Rau habe ich das Gefühl, selbst wenn kein Besuch vor der Tür steht, wird immer nur Wasser in den Topf getan. Auch so ein Pietist, bei dem das Essen die lästige Unterbrechung sinnvollerer Tätigkeiten ist.

RAU ALIAS RICHLING:
»Ich will alle versöhnen, den Türken mit dem Kurden, den Nazi mit dem Juden, das Holocaustdenkmal mit der Dorfdisco, rund mit eckig, Milch mit Zitrone, Ochsenschwanzsuppe mit Mousse au chocolat!«
(Kabarettist Mathias Richling in seiner Rolle als Johannes Rau)

Hauser:

BIRNE UND BLÜMCHEN

Johannes Rau – Präsident dank Peanuts

Hilmar Kopper und Johannes Rau mögen auf den ersten Blick wenig gemeinsam haben. Aber auch in Raus Leben spielen Peanuts eine nicht unerhebliche Rolle. Wenn Erdnüsse auf dem Tisch stehen, dann will er eigentlich nur eine naschen, nimmt dann aber doch eine zweite und eine dritte und so weiter und ißt schließlich die ganze Schale leer. (Dies ist ein von Rau ausdrücklich autorisiertes Gleichnis seiner eigenen Politiksucht.)

Nicht ganz so pikant ist sein Lieblingsrezept, das er 1987 verriet, als man noch glaubte, Rot-Grün habe ein besonders lustvolles Verhältnis zum Essen. Damals glaubte man ja auch noch, Rot-Grün habe politische Rezepte – lang, lang ist's her! Rau ißt gerne Birnen, verriet er, verwahrte sich aber so einfältig wie kratzbürstig gegen die Unterstellung, dies sei gegen Kohl gemünzt, daß es schon wieder glaubwürdig war. Rau erklärte also, er schäle die Birnen »sauber« und schneide sodann das »Blümchen« heraus. Gott, wie süß. Anschließend kocht er sie irgendwie in Zimt und viel heißem Wasser und verspeist sie zu ebenfalls handgemachten Semmelklößen. Ein sagenhaftes Essen. Als blutjunger Journalist – ja, Rau war Lokalreporter – stellte Johannes kategorisch fest: »In jedem Menschen sitzt etwas Tantenhaftes.« Das ist es! In Johannes sitzt in Wahrheit Uta Ranke-Heinemann und schneidet mit engelsgleicher Geduld den Birnchen die Blümchen raus.

Tantenhaft auch die Prosa, die dem jungen Dichter Rau aus der Feder floß: »Ja, in seinem Herzen war eine Flamme, die lichterloh brannte; groß werden, männlich aussehen, berühmt sein dürfen, vor anderen glänzen.« Und Blümchen rausschneiden. Als Rau dann von einem klitzekleinen Teil der Presse, einem Hamburger Magazinchen, böse gemobbt wurde, sagte seine Frau: »Jetzt müssen wir es erst recht machen!« Dann macht mal, ihr beiden, Glück auf! Sie machen es jetzt in Dahlem. Ossi Thierse wollte lieber am Kollwitzplatz bleiben und überließ den verwöhnten Düsseldorfern die daselbst für ihn vorgesehene Edelvilla. Bruder Johannes bedingte sich eine Nacht Probeschlafen aus (mit Ehefrau? Wir wissen es nicht) und war zufrieden. Familie Rau gab sich dann gleich bürgernah, d. h., sie lud alle Nachbarn ein. Spätestens jetzt wurde jedem klar, weshalb die Raus nicht wie Thierse am Prenzlauer Berg hatten wohnen wollen. Die Dahlemer fanden es aber sehr nett bei den Raus. »Ein schöner Abend, bei einer ganz normalen Familie.« Was?? Vielleicht hat ja den Berlinern die Mauer doch mehr geschadet, als man gemeinhin annimmt. Es gab jedenfalls Sekt, Wein und Häppchen. Vorbei die Zeiten, in denen für den Teenager Johannes in seinem Fach in der Küche nur seine Wochenration Brot, Margarine und Marmelade lagerten. Der Sohn eines strengen Antialkoholikers und Wanderpredigers zischt gerne mehr als nur ein Bier und spielt Skat wie ein Besessener. Jedes Land bekommt die Herren, die es verdient.

Rainer Halbedel läßt das Wildgericht servieren: Reh-

bockrücken auf Wirsing mit Schupfnudeln und Holunderbeerensauce.

Hauser:
Wir erleben ja bei einigen Zeitgenossen eine gewisse Schizophrenie. Ich spreche von denen, die gerne Wild essen, aber absolut gegen die Jagd sind. Dem Kienzle wäre es ja am liebsten, wenn das Wild erwürgt würde. Gleichwohl mundet es ihm auch jetzt schon wieder, obwohl es auf traditionelle Weise zur Strecke gebracht wurde.

Kienzle:
Ich bin für Waffengleichheit. Wenn die Rehe zurückschießen könnten, hätte ich nichts gegen die Jägerei. Brächte Hauser den Mut auf, das Wild zu erwürgen oder mit dem Speer zu erlegen – à la bonheur! Aber er geht mit einer Kanone bewaffnet in den Wald und schießt wehrlose Tiere tot. Da sträubt sich bei mir alles.

Seißler:
Haben denn Ochse oder Schwein Gelegenheit, das Bolzenschußgerät auf den Menschen anzulegen?

Kienzle:
Das ist zugegebenermaßen noch schlimmer. Lieber von Hauser erschossen werden als in einem deutschen Schlachthof. Trotzdem befriedigt die Jagd im Grunde einen ganz primitiven Killerinstinkt. Gelegentlich schlägt eben das Tier im Hauser durch. Allerdings muß ich mit dem Widerspruch leben, daß ich gerne Wild esse, aber

Wildgericht von Rainer Halbedel:

REHBOCKRÜCKEN AUF WIRSING MIT SCHUPFNUDELN UND HOLUNDERBEERENSAUCE

Für 4 Personen

WEINEMPFEHLUNG:

1983 Crozes-Hermitage »Domaine de Thalabert«
P. Jaboulet, Côtes du Rhône

Zutaten:

1 Rehsattel. Das beste Rehfleisch gibt es ab Ende August, was die meisten nur nicht wissen. Die landläufige Meinung hält den Winter für die beste Zeit. Aber die jungen Böcke schmecken besonders lecker im Hochsommer.

2 dicke mehligkochende Kartoffeln
2 Eigelbe
1 EL Kartoffelstärke
Salz, Pfeffer, Muskatnuß
1 kleiner Wirsing
50 g durchwachsener Räucherspeck
1 Zwiebel
25 g Butter
2 dl Portwein
2 Dolden reife Holunderbeeren
1/8 l Sahne

ZUBEREITUNG:

Den Rehsattel auslösen, die Knochen kleinhacken. Das Fleisch gut von Haut und Fett befreien und von den Knochen und den anderen Resten (Haut, Sehnen, Fett) einen braunen Wildfond kochen. Die Kartoffeln abkochen, durch eine Kartoffelpresse drücken und mit den Eigelben und der Kartoffelstärke vermischen. Mit Salz, Pfeffer und Muskatnuß würzen und kalt stellen. Den fertigen Wildfond durch ein Sieb passieren und mit dem Portwein stark reduzieren. In den letzten zwei Minuten die abgezupften Holunderbeeren hinzugeben. Den Wirsing fein schneiden und blanchieren. Den Speck und die in feine Würfel geschnittene Zwiebel anschwitzen und den Wirsing hinzugeben. Den Wirsing nun mit der Sahne auffüllen, eine Butterflocke hinzugeben und mit Salz, Pfeffer und Muskatnuß würzen. Den ausgelösten Rehrücken mit Salz und Pfeffer würzen und von beiden Seiten kurz anbraten. Die Hitze zurücknehmen und abgedeckt ca. 10 Minuten rosa ziehen lassen. Die Schupfnudeln formen und in Butter goldbraun braten. In die Sauce ein paar Butterflocken einrühren und noch einmal mit Salz und Pfeffer nachschmecken. Auf einem Teller anrichten. Evtl. noch einige Pfifferlinge dazu reichen.

nicht dieses furchtbare Handwerk ausüben will wie der Hauser.

Hauser:
Das Jagen und Sammeln ist wohl die älteste Tradition überhaupt. Und genau wie Sie heute mit einem anderen Fahrrad fahren als vor 50 Jahren, vermutlich 20 Gänge mehr als damals, verwendet der Jäger heute andere Waffen als in der Steinzeit. Der Städter möchte alles klinisch rein auf den Tisch bekommen. Bloß wie es dazu kommt, will er am liebsten gar nicht wissen. Das ist die typische Dekadenz in den Städten.

Schlauch:
Der Rehbock mußte geschossen werden, damit wir ihn heute essen können, das find' ich auch nicht weiter schlimm. Das Problematische bei der Jagd ist weniger der Akt des Tötens als das damit verbundene Brimborium. Herr Lambsdorff, Sie hatten mal einen berühmten Parteifreund aus meiner Gegend, nämlich Theodor Heuss, der sagte, die Jagd sei eine besondere Form des Wahnsinns. Damit meinte er auch nicht das Töten an sich, sondern genau dieses Brimborium mit seinen seltsamen Ritualen und dieser martialischen Sprache. Hinzu kommen noch Jagdausflüge in die Karpaten oder nach Afrika zur reinen Unterhaltung. Da wird eben wieder überzogen.

Hauser:
Auf allen Gebieten gibt es auch Idioten, auch bei den Jägern. Mit dem extremen Jagdtourismus habe ich eben-

falls meine Probleme. In Deutschland aber wird zuwenig geschossen. Fragen Sie mal die Forstämter.

Seißler:
Würden die Jäger weniger Brimborium um die Sache machen, hätten sie mehr Zeit zum Schießen.

Hauser:
Wir wollen mal kurz klären, was mit Brimborium überhaupt gemeint ist.

Schlauch:
Die Sau ist tot!

Seißler:
Tätärätätää! Allein schon die Jägersprache! Der »zur Strecke gebrachte« Hirsch liegt »mit gebrochenen Lichtern« neben dem Tisch und schaut den edlen Waidwerkern beim Essen zu!

Hauser:
Ich war auch in Frankreich zur Jagd. Dort gibt es solche Rituale nicht, keine Trophäen usw. Aber da wird in der Gegend herumgeballert wie verrückt. Ein irres Massenabschlachten, außerdem lebensgefährlich. In Deutschland dagegen haben wir die am besten ausgebildeten Jäger. Und in den Jagdgebräuchen soll die Achtung vor der Kreatur zum Ausdruck kommen.

Kienzle:
»Jäger von Jäger erschossen.« Das ist meine Lieblingsmeldung zum Auftakt der Jagdsaison.

Hauser:
Mein Sohn hat im vorigen Jahr den Jagdschein abgelegt. Das ist der große Umweltschein, Herr Schlauch. Sie müssen dafür ein Jahr lang dreimal in der Woche zum Unterricht gehen. Und der hat wenig mit dem Schießen zu tun, um so mehr aber mit Pflanzen- und Tierkunde. Vierzig Prozent fallen bei der Prüfung durch.

Schlauch:
Dann bin ich dafür, Herr Hauser, daß der Führerschein bei uns genauso hohe Anforderungen stellt.

Graf Lambsdorff:
Franz Josef Strauß hat seinen Jagdschein in Uelzen gemacht, weil es in Bayern so schwierig war. Aber was regen Sie sich auf über diese Bräuche, die einem gelegentlich lächerlich erscheinen mögen? Einem normalen Menschen erscheinen auch Karnevalsbräuche oder Schützenvereine lächerlich. Solche Bräuche haben wir nun mal. Solange sie anderen Leuten nichts Böses tun, gilt doch – Herr Kienzle! – Rosa Luxemburg: Freiheit ist immer die Freiheit des Andersdenkenden.

Kienzle:
Karnevalisten schießen niemanden tot.

Graf Lambsdorff:
Was den Jagdtourismus anbelangt, Herr Schlauch, habe ich es den Jägern vor der Wende übelgenommen, solange sie nach Ungarn gefahren sind oder nach Polen und in den enteigneten Forsten gegen teures Geld ihre Hirsche geschossen haben. Heute sieht das anders aus. Wenn Sie heute den Menschen in diesen Ländern die Möglichkeit geben, einen Bären zu verkaufen oder einen Elch, dann eröffnen sie ihnen beträchtliche Einnahmequellen. Solange das nach jagdlichen Regeln geschieht, also ohne Frevel und Wilderei und ohne Gefährdung des Bestandes, dann ist dagegen nichts einzuwenden. Die Bräuche find' ich auch eher spaßig. Aber sie tun mir doch nicht weh.

Schlauch:
Meinen ersten Kontakt zur Jagd hatte ich als Treiber. Bei uns im Hohenlohischen kam einmal im Jahr Prinz Philip zur Saujagd. Wildsau ist übrigens auch ein hervorragendes Fleisch.

Hauser:
Warum ist Wild so beliebt? Weil das ein Fleisch ist, wie wir es selten bekommen. Da merkt man nämlich erst den Unterschied zu allem Zuchtvieh. An die Konsistenz einer Wildschweinkeule kommen Rind, Kalb oder Schwein nicht heran.

Schlauch:
Jedenfalls haben wir dem Prinz Philip immer die Wildsäue vor die Flinte getrieben. Das war für uns Schüler ein schö-

nes Happening. Einmal bin ich mitgegangen zum sogenannten Schnepfenstrich. Man sitzt auf dem Hochstand am Rand einer Waldwiese und wartet in der Dämmerung, bis irgendein Flugobjekt die Waldwiese überquert.

Hauser:
Schnepfen sind die am schnellsten fliegenden Vögel.

Schlauch:
Von Zeit zu Zeit hat der Jäger losgeballert. Dabei war eigentlich überhaupt nichts zu sehen. Aber geschmeckt hat es hinterher vorzüglich.

Seißler:
Schnell fliegende Schnepfen – das ist noch ein faires Verhältnis. Aber auf Volierenfasanen ballern, die eben erst das Gehen gelernt haben, das ist unanständig.

Hauser:
Einverstanden.

Kienzle:

BRUCH IM ÄSER

Halali – nur ein toter Hirsch ist ein guter Hirsch

In regelmäßigen Abständen ließ ein deutscher Großverleger für angepeilte Anzeigenkunden in der Tenne seines Gutes eine mächtige Tafel aufbauen. Biertischgarnituren. Ausladende Obstkörbe. Ländliche Blumensträuße. Dicke

Kerzen. Irdenes, doch feines Geschirr. Bestecke aus Edelstahl. Sechserlei Gläser zu sechserlei Behuf. Nach Wahl oder nacheinander zu benutzen. Manche tranken bei diesen Gelegenheiten – gegen ihre Gewohnheit – aus allen Gläsern alles. Nur unter reichlich Alkohol, so erklärten sie hinterher ihr Verhalten, hätten sie den Anblick, der sich ihnen bot, ertragen können.

Zur Domäne gehörte nämlich – wie kann's anders sein? – eine Jagd. Der jüngste, jagdverrückte Sohn des Verlagsherrn ließ, wann immer es ging, auf der Tenne, unmittelbar neben den Tischen, das ausbreiten, was unter Jägern »die Strecke« genannt wird. Seine Beute. So wie Katzen gelegentlich tote Mäuse oder Vögel vor die Füße ihrer menschlichen Besitzer legen. Nur waren es eben Hasen oder Kaninchen, Fasane oder Rebhühner. Manches Mal allerdings lag da ein Reh. Oder ein Wildschwein. Oder ein »kapitaler« Hirsch mit gebrochenen »Lichtern« und »Bruch« im »Äser«. Mit anderen Worten: Ein gewaltiger Hirsch mit toten Augen und mit einem frisch gebrochenen Tannenzweig im Maul. Dieser Mundschmuck symbolisiere die Achtung des Menschen vor der Kreatur. Alle Achtung!

Richtig komisch wird es, wenn – wie im Frühsommer 1999 geschehen – einer aus den eigenen Reihen der Jäger vom vermeintlichen Pfad der Tugend abkommt. Constantin Freiherr Heereman von Zuydtwyck, Ex-Präsident des Deutschen Bauernverbandes und noch Präsident des Deutschen Jagdschutz-Verbandes (DJV) und wahrlich nicht bekannt als Öko-Freak, Linker oder sonstwie gearteter Revolutionär, schloß im März 1998 einen Pakt. Nicht gerade mit dem Teufel, doch immerhin mit Jochen Flasbarth, dem Präsidenten des Naturschutzbundes Deutschland (NABU). In dem »Grundsatzpapier«, das eine »Empfehlung« ist, bekennen sich beide Verbände zu »ihrer gemeinsamen Verantwortung« für Natur und Umwelt. Peng, machten die Jäger, und der Jäger Heereman war keiner mehr. Er wurde zum Abschuß freigegeben. Die Lodengrünen erboste in erster Linie, daß die Autoren des beanstandeten Papiers mehr Naturschutzgebiete in Deutschland wollen. »Mut zur Wildnis« wird gefordert. Was nichts anderes bedeutet, als daß ein stetig größer werdender Teil solcher Gebiete, einschließlich der darin lebenden Tiere, so gut wie unberührt bleibt. Überdies säuerte die Waidwerker gewaltig, daß die geschützten Areale nach und nach »in das Eigentum der öffentlichen Hand« überführt werden sollen.

Alles nicht so schlimm, müssen sich Heereman und Flasbarth gesagt haben, denn: »Die Jagd kann auch in Schutzgebieten eine legitime Form der Landnutzung sein.« Das glaubten ihnen aber die modernen Nimrode nicht. »Die Jagd im Würgegriff des Naturschutzes«, schwadronierte in einem Deutsch, daß es die Wildsau graust, das Fachorgan »Jäger«. Und: »Ob Jäger oder Landwirt – unter dem Deckmantel Naturschutz werden beide ihrer Rechte beraubt.« Da wurde allen Ernstes von »Sozialismus« und »Öko-Diktatur« geschwafelt und am Ende erklärt: »...einer allein scheint dies nicht zu wissen: unser DJV-Präsident Heereman!« – Mensch, Hubertus, heiliger, was hast du da für einen Verein heranwachsen lassen?

Hauser:
REH UND KONTRA

In Frankreich griffen im Sommer 1999 mordlustige Jagdfreunde die grüne Umweltministerin Dominique Voynet an. Ein »Denkzettelchen« sollte ihr ans Hemdchen geklebt werden. Weshalb? Voynet und Genossen wollten eine 1998 beschlossene Änderung des französischen Jagdrechts rückgängig machen. Dies neue Gesetz – ein possierliches Präsent an alle gallischen Knallköppe – verlängerte die Jagdsaison für zahlreiche Zugvögel. Schon im Winter '98 gingen deshalb Hunderttausende Waidgenossen nicht auf die Pirsch, sondern auf die Straße und stießen aus rauher Kehle Obszönitäten gegen die grüne Dame aus. Daß man sie auf Plakaten als »nicht geschützte Art« bezeichnete, darf in diesem Zusammenhang durchaus noch als Freundlichkeit bewertet werden. – In Italien bot ein durch Lotteriespiel zu Geld gekommener Arbeiter demjenigen, der Hand an einen der Politiker lege, die für das verschärfte Jagdrecht auf der Apenninen-Halbinsel verantwortlich seien, ein Kopfgeld von umgerechnet 50.000 Mark.

Graf Lambsdorff:
BALTISCHE BEERDIGUNG

Eine Geschichte von meinen Vorfahren. Baltische Beerdigung. Einer meiner Vettern kommt zu spät und schließt sich dem Trauerzug an. Er trägt eine Flinte überm Rücken. Großes Befremden. Doch keiner wagt etwas zu sagen. Aber nach der Beerdigung gehen die anderen auf ihn los und sagen: »Bist verrückt jeworden, mein Lieberchen. Warum erschejnst du mit einer Flinte auf der Beerdijung?« Und der antwortet: »Ein Fuchs kann immer kommen!«

Hauser:
WAIDGERECHT

Auf der Jagd wird ein Treiber angeschossen und ins Krankenhaus gebracht. Kurz darauf erscheint der Jagdherr aufgeregt in der Notaufnahme und erkundigt sich beim behandelnden Professor nach dem Befinden des Treibers. Der Professor zuckt bedauernd die Achseln. »Ich konnte leider nichts mehr für ihn tun.« »Ja, wieso denn nicht, war die Schußverletzung so schlimm?« »Nein«, sagt der Arzt, »an der Schußverletzung lag es nicht. Aber daß man ihn anschließend auch noch waidgerecht aufgebrochen hat, das hat er nicht überlebt.«

Hauser & Kienzle:

WER IS(S)T WAS UND WO IN BERLIN?

Die Futterplätze der Politiker in der Hauptstadt

Ja, wo essen sie denn? Noch stochern sie mit dem Messer im Nebel. Genießen die neue Unübersichtlichkeit. Zu gewaltig das gastronomische Angebot Berlins für die Zuzügler aus Bonn. Zu früh für Schröder & Co., sich jetzt schon auf Stammkneipen und Lieblingsrestaurants festzulegen. Vorläufig essen und trinken sie auf Nummer Sicher – nämlich in den notorischen Edelrestaurants. Hier ein erster Trendbericht aus acht Wahl-Lokalen der Hauptstadt (Lokalpolitiker wurden nicht berücksichtigt).

Restaurant im HOTEL ADLON

Adresse:
Unter den Linden 77, 10117 Berlin, Tel. 030/22 61-15 55

Restaurantleiter:
Peter Schmidt

Spezialitäten:
Sushi und Sashimi vom Hawaii-Thunfisch, 42 DM
Adlon-Ente für 2 Personen, in 2 Gängen serviert, mit abgeschmelzten Minikartoffelknödeln, Rösti, Rotkohl, Jus und Pilzen, 126 DM

Rehrückenmedaillons unter der Pilzkruste mit weißer Pfeffersauce, Rotkohl-Maronentimbale und Fingernudeln, 56 DM

Weißwein:
1997er Grauburgunder Spätlese, Diehl, Nahe, 98 DM

Rotwein:
1994er Haut Marbuzet St. Estephe, 173 DM

Gäste:
Helmut Kohl, Spargelgerichte
Walter Scheel, Taube, Austern
Helmut Schmidt, klare Suppe, Rührei mit grünem Salat
Lothar Späth, Fisch, Fisch, Fisch
Gerhard Schröder, Entrecôte

BORCHARDT

Adresse:
Französische Str. 47, 10117 Berlin, Tel. 030/20 38 71 10

Inhaber:
Marina Richter, Roland Mary

Spezialitäten:
Wiener Schnitzel mit Bratkartoffeln, 32 DM
Loup de mer im ganzen an glaciertem Knoblauch und Gnocchi, 42 DM

Weißwein:

1996 Rauenthal Nonnenberg 1st Gewächs Rheingau, Georg Breuer, 80 DM
1998 Pouilly Fumé – Loire, Château de Tracy, 32 DM

Rotwein:

1996 Bordeaux Château Haut Pontet St. Emilion, Grand Cru, 89 DM
1994 Brunello di Montalcino, Toscana, Tenuta di Argiano, 135 DM

Gäste:

Herta Däubler-Gmelin
Kalbsbäckchen in Ingwer geschmort auf sautierten Pak-Choi, 37 DM
Badoit, danach Grappa
Joschka Fischer
Gnocchi in Salbeibutter, 21 DM
4 Tassen Kaffee, 4,50 DM
Helmut Kohl
Sehr, sehr großer Rucola-Salat mit Balsamico-Dressing, Parmesan und Pinienkernen, 26 DM
Spaghetti mit Flußkrebsen, 28 DM
Bouillabaisse mit Safran-Aioli und Olivencrostini, 12,50 DM
Otto Graf Lambsdorff
Tatar von Thunfisch, 23 DM
Lotte am Knochen gebraten auf Rucola-Risotto, 42 DM
Chablis, 75 DM
Angela Merkel
Wiener Schnitzel und Gurkensalat, 38 DM

Michael Naumann
Wachtel auf Cassoulet von Riesenbovisten, 28 DM
Weißburgunder Deutschland
Rudolf Scharping
Rucola-Salat mit Zickleinleber, 26 DM
Wolfgang Schäuble
Rücken und Keule vom Schorfheider Rehbock mit Selleriesschaum und geschmolzenen Perlzwiebeln, 42 DM
Walter Scheel
Gnocchi in Salbeibutter, 21 DM
St. Pierre auf Tomatenpapardelle in Kapern-Sauerampfer-Fond, 41 DM
Gebackener Grießknödel mit Aprikosenkompott, 17 DM
Rezzo Schlauch
Meeresfrüchtesalat, 22 DM, Kaninchenravioli, 26 DM, Käse, Rioja, 65 DM
Gerhard Schröder
Rinderfilet mit Bratkartoffeln und Blattspinat, 43,50 DM
Cabernet Sauvignon Mondavi, 70 DM
Badoit
Doris Schröder-Köpf
Gnocchi in Schnittlauch-Kaviar-Rahm, 21 DM
Rucola in Balsamico-Dressing mit Parmesan und Pinienkernen, 8 DM
Rita Süssmuth
Zander, 36 DM
Robert Weil, 56 DM
Jürgen Trittin
Loup de mer im ganzen grelliert an Scampi-Ravioli mit Pesto und gegrillten Tomaten, 42 DM

Savigny les Beaune, 94 DM
Haut Pontet, 89 DM
Matthias Wissmann
Tagliatelle, 24 DM
Steinbeißer auf Pfifferlingen und Gnocchi, 34 DM
Château de la Chaize, 68 DM

EINSTEIN

Adresse:
Kurfürstenstr. 58, 10785 Berlin, Tel. 030/2 61 50 96

Inhaber:
Bachauer & Andraschko

Spezialitäten:
Österreichische Küche seit 21 Jahren
Wiener Schnitzel mit Erdäpfeln und Salat, 32 DM

Weißwein:
Grüner Veltliner, 34 DM

Rotwein:
Blauer Zweigelt, 34 DM

Gäste:
Henry Kissinger
Oskar Lafontaine
Otto Schily
Guido Westerwelle
Matthias Wissmann

Alle haben schon mal Schnitzel bestellt. Dazu wird gerne »unser Haus-Karasek« gereicht – der fernsehbekannte Großkritiker, am Nebentisch seine Tagesspiegel-Kolumne handschriftlich verfassend.

KÄFER IM REICHSTAG

Adresse:
Platz der Republik, 10557 Berlin, Tel. 030/2 26 29 90

Inhaber:
Michael Käfer

Spezialitäten:
Karte wechselt alle zwei bis drei Wochen

Weißwein:
1997 Pouilly Fumé von Ladoucette, Loire, 89 DM

Rotwein:
1996 Bordeaux Paulliac »Collection« Baron Philippe de Rothschild, 81 DM

Gäste:
Hans Eichel
Frische Salate mit gebratenem Kaninchen, Spargelconsommé, Rehrücken mit Wachholderrahmsauce, Kartoffelgratin, weiße Schokoladen-Pyramide mit exotischen Früchten, ca. 100 DM
Hannelore Kohl

Gerhard Schröder
Entenbrust, Brunello di Montalcino
Jürgen Trittin

LUTTER & WEGNER (West)

Adresse:
Schlüterstr. 55, 10629 Berlin-Charlottenburg,
Tel. 030/8 81 34 40

Inhaber:
Michael Eilhoff

Spezialitäten:
Wiener Schnitzel mit Kartoffel- und Gurkensalat, 32 DM
Brandenburger Bauernente mit Kartoffelwirsinggulasch, 36,50 DM
Hausgemachte Kalbfleischmaultaschen auf Linsensalat, 18,50 DM

Weißwein:
Südtiroler Pinot Grigio Hirschprunn von A. Lageder, 52 DM

Rotwein:
1995 Bordeaux Rouge Baron de Rothschild Reserve, 54 DM

Gäste:

Otto Graf Lambsdorff
Käseteller mit Bordeaux Château de Ferraud
Otto Schily
Zander in der Kartoffelkruste, 58 DM
Guido Westerwelle
Wiener Schnitzel, Sancerre, danach Grappa von Nonino

PARIS BAR

Adresse:
Kantstr. 152, 10623 Berlin, Tel. 030/3 13 80 52

Inhaber:
Michael Würthle, Reinald Nohal

Spezialitäten:
Boudin grillé et ses pommes à l'huile (Blutwurst mit Kartoffeln), 19,50 DM
Côtes d'agneau grillés, pommes lyonnaise, grüne Bohnen, 33,50 DM

Weißwein:
Sancerre Domaine de la Mouissière, 63 DM

Rotwein:
Châteauneuf-du-Pape Rouge, Château Beaucastel, 110 DM

Gäste:

Joschka Fischer

Oskar Lafontaine
Ißt manchmal groß, manchmal klein – zum Beispiel Ziegenkäse auf Salat
Michael Naumann
Fisch, Austern (Bretagne, 6 Stück für 27 DM), dazu Sancerre
Otto Schily
Seit 40 Jahren Stammgast. Hat das Lokal vor 20 Jahren an die heutigen Besitzer vermittelt. Lieblingsgericht Lammrücken mit Gratin Dauphinois und grünen Bohnen. Dazu Château de Pressac St. Emilion Grand Cru, 68 DM
Gerhard Schröder
Jürgen Trittin
Trinkt gerne den Hauswein (trockener Bordeaux)

SALE E TABACCHI

Adresse:
Kochstr. 18, 10969 Berlin, Tel. 030/25 29 50 03

Inhaber:
Piero de Vitis

Spezialitäten:
Gefüllte Zucchiniblüten mit Ricotta und Minze auf passierten Tomaten, 15 DM
Dorade Royal in grober Salzkruste, 35 DM
Steinbuttfilet mit schwarzen Trüffeln, 43 DM
Gefüllte Milchzicklein aus den Pyrenäen mit Keniabohnen, 32 DM

Weißwein:

1998 Ribolla Gialla aus dem Friaul, 42 DM

Rotwein:

1994 Paterno aus Umbrien, 41 DM

Gäste:

Michel Friedman
Uwe-Karsten Heye
Angela Merkel
Franz Müntefering
Otto Schily
Christian Ströbele
Klaus Töpfer

Fast alle nehmen Fisch, dazu frisches Bio-Gemüse aus Italien.

STÄNDIGE VERTRETUNG

Adresse:

Schiffbauerdamm 8, 10117 Berlin, Tel. 030/2 82 39 65

Inhaber:

Friedel Drautzburg, Harald Grunert

Spezialitäten:

Himmel und Ääd, 16,80 DM
Rheinischer Sauerbraten, 23,50 DM
Flammkuchen, 11 bis 16 DM
Eifeler Kartoffelsuppe mit gebratener Blutwurst, 7,50 DM

Havelzander, 23 DM
Berliner Leber mit Kartoffelbrei und Apfelringen, 22,50 DM

Getränke:
Stange Kölsch, 2,70 DM
Kösnitzer
Siebengebirgswein Oberdollendorfer Sülzenberg Riesling, 7,50 DM (Schoppen)

Gäste:
Wolfgang Clement
Günter Gaus (Stammgast)
Polens Staatspräsident **Aleksander Kwasniewski** (mit 12 Bodyguards)
Oskar Lafontaine
Michael Naumann
Jürgen Trittin

Berliner Gäste:
Eberhard Diepgen (Kölsch, Kölsch, Kölsch)
Klaus Landowsky (Kölsch, Kölsch, Kölsch)
Lothar de Maizière (Kölsch, Kösnitzer)
Walter Momper (Kölsch, Kölsch, Kölsch)
Peter Radunski (Kölsch, Kölsch, Kölsch)

VAU

Adresse:
Jägerstr. 54/55, 10117 Berlin, Tel. 030/2 02 97 30

Inhaber:
Ouotac Immobilien GmbH

Spezialitäten:
Lauwarm marinierter Hummer mit Weinbergpfirsich, 46 DM
Ente aus dem Ofen mit Krautfleckerln, 52 DM
Zwetschgenknödel mit Muskateller-Eis, 21 DM

Weißwein:
1997 Riesling Spätlese Gaisböhl von Bürcklin-Wolf aus der Pfalz, 80 DM

Rotwein:
1983 Hermitage la Chapell von der Rhône,
Paul Jaboulet Ainé, 360 DM

Gäste:
Lothar Bisky, Ente aus dem Ofen
Herta Däubler-Gmelin, Fisch, Fisch, Fisch
Michael Naumann, Fisch, Fisch, Fisch
Wolfgang Schäuble, Rehrücken aus Brandenburg
Otto Schily, Rehrücken aus Brandenburg
Gerhard Schröder, meist mittags für 20 DM pro Gang, Tafelspitz, Fisch
Klaus Töpfer, Gänseleber, Hummer, Trüffel
Heidemarie Wieczorek-Zeul, Fisch, Fisch, Fisch
Matthias Wissmann, Kartoffelschmarrn mit Kaviar, 42 DM

Hauser:

SPEZIALDEMOKRATEN UNTER SICH

Ständige Vertretung – die Stammkneipe der Umfaller

Der ist ein Je-nachdemer, wie ihn sich Wilhelm Busch nicht besser hätte ausdenken können. Der paßt in die Zeit. Der liegt genau richig. Der ist geschäftig in Geschäften. Der versteht sich auf Mimikry, als ob's tatsächlich um sein Leben ginge. Der ist ein Wanderer zwischen zwei Welten. Der ist der typische Spezialdemokrat. Der ist nach allen Seiten offen. Der ahnt nicht, daß, wer so ist, nicht ganz dicht sein kann. Friedel Drautzburg, der Wirt eines Berliner Gasthauses nahe dem »Theater am Schiffbauerdamm«, das den schönen Namen »Ständige Vertretung« (StäV) trägt, hat den militanten Widerstand gegen die Erhebung Berlins zur Bundeshauptstadt mit ins Leben gerufen. Das »Ja zu Bonn« könnte dem Rheinländer mit dem Parteibuch der einstmals ruhmreichen Sozialdemokratischen Partei Deutschlands (SPD) eingefallen sein. Er hat diesen Slogan nicht nur mitgesungen, er hat den Chor, der dieses Motto rheinischer Provinzialität täglich, stündlich monatelang skandierte, dirigiert. Friedel Drautzburg hat sich – als er spürte, daß das alles vergebliche Mühe war – heimlich in Berlin umgetan, um dabei Ausschau nach einem Standort für eine Berliner Dependance seiner Bonner Kneipe »Haus Daufenbach« zu halten. Das hat ihn nicht daran gehindert, in den Pausen von der Suche, mit Ballonmütze auf dem Kopf und

Bonner Fahne in der rechten Hand, auf rheinländischen Barrikaden den Aufstand gegen die vormalige Preußenzentrale proben zu lassen.

Friedel Drautzburg, ein Typ, der von unten nach oben tauchen kann. Einer, der, wenn er in warmes Wasser gefallen ist, beschließt, daß er ohnehin baden wollte. Ein sogenannter Altlinker. Einer, dem es nix ausmacht, wenn er »68er« genannt wird. Einer, der sich 1969 und 1972 für den Kanzlerkandidaten Willy Brandt ins Zeug legte. Einer, der Günter Grass und Norbert Gansel zu seinen Gästen zählt. Einer, der in seinem Berliner Etablissement, ohne mit der Wimper zu zucken, Bilder von Konrad Adenauer und Helmut Kohl neben solchen von – »meinem Idol« – Willy Brandt aufhängt. Einer, der im Lokal an der Spree einen Stuhl aus dem ersten Deutschen Bundestag installierte. Einer, der von einem Künstler aus dem Osten 37 Scheiben eines Fensters aus dem Bonner Wasserwerk mit der Geschichte der Deutschen Demokratischen Republik (DDR) bemalen ließ und sie in der »Ständigen Vertretung« ausstellt. Einer, der offenkundig den Publikumsgeschmack trifft, wenn er einen alten Zuschneidetisch aus der Bonner Fahnenfabrik – »darauf sind die Staatsfahnen genäht worden« – ins Lokal rückt. Einer, der von sich behauptet, er wolle mit der »Ständigen Vertretung des Rheinlandes in Berlin« eine Brücke zwischen Ost und West, zwischen Bonn und Berlin, schlagen. Was wohl der einstige Ständige Vertreter einer sozialdemokratischen West-Regierung, Günter Gaus – Botschafter durfte der sich nicht nennen, das hätte die Anerkennung des »Phänomens DDR« (Kurt Georg Kiesinger) bedeutet –, von diesem Titelklau hält?

In der »Ständigen Vertretung« wächst zusammen, was nach Meinung Willy Brandts schon immer zusammengehört hat: »Typische Soljanka mit Sauerrahm« und »Himmel und Ääd« – »rheinisches Nationalgericht«; »Kölsche Hämchen auf Sauerkraut und Püree« und hausgemachte »Brandenburger Kohlroulade mit Speck-Tomaten-Sauce«; »Elsässer Flammkuchen«, »Spaghettini piccanti-StäV« und »Gebratene Kalbsleber Berliner Art«. Dazu gibt's einfache Weine der besseren Herkunft und – selbstverständlich – verschiedene Biere. Der Laden ist fast immer gerammelt voll. In ihm trifft aufeinander, was sich früher aus dem Weg gegangen ist. Nicht nur bei den Gästen: Das Haus, in dem Friedel Drautzburg ständig das Rheinland vertritt, gehört einer Stiftung der Evangelischen Kirche in Berlin-Brandenburg. Es ist nach dem Fall der Mauer dennoch – so wird gemunkelt – von »alten Seilschaften« aus dem »Ministerium für Staatssicherheit« verwaltet worden. Was für Drautzburg zur Folge gehabt haben soll, daß die Restaurierung »ziemlich teuer« geworden sei – »wegen kameradschaftlicher Zusammenarbeit« zwischen »Verwaltern« und »Renovateuren«. Drautzburg, der »Prominenten-Wirt« aus Bonn, will sich dazu nicht äußern. Der Mann weiß, wie vielen wohl und niemandem weh getan wird.

Das ist ein Talent, das ein Mensch braucht, wenn er sein altes Lokal in Bonn erfolgreich weiterbetreiben will – was klappt, wie der Anschein bestätigt – und gleichzeitig das Geschäft mitten im Regierungsviertel von Berlin laufen soll. »Können Augen aus dem Rheinland lügen?« hat Friedel Drautzburg in seinen ersten Berliner Tagen nach der »Wende« – zuvor hatte er 1959 in Berlin studiert – Kontrolleure der Berliner Verkehrsbetriebe (BVB) gefragt, als die meinten, sie hätten ihn »ohne gültigen Fahrtausweis« geschnappt. Die Kontrolleure waren der Überzeugung: »Ja, sie können«, weshalb ihn nur das Wiederfinden des Tickets vor einem Bußgeld bewahrte.

Kienzle:

HIER SCHLÜRFT DER AUSTERNMINISTER

An der Oyster Bar des KaDeWe kommt alles zusammen

Winston Churchill setzte einmal auf die Erklärung des britischen Feldmarschalls Bernard Law Montgomery: »Ich trinke nicht, ich rauche nicht, ich schlafe viel, und deshalb bin ich hundertprozentig in Form«, die bedenkenswerte Steigerung: »Ich trinke viel, ich schlafe wenig, und ich rauche eine Zigarre nach der anderen. Deshalb bin ich zweihundertprozentig in Form.«

Typen dieser vitalen Sorte umstehen den ehemaligen Gourmand Joseph Fischer im 16. Stock des KaDeWe, wenn er sich gelegentlich in die Abhängigkeit des Austernbrechers Horst Reinwald – eines weitgereisten Topfguckers aus dem mittelfränkischen Weißenburg – begibt. Die »Oyster Bar« – wir sind international! – in Deutschlands mit Recht berühmter Lebensmittel-Etage hat durch Horst fast schon Kultstatus erlangt. Hinz und

Kunz stehen dort. Krethi und Plethi dagegen nie. Manchmal ziehen sich Berliner Arbeiter im Blaumann an diesem Ort sechs »Belons« oder »Fine de Claire« oder »Sylter Royal« oder »Irische Felsaustern« rein. Und neben ihnen lehnen Designeranzüge und ordern auch nichts anderes. Von Zeit zu Zeit stecken Leute vom Sender Freies Berlin ihre Fernsehnasen über die Verzehrbarrikade. Touristen sind selten bei Horst und seinen Kollegen. Lokalpolitiker und Schauspieler dagegen riskieren gerne einen Blick auf Horstens schicke blaue Schürze und seine Baskenmütze – die ihn aussehen lassen, als sei er der Fernsehserie »Clochemerle« entsprungen – und auf die vor ihm ausgebreitete stets frische Ware. Schnelle Transportwege, Kühlzellen in den Waggons der Bahn, in LKWs und in den Flugzeugen aller größeren Luftfahrtgesellschaften machen's möglich.

Koexistenz ist, wenn Angestellte und Arbeiter, Manager und Modemacher, Politiker und Polizeibeamte, Schauspieler und Schriftsteller, Techniker und Theaterleute, Zahnärzte und Zuhälter beisammenstehen, ohne sich zu nahe zu treten. Natürlich trifft man in der »Oyster Bar« auch die vorderzahngoldigen, vierkantköpfigen, protzreichen Mitglieder jener ehrenwerten russischen Interessengemeinschaft mit ihren zu grell geschminkten, zu eng textilierten und vor allem betäubend parfümierten Begleiterinnen. Wer sollte sie auch daran hindern, sich reichlich mit den angeblich potenzfördernden Mollusken und dem Schaumwein französischer Herkunft zu beleben? Geschäft ist Geschäft. Und so fließt wenigstens ein homöopathischer Teil der vielen »Rußlandhilfe«-Milliarden zurück in den Wirtschaftskreislauf jener Länder, aus deren Steuermitteln sie nach Moskau überwiesen wurden. Mit jedem Besuch der Austernbar im KaDeWe könnte sich Außenminister Fischer eine Dienstreise an die Moskwa ersparen – hier fände er derzeit vermutlich kompetentere Gesprächspartner.

»Ich habe schon als Kind gern gekocht«, sagt Horst. Nachdem er arbeitend die sieben Weltmeere befahren hat, ist er schließlich hier oben gelandet. Ausgebildet an einer Hotelfachschule, Wagner-Fan, Freund fernöstlicher Meditationstechniken und Tai-Chi-gestählt. Bei »Wild und Fleisch« konnte er sich offenkundig nicht richtig ausleben. Aber hinter der Austernbar hatte er dann schnell sein kreatives Coming-out. »Das isses«, dachte er sich und begann wild zu experimentieren. Inzwischen sind seine Schalentier-Rezepte über die Stadtgrenze hinaus bekannt. Manche verrät er, doch seine Spezialität – »ayurvedische Austern« – hütet er wie eine Perle. Nur treuen Gästen reicht er gelegentlich ein Glas Hausgemachtes übern Tresen. Die anderen müssen sich begnügen mit »Austern auf Toast« oder »marinierten Austern und mariniertem Feinfisch«:

Horst mischt für 12 Felsenaustern und 250 Gramm frischen irischen oder schottischen Wildlachs, weißen Angelthunfisch oder Heilbutt eine Marinade aus einer Tasse des Weißweins, der dazu getrunken werden soll, je 3 Eßlöffeln frisch gepreßtem Orangen- und Zitronensaft, 2 Eßlöffeln Sojasauce, einigen Spritzern Tabasco, 1 Eßlöffel Zucker, einem Teelöffel feingehackten kleinen Kapern, Salz und weißem Pfeffer aus der Mühle. Bis auf die Austern und den jeweils gewählten Fisch gibt er alles in einen kleinen Topf, kocht es ganz kurz auf und stellt es dann kühl. Danach zieht er aus dem Fisch eventuell vorhandene Gräten und zerteilt ihn dann in etwa 2 Zentimeter große Würfel. Darauf öffnet er die Austern, gießt ihren Saft zur Marinade, löst die Austern aus ihren Schalen und legt sie zu den Fischwürfeln auf eine große Platte. Die hat er vorher mit grob geschnittenem Eisbergsalat und Radicchioblättern ausgelegt. Zum Schluß kommt die noch leicht warme Sauce über den Fisch und die Austern. Das Ganze stellt der Austernkünstler eine Stunde lang kalt, um danach zu servieren.

Horst Reinwald, KaDeWe:
AUSTERN AUF TOAST

»Austern öffnen, den Saft auffangen. Etwas Butter in einer Pfanne zergehen lassen. Die Austern dazugeben und längstens 40 Sekunden lang erwärmen. Obacht – auf keinen Fall länger auf dem Herd lassen, sonst werden die Austern hart! Die Austern auf eine Scheibe heißen Toast legen. Ihren Saft zur Butter in die Pfanne geben, heiß werden lassen, und diese Mischung dann über Austern und Toast gießen. Wer's mag, darf dem ein wenig kleingehackte glatte Petersilie, weißen Pfeffer aus der Mühle und Salz hinzufügen.«

Hauser:

GRENZE DES GUTEN GESCHMACKS

Remise Schloß Glienicke – am einstigen Austauschplatz der Agenten kocht heute einer der besten Köche Berlins

Kalter Krieg ist kalter Kaffee. Nirgendwo sonst vereisten die Geheimheiten der Nachrichtendienste das Klima des kalten Krieges so sehr wie einst in Berlin. Nirgends wurde mehr ausgehorcht und observiert, miniert und desinformiert, erpreßt, entführt und ermordet als in der »Frontstadt«. Magnetisch zog sie Abenteurer im Auftrag buntscheckigster Machthaber an. Viele kamen allerdings nur nach Berlin, um dort auf der Glienicker Brücke, an der Stadtgrenze zu Potsdam – damals auch Staatsgrenze zur DDR – bei Nacht und Nebel aus- oder freigetauscht zu werden. So der US-Bomber-Pilot Francis Gary Powers und der »Meisterspion« Rudolf Iwanowitsch Abel bereits im Jahr 1962. Und nach ihnen ungezählt viele andere. Die Glienicker Brücke umweht für manchen deswegen heute noch ein Hauch von Geheimnis. Sie ist und bleibt wie das Brandenburger Tor ein Symbol von Berlin.

Das die Havel überspannende 128 Meter lange, 28 Meter breite Bauwerk im Südwesten der deutschen Hauptstadt ist entstanden, weil der Große Kurfürst Friedrich Wilhelm im 17. Jahrhundert schnell zwischen Berlin und Potsdam hin und her kommen wollte. Als die DDR-Diktatoren die Brücke verstacheldrahteten, griff der Geruch von Gefahr auch über auf das nur einen Steinwurf entfernte Schloß Glienicke mit seinem zauberhaften, vom Gartenbauarchitekten und Gärtner Peter Joseph Lenné gestalteten Park. Berliner und Berlinreisende waren nicht sehr scharf darauf, diesem Ort einen Besuch abzustatten. Das ist seit der Wende anders. Jetzt strömen sie wieder – Einheimische und Touristen.

Diese Tatsache nutzte der aus Tirol stammende Koch und Wirt Franz Raneburger. Der hat in Berlin schon manches getan. Er war Mitarbeiter im legendären Restaurant »Le Maître«, verpflegte später die Besucher der Sechstagerennen, war Pächter der Caféteria im Sender Freies Berlin – in dem noch jetzt von seiner Kunst geschwärmt wird – und war, bevor er mit seinem Restaurant in die »Remise« des Schlosses Glienicke zog, Inhaber des Restaurants »Bamberger Reiter«. Kein Zweifel, Raneburger gehört zur Spitze der Berliner Appetitmacher. Ein Großer seiner Zunft. Das hat sich inzwischen auch bis zu den Bossen der Privatsender herumgesprochen. In seiner »Remise« bewirtete Raneburger an einem Abend während der letzten Internationalen Funkausstellung 2000 Gäste von RTL, SAT.1 und Pro 7.

Bei Franz Raneburger einzukehren ist in mancherlei Hinsicht ein Vergnügen. Dazu gehört auch die Möglichkeit, zu jeder Jahreszeit vor oder nach der Einkehr, einen Spaziergang durch den verwunschenen Park zu machen oder von der Terrasse der »Remise« ein Blick auf die Havel und die geheimnisvolle Brücke zu werfen. Dem Gründer des Parks ist ein »Lenné-Menü« gewidmet. Erster Gang: Flußkrebse mit Spargel und Morcheln.

Zweiter Gang: Havel-Waller mit Schluppen und Kapernsauce. Dritter Gang: Rehbockrücken mit Pfifferlingsknödel und Apfelpüree. Letzter Gang: Tarte Lenné. Zur Vorspeise empfiehlt der Tiroler eine 94er Riesling-Spätlese Geheimrat »J« von Wegeler. Zum Zwischengang einen 97er Riesling Kabinett Ihringer Winkelberg von Stigler. Zum Hauptgericht einen Cabernet Sauvignon des Jahrganges 1988 vom kalifornischen Winzer Robert Mondavi. Und zum Dessert einen 97er Ausbruch des Österreichers Alois Kracher.

Ein »Agenten-Austausch-Menü« indes findet sich nicht auf Raneburgers Speisekarte. Ist auch nicht zu erwarten. Kalter Krieg ist kalter Kaffee.

Seißler:
Wie finden Sie es denn, daß bestimmte Modeweine sich preislich steil nach oben entwickeln in letzter Zeit. Zum Beispiel ein guter Riesling für an die 100 Mark oder – mit inzwischen bis zu 170 Mark pro Flasche – der Grüne Veltliner, eigentlich ein reiner Tafelwein zum Schlotzen. Ähnlich die Bordelaiser Weine, die Italiener ziehen unverschämt an, auch die Spanier. Ist das wirklich gerechtfertigt?

Kienzle:
Im Bordelais haben die kapiert, daß sie Kohle machen können, sind Jahr für Jahr teurer geworden und eingebrochen vor drei Jahren. Dann haben die Preise sich wieder auf ganz vernünftige Weise zurückentwickelt. Genau das gleiche ist mit dem Champagner gewesen. Eine schlimme Nummer. Deshalb bin ich umgestiegen

Zwischengericht von Wolfgang Nagler:

MUNSTERKÄSE MIT GESCHMORTER ZWIEBEL UND APFEL-RADIESCHEN-VINAIGRETTE

Für 4 Personen

WEINEMPFEHLUNG:
1989 Clos de la Coulée de Serrant
Château de la Roche, N. Joly, Loire

ZUTATEN:
Munsterkäse

APFEL-RADIESCHEN-VINAIGRETTE
4 Schalotten, 4 Radieschen,
1/2 l Apfelsaft, 50–80 g Verjus (Saft von grünen Trauben), Cidre-Essig, Traubenkernöl,
Walnußöl, Kürbiskernöl (je nach Geschmack), Salz, Pfeffer

GESCHMORTE ZWIEBELN
8 Minizwiebeln, 1 mittelgroße Kartoffel
1 Cornichon, 1 EL Balsamico
1/5 l Kalbsfond bzw. Bratensoße vom Vortag
4 schwarze Nüsse (Feinkostgeschäft)
20 g Honig, 20 g Butter, Prise Puderzucker
1/2 EL Blattpetersilie, Salz, Pfeffer

Zubereitung:

APFEL-RADIESCHEN-VINAIGRETTE

Die in feine Streifen geschnittenen Schalotten im Apfelsaft auf leichter Hitze langsam weich dünsten, kalt stellen. Mit den Schalotten, etwas Reduktion von Verjus, einem Schuß Cidre-Essig, Salz, Pfeffer, Traubenkernöl, Walnußöl und Kürbiskernöl eine Vinaigrette herstellen. Zum Schluß Radieschenstreifen zugeben.

GESCHMORTE ZWIEBELN

Puderzucker in einem Topf bei mittlerer Hitze erhitzen. Butter hinzufügen und kurz aufschäumen lassen. Minizwiebelchen, Honig, Balsamico und Kalbsfond hinzugeben und in zugedecktem Topf im Backofen bei ca. 220° C 15–20 Min. weich schmoren. Die Zwiebeln herausnehmen und das Innere der Zwiebel entnehmen und mit etwas gekochter Kartoffel, Cornichon und Blattpetersilie kleinhacken, so daß eine aromatische grobe Paste entsteht. Die äußere Schale der geschmorten Zwiebel mit dieser Paste füllen.

ANRICHTEWEISE:

Gut temperierten Munsterkäse (Zimmertemperatur) in Ecken schneiden, die Zwiebel anlegen und mit dünn geschnittenen schwarzen Nüssen garnieren. Vor dem Servieren die Apfel-Radieschen-Vinaigrette angießen.

auf spanischen Rotwein, der sich durchaus messen kann mit französischem.

Hauser:
Was ist daran schlimm, daß Winzer versuchen, ihr Geschäft zu machen? Dann können wir auch über Fußballspiele reden, ob die das viele Geld wert sind.

Kienzle:
Auch eine schlimme Nummer.

Hauser:
Wenn es Sender gibt, die soviel bezahlen, ist das doch eine Sache von Angebot und Nachfrage. Darüber regelt sich das ja auch wieder.

Graf Lambsdorff:
Bei Kienzle ist nur der graue Einheitspreis keine schlimme Nummer. Alles andere lehnt er ab. Aber das ist Marktwirtschaft. Die einen überziehen. Dann werden halt andere Weine gekauft. Dann fallen die Preise wieder. So ist das Leben. Natürlich ist das ärgerlich für den Konsumenten.

Seißler:
Für mich ist Marktwirtschaft sowieso die Verlängerung des Faustrechtes.

Graf Lambsdorff:
Einspruch Euer Ehren! Aber darüber brauchen wir hier wohl nicht groß zu debattieren.

Kienzle:
Manche Weine wurden in den letzten Jahren nicht nach Marktgesetzen verkauft, sondern zugeteilt.

Graf Lambsdorff:
Auch das ist ein Marktgesetz. Wenn es nur eine geringe Menge gibt, ist sie im Angebot teurer. Und ist das Angebot teurer, wird die Anbaufläche vergrößert. Im deutschen Weinbau konnten Sie das über die Jahre miterleben. Die haben die Flächen leichtfertig vergrößert, dann waren sie zu groß, die Winzer wurden ihren Wein nicht mehr los, vor allem an der Mosel und in Rheinhessen, der Rheingau war vorsichtiger. Damals hatte ich eine Assistentin, deren Eltern ein Weingut an der Mosel hatten. Die pflegte zu formulieren: Wer Rheinhessen trinkt, säuft auch Aral. Wie dem auch sei, die Preise gingen nach unten, die Winzer gerieten in Schwierigkeiten. So ist das eben. Wer überzieht, liegt irgendwann auf der Nase. Aber das ist mir immer noch lieber, als wenn die Preise und Anbauflächen staatlich festgesetzt werden, wie das bei unserer Landwirtschaftspolitik der Fall ist.

Seißler:
Die Anbauflächen werden in Italien und Frankreich festgelegt.

Kienzle:
Im Bordelais ist der Anbau streng reguliert. Das geht überhaupt nicht nach Marktgesetzen.

Seißler:
Die Mengen werden gering gehalten, um hohe Preise zu erzielen.

Hauser:
Es wird doch keiner gezwungen, sie zu bezahlen.

Kienzle:
Es gibt dann solche Trends, zum Beispiel in Italien, von dort kommen zum Teil Weine, die sind wirklich scheußlich. Aber sie sind in Mode und werden getrunken.

Schlauch:
Klären Sie uns auf!

Seißler:
Es ist eingerissen, was die Franzosen eingeführt haben mit ihrem Beaujolais Primeur. Die Italiener haben nachgezogen mit ihrem Novello. Damit dürfen Sie noch nicht mal Ihr Klo putzen, weil sich sonst die Lasur löst. Aber der Novello wird nach Deutschland gekarrt – und tatsächlich getrunken.

Schlauch:
Ich habe noch keinen Novello getrunken und nur einmal Primeur, danach bekam ich Kopfweh. Nie wieder.

Kienzle:
Primeur macht auch den Magen krank.

Seißler:

Die Deutschen haben nach dem Krieg süße Weine geschluckt, mit raffiniertem Zucker aufgesüßt. Dann sagte ihnen jemand, Kenner tränken nur trockene Weine. Also vergriffen sie sich am Edelzwicker, von dem mir elsässische Winzer sagen: Den fassen wir nicht an, der greift die Zähne an. Aber die Deutschen soffen wie die Blöden Edelzwicker. Danach kam der Blanc de Blancs an die Reihe, je dünner, desto gefälliger. Und bezahlt wurde jeder Preis.

Hauser:

Was heute alles unter der Bezeichnung Pinot Grigio auf den Tisch kommt, ist genauso fragwürdig.

Kienzle:

Auch so ein italienischer Modewein. Da haben wir bessere in Deutschland. Nur nennen wir die nicht Pinot Grigio.

Graf Lambsdorff:

Heute darf man behaupten, daß aus Deutschland die besten Weißweine der Welt kommen. Und bei den roten haben wir erstaunlich zugelegt.

Schlauch:

Man sollte die Produkte immer dort zu sich nehmen, wo sie produziert werden.

Graf Lambsdorff:

Anfang der 70er Jahre war ich in New York in einem

höchst feinen Restaurant seitlich der Fifth Avenue eingeladen, Speisekarte französisch, der Ober im Frack, zum Schluß fragt er mich, was möchten Sie denn trinken? Wie ich das immer tue, bat ich um einen amerikanischen Wein. Der Ober sah mich an, als hätte ich Coca-Cola bestellt. Heute, 25 Jahre später, ist kalifornischer Rotwein in New York teurer als französischer.

Seißler:
Grappa hat auch so eine steile Karriere hinter sich. Ein italienischer Abfallschnaps, für den heute bis zu 200 Mark pro Flasche verlangt und bezahlt werden. Ein Freund von mir ist Winzer an der Mosel, der macht seinen Trester-schnaps, milde und angenehm – und für den nimmt er 25 Mark. Es ist überhaupt nicht einzusehen, warum ich unbedingt dieses geschickt lancierte Grappazeug zu mir nehmen sollte. Herr Schlauch, Sie brennen selbst?

Schlauch:
Ich bin kein Grappatrinker, ich bin, wie es im Branntweinmonopolgesetz heißt, Stoffbesitzer; ich habe einen Garten mit uralten Zwetschgenbäumen, deren Früchte man im November teilweise aus dem Rauhreif aufliest, einschlägt und dann im Januar, Februar beim Bauern brennen läßt.

Kienzle:
Wie oft gebrannt?

Schlauch:
Ha, scho! Ned bloß der Vorlauf. Scho noch mal durch

und noch mal durch. Die alten Bauern in Schwaben können noch richtig guten Schnaps brennen. Ich habe schöne Glaskolben im Keller. Zehn Jahre gelagert, dann wird er richtig smooth. Dafür lass' ich jeden noch so teuren Grappa stehen.

Seißler:
Wie halten Sie das aus – zehn Jahre Wartezeit?

Schlauch:
Wenn man das über Jahre hinweg macht, ist immer was zum Trinken da.

Kienzle:

DAS LEBEN IST SCHÖN IN CHARLOTTENBURG

Nirgendwo in Berlin liegt Italien näher als bei Giovanni

Jeder kennt den besten Italiener. Natürlich. Das ist wie mit dem besten Zahnarzt oder dem besten Chiropraktiker. Frag deine Freunde oder Kollegen – und sofort hast du eine lange Liste mit den absoluten Koryphäen ihres Fachs. Von keinem drang je Kunde an dein Ohr, aber jetzt brauchst du ja nur noch hinzugehen, um dich zu überzeugen. Doch zu wem? Welcher ist denn nun wirklich der beste? Experten für Italiener sind wir alle. Schließlich essen wir ja fast täglich bei einem von ihnen.

Und in Berlin kannst du mit Italienern die Straße pflastern. Was man mit den meisten auch tatsächlich machen sollte – für das, was sie der Küche ihrer Heimat angetan haben und weiterhin antun.

Aber bei Giovanni ist das natürlich anders. Denn Giovanni ist der leckerste, der netteste, der einfühlsamste, der großzügigste, kurzum: der beste Italiener Berlins. Giovanni who? Nie gehört? Gut so. Ich will ihn nämlich für mich behalten. Für mich ganz allein. Geht ruhig weiter zu euren besten Italienern. Ich gehe zu Giovanni. Leider kennen schon viel zu viele seine Charlottenburger Adresse. Die Schauspielerin Iris, der Alt-Bürgermeister Klaus, der Hörfunkdirektor Jens, der Fußballmanager Dieter, der Werbemanager Wolfgang, die Marketingchefin Astrid, die Kolumnistin Renée, ihr Chefredakteur Giovanni, ihre beste Freundin Maybrit vom Fernsehen, der Freßkritiker Hanjo, der TV-Produzent Stephan undundund. Sogar Hauser war schon da. Vielleicht hätte ich doch nicht so vielen Leuten von Giovanni vorschwärmen sollen. Fest davon überzeugt, daß meine Freunde und Kollegen längst ihren Italiener fürs Leben gefunden haben, muß ich nun mit Bestürzung zur Kenntnis nehmen, wie viele von ihnen immer häufiger auf einen Seitensprung bei meinem Giovanni vorbeischauen wollen. Sein Lamm in Salzkruste ist eben unwiderstehlich – und daß es bei keinem Franzosen Berlins ein flauschigeres Mousse au chocolat gibt, das haben die Berliner Franzosen nicht besser verdient! Schon muß man bei Giovanni vorbestellen. Ich natürlich nicht. Noch nicht. Aber mal so eben zu viert gegen acht bei ihm auftauchen, das geht nicht mehr. Ab zehn Uhr ist immer was frei. Giovanni fragt dann erst gar nicht lange, was du haben willst, sondern stellt einfach einen großen, tiefen, weißen Teller mit Pasta und ein Glas Rotwein vor dich hin. Augen zu, Mund auf – und schon bist du nicht mehr in Berlin, sondern ganz weit weg im Süden.

Giovanni kocht nicht italienisch, sondern apulisch. Der Unterschied zwischen italienisch und apulisch ist ungefähr so groß wie der zwischen Adriano Celentano und Roberto Benigni. Nichts gegen Adriano. Aber alles für Benigni! Eine Küche mit Köpfchen, Augenzwinkern, Tiefgang und einem Schuß Melancholie. An einer Wand in Giovannis Trattoria hängt ein kleines Ölbild. Es zeigt einen Priester zeitunglesend auf der Kirchenbank. Die Zeitung heißt Unità und ist das Organ der kommunistischen Partei Italiens: Prete compagno – Genosse Pfarrer! Genauso kocht Giovanni. Sonntags hat Giovanni zu. Dann geht er manchmal mit ein paar Stammgästen ins Kino. Nach der Matineevorstellung steht man dann etwas unschlüssig auf der Straße herum, bis Giovanni endlich den erlösenden Satz spricht: Andiamo! Ich koche für euch!

So verbringt Giovanni meist auch die freien Sonntage in seinem Lokal. Und wir mit ihm. Schließlich ist er der beste Italiener von Berlin.

PS: Name und Adresse seines Lokals werden nicht verraten. Geheimtip: Die Werbeagentur Publicis leistet sich den Luxus, Giovanni nebenbei als Kantinenchef zu beschäftigen. Adresse: Berlin-Mitte, Chausseestr. 8. Nur mittags.

Nachspeise von Rainer Halbedel:

ARMER RITTER IN WEINSCHAUM MIT VANILLEEIS

Für 4 Personen

WEINEMPFEHLUNG:

1989 Bacharacher Wolfshöhle
Riesling – Auslese
Weingut Ratzenberger, Mittelrhein

Zutaten:

1 Vanilleschote
$\frac{1}{2}$ l Milch
$\frac{1}{2}$ EL Vanillezucker
125 g Zucker
1 ganzes Ei
2 cl Grand Marnier
abgeriebene Schale von 1 Orange
4 altbackene Brötchen
$\frac{1}{4}$ l Weißwein
3 Eigelbe
$\frac{1}{2}$ TL Zimt (gemahlen)

ZUBEREITUNG:

Das Innere der Vanilleschote in die Milch kratzen, den Vanillezucker, die Hälfte des Zuckers, das Ei, den Grand Marnier und die Orangenschale dazugeben. Die Brötchen abreiben und dann in der Milch 30 Minuten einweichen. In dem Abrieb panieren und goldgelb braten. Aus dem Weißwein, 50 g Zucker und dem Eigelb einen Weinschaum schlagen. Die Brötchen in dem restlichen Zucker und Zimt wälzen. Auf dem Weinschaum anrichten und Vanilleeis dazu reichen.

Hauser:

DEUTSCHLANDS AUSSICHTSREICHSTE KANTINE

Käfer im Reichstag – ganz oben, aber nicht auf der Höhe der Zeit

Da haben die Ästheten aber »Skandal« und »Buhei« geschrien. Da war von »Kulturschande«, »Lotterhaus« und von »Entweihung« die Rede. Da empörten sich vor allem solche Zeitgenossen am lautesten, denen sonst nichts heilig ist. Da war die Hölle los. Da meldete sich dann wenigstens auch Willi Winkler in der »Süddeutschen Zeitung« zu Wort, um der aufgebrachten Menge aus Politfunktionären, Beamten, Traditionalisten, Journalisten, Chauvinisten, Bravbürgern und Schamhaften zu sagen, woher Karl Kraus sich seinen Trost holte. Aus einer Erkenntnis nämlich: »Der Skandal fängt an, wenn die Polizei ihm ein Ende macht.«

Was war geschehen? Ein Fotograf war im Sommer 1999 mit einer Gruppe junger Männer dem Deutschen Bundestag im Reichstag aufs Dach gestiegen. In der Kuppel angekommen, entledigten sich die Jünglinge ihrer Textilien, um sich nackt für ein Männer-Magazin ablichten zu lassen. Mehr war nicht los? Nein, mehr nicht. Doch: »Buhei« und »Lotterhaus« und »hüllenlose Frechheit« und »nackte Lümmel« und »Alarm in der berühmten Glaskuppel« und ähnlicher Wind. Mit dem Ergebnis, daß Leute, die nie vorher von der Knaben-

Postille gehört hatten, sie seitdem kennen. Ein preiswerter Reklame-Gag.

Dabei gibt es einen wirklichen Skandal in der Kuppel. Das ist das Restaurant des Münchner Schnellverpflegers der gesamtdeutschen Schnickschnackeria, Michael Käfer. Käfer hat sich nicht nur den hochattraktiven Platz auf dem Dach des Reichstagsgebäudes unter den Nagel gerissen, ihm ist gleichfalls die Furagierung der Abgeordneten des Deutschen Bundestags in den Schoß gefallen. Doch was Käfers Leute anbieten, ist mehr als eine »hüllenlose Frechheit«. Es ist die eigentliche Provokation des guten Geschmacks.

FRIKADELLEN-KRIEG

Die Begeisterung über die Münchner Feinkostfirma Käfer, die neben der Cafeteria (90 Plätze) einen Clubraum mit Getränken, ein Bistro, ein Abgeordnetenrestaurant (220 Plätze) und das öffentliche Dachgartenrestaurant betreibt, ist gering. In der Cafeteria gibt es meistens nur Buletten (so heißen Frikadellen in Berlin), Schnitzel, Würstchen und belegte Brötchen. Und die schmecken vielen Politikern nicht: »Die Frikadellen schmecken nach einem Bäckerklops. Da hat man das Gefühl, daß man in ein schlaffes Brötchen beißt. Ich hätte erwartet, daß die Berliner Buletten im Reichstag Hauptstadtniveau haben. Doch das haben sie nur im Preis.« – »Die Brötchen sind groß und pappig. Der Kuchen ist zu süß«. – »Von gesunder und moderner Ernährung kann keine Rede sein«. – »Ich gehe jetzt immer auswärts essen«.

BamS, 19. September 1999

Für die atemberaubend schöne Aussicht auf Berlin und die waghalsig neuartige Architektur des britischen Architekten Norman Foster kann Käfer sowenig wie für die Sicherheitsschleuse, wo sich Gäste im Erdgeschoß des Reichstages wie an Flughäfen abtasten und durchleuchten lassen müssen. Für alles andere im Dachgartenrestaurant ist er indessen verantwortlich. Für die scheußlichen Plastikmöbel, für den – gelinde gesagt – schleppenden Service, für die irrwitzigen Preise und die hart unterm Durchschnitt liegende Qualität des Essens. Es muß an der jeder Feinschmeckerei abholden Mentalität der Preußen und der schafsgeduldigen Neugier der Touristen liegen, daß diese Bude immer ausgebucht ist.

Vielleicht ist das aber auch alles Absicht und nur für DDR-Ostalgiker gedacht, die es mit masochistischem Lustgestöhn genießen, von Käfers Köchen und Kellnern gequält zu werden wie in schlechten alten Zeiten. Das Personal jedenfalls verweist Gäste nach Willkür auf irgendwelche Plätze, auch wenn im angeblich ausgebuchten Lokal über die Hälfte aller Tische leerstehen – und das den ganzen Abend lang. Auch die Öffnungszeiten der Dachterrasse scheinen eher von den Launen des Wirtes abzuhängen als von denen des Wetters. Und was den Service betrifft: Es soll dort oben ein Heimkehrer aus dem Ersten Weltkrieg sitzen, der seit 1918 auf sein Essen wartet.

Es soll Leute geben, die sich den Eintritt erkämpft, und andere, die ihn sich erschlichen haben. Doch Freunde guter Küche, die dort oben einmal vorgesetzt bekamen, was auf der Karte als »Pochierte Lemon-Sole auf Gemüse-Pot-au-feu mit Rote-Bete-Sauce«, »Lammrücken mit Artischocken mit Polenta auf Salbeijus«, »Rouget Barbet an der Haut gebraten mit Artischocken, confitierten Tomaten und Pesto«, »Gebratene Perlhuhnbrust auf frischen Pfifferlingen mit sommerlichen Gemüsen«, »Tournedos Rossini auf Bordeaux-Sauce dazu Gratinkartoffeln« firmiert (und teilweise vom Service mit dem Ausdruck des Bedauerns zurück und von der Rechnung genommen wurde), die werden künftig einen weiten Bogen um das deutsche Parlament machen und die 669 Mitglieder des Bundestages nicht mehr ganz so heftig beneiden um ihren schönen Arbeitsplatz unter der aussichtsreichsten Kantine Deutschlands.

All jenen aber, die jetzt für mildernde Umstände plädieren, weil man nicht nur einem neuen Kanzler, sondern auch einem neuen Restaurant 100 Tage Schonfrist zubilligen müsse, sei entgegengehalten: Von Michael Käfer hat niemand erwartet, daß er im Reichstag Gourmet-Sterne vom Himmel holt. Aber wer sein neues Flaggschiff-Restaurant so hochnäsig-nachlässig vom Stapel laufen läßt, der verdient nicht mehr Nachsicht, als Deutschlands politischer Küchenchef Schröder ein paar Stockwerke tiefer sie für seinen verkorksten Start bekam.

Seißler:

Was stellen wir nun abschließend fest? Daß deutsche

Politiker schlechte Politik machen, weil sie schlecht essen?

Graf Lambsdorff:
Sie machen schlechte Politik, obwohl sie gut essen.

Schlauch:
Ich glaube, daß alle Generalisierungen ihre Tücken haben. In allen Fraktionen gibt es auch die Anhänger der Fraktion Genuß und Lebensfreude. Ich finde wichtig, daß man sich dazu auch bekennt. Genuß hat ja nichts zu tun mit Überfluß oder gar Verschwendung. Genuß bedeutet, aus dem Vorhandenen das Beste zu machen. Wenn das auch Leitlinie der Politik wird, kann es nur bergauf gehen.

Kienzle:
Ich hoffe, daß es nach der Toskana-Fraktion bald auch eine Positano-Fraktion gibt.

Graf Lambsdorff:
Links und rechts haben wir ausführlich besprochen. Aber die Neue Mitte haben wir überhaupt nicht erwähnt.

Seißler:
Die kommt beim zweiten Menü dran.

Kienzle:
Wir haben verstanden.

Hauser:
Prost!

Menü 2:

AUF DEN LEIB GEKOCHT

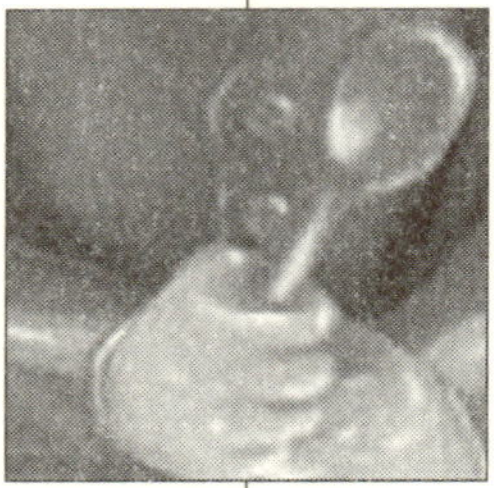

50 Erfolgsrezepte für deutsche Spitzenpolitiker

AB SOFORT WIRD ZURÜCKGEKOCHT!

Erbarmungswürdig! Deutsche Spitzenpolitiker leben, glaubt man ihren Pressesprechern, wie die Spatzen. Sie ernähren sich von Bratkartoffeln mit Spiegeleiern, Currywürsten, Pichelsteiner Fleisch, Tütensuppen, Fischstäbchen und was es sonst noch an harmlosen Gerichten gibt, mit denen man beim Wähler kein Magengrimmen provoziert. Nur fürs wohltätige Prominentenkochbuch von Hannelore Kohl, Christiane Herzog, Biolek u. a. wagen sie ein bißchen mehr Raffinesse. Schließlich geht es da ja um Selbstgebrutzeltes und nicht um einen Blick in den Spesentopf. Wer sich bei unseren Volksvertretern umhört nach Vorlieben im Bereich kulinarischer Großerlebnisse, der erntet kunstvoll erstaunte Blicke: Gibt es so was wirklich? Ja, ein, zwei Mal im Jahr kann unsereins den Besuch in so einem Freßtempel leider nicht vermeiden. Was erzählen die Kollegen denn so? Sollen wir Ihnen ein hübsches Spaghettirezept faxen? Nein, bitte nicht! Wir wollen kein Märchenbuch schreiben, sondern ein Buch über Essen und Trinken bei Rechten und Linken. Und darum enthält dieses Kapitel keine Rezepte von Politikern, sondern Rezepte für Politiker. Ausgewählt und auf den Leib gekocht mit Bedacht und Sorgfalt. Jedes einzelne Gericht ist von jedermann leicht nachkochbar und keineswegs nur »with tongue in cheek« zu genießen.

Kurt Beck, SPD

Doch, es gibt ihn. Obwohl ebenfalls stimmt, daß er nur selten zu sehen ist. Daß Kurt Beck etwas von sich gibt, was anzuhören sich lohnt, ist noch rarer. Immer wieder versucht er mitzumischen, wenn es gilt, die Medienlandschaft neu zu ordnen. Das ist ein Geschäft, von dem die Schwarzen viel verstehen. Die »Sozen«, wie sein Landsmann und Vorgänger im Amt des Ministerpräsidenten des Bundeslandes Rheinland-Pfalz, Helmut Kohl, Sozialdemokraten zu nennen pflegt, indessen nicht. Die machten in den vergangenen 50 Jahren über 100 Zeitungen, die ihnen gehörten, systematisch kaputt. Logisch wäre also, die Finger von den hochsensiblen Angelegenheiten der Meinungsmache zu lassen oder bei Fachleuten in die Lehre zu gehen. Merke: Gut gemeint ist das Gegenteil von gut. Könner können sich profilieren. Andere müssen einstweilen mit Buttermilchparfait (für sechs Personen) vorlieb nehmen.

BUTTERMILCHPARFAIT

Zutaten:

½ l Buttermilch
6 Blatt Gelatine
⅛ l Sahne
100 g gehackte frische Kräuter: Schnittlauch, Rucola, Estragon, Kerbel, Sauerampfer, Basilikum
Salz, weißer Pfeffer
Zitronensaft

Zubereitung:

In Wasser vorgeweichte, gut ausgedrückte Gelatine in ein wenig gewärmter Buttermilch auflösen, dann unter die Buttermilch mischen. Sobald die Milch zu gelieren beginnt, steifgeschlagene Sahne und die Hälfte der Kräuter darunterziehen, mit Salz, Pfeffer und Zitrone abschmecken. Die Mischung in eine Terrinenform füllen und für 3 bis 4 Stunden im Kühlschrank aufbewahren. Nach dem Kühlen muß die Form kurz in heißes Wasser getaucht werden, damit das Parfait sich problemlos aus der Schale löst. Mit angewärmtem Messer – oder ausnahmsweise mit elektrischem – in Scheiben schneiden. Restliche Kräuter in eine Vinaigrette geben – Flußkrebse, Wildlachswürfel oder Forellenkaviar setzen dem Ganzen die Krone auf.

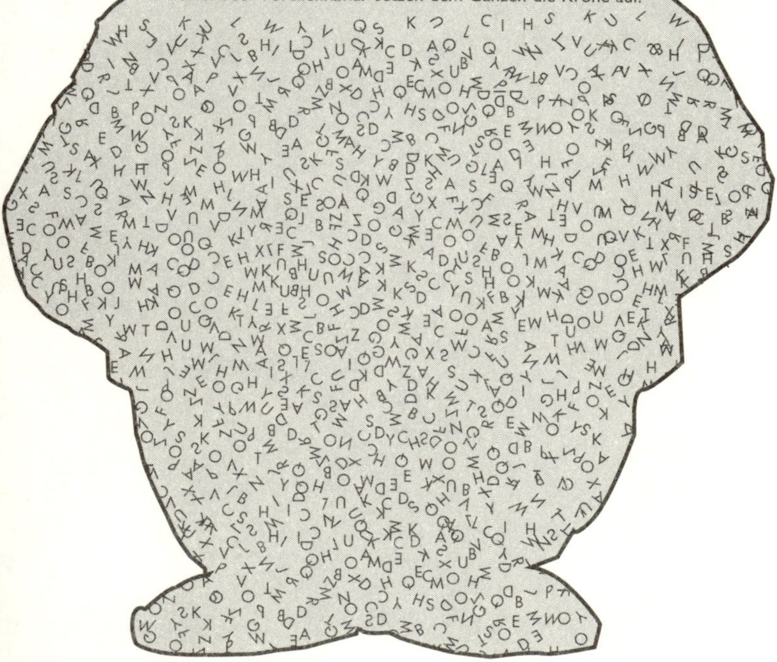

Christine Bergmann, SPD

Gerade ist wieder einmal ein Dorfbürgermeister, der einer klerikalen Partei angehörte, in einem »Freudenhaus« (!) dahingegangen. Nicht einzusehen, daß weibliche und männliche Prostituierte anders behandelt werden als alle anderen Servicediener- und -dienerinnen. Da muß erst eine Frau kommen und Manns genug sein, um das laut und deutlich zu erklären: Christine Bergmann, Bundesministerin für Familie, Senioren, Frauen und Jugend. Die wird sich gesagt haben: »Wenn ich denn sonst schon nichts bewirke, will ich wenigstens etwas für das Ansehen dieses alten Berufes tun.« Recht so. Wegen dieser Frau sollten sich die Italiener überlegen, ob sie ihre Spaghetti puttanesca (Nudeln nach Hurenart) nicht in Spaghetti Christine umbenennen wollen.

SPAGHETTI CHRISTINE (PUTTANESCA)

Zutaten:

500 g Spaghetti aus Hartweizengrieß
4–6 EL Olivenöl
8 Sardellenfilets
3 Knoblauchzehen
(in hauchdünne Scheiben geschnitten)
75 g (möglichst kleine) Kapern
10–12 entkernte, in Scheibchen geschnittene schwarze Oliven
500 g enthäutete frische Tomaten –
ersatzweise 1 Dose geschälte, zum Beispiel von Cirio,
Salz, frisch gemahlener schwarzer Pfeffer
4 Prisen Rohrzucker

Zubereitung:

Spaghetti »al dente« kochen. »Biß« muß eine Nudel haben. Nicht zu hart und nicht zu weich darf sie sein. Auf den Punkt so, daß der Esser spürt, seine Zähne dringen in die Oberschicht ein, um dort auf einen sanften Widerstand zu treffen. Die Zunge spürt das weiche, schlüpfrige Drumherum, erfährt aber in Gedankenschnelle, daß drinnen köstlich verarbeitetes Mehl auf sie wartet. Auf keinen Fall, obwohl immer wieder irgendwelche »Experten« dazu raten, Öl ins Wasser geben (angeblich verkleben die Nudeln dann nicht, Quatsch). Das Öl verschließt die poröse Pasta, so daß sie die Sauce nicht mehr aufnehmen kann. Frische Tomaten enthäuten, Stengelansätze herausschneiden, von den Kernen befreien und in Würfel schneiden. Sollten Dosentomaten verwendet werden, diese in ein Sieb geben und den dicklichen Saft auffangen, gegebenenfalls Hautreste und Stengelansätze entfernen. Nachdem die Pasta auf ein Sieb abgegossen worden ist, sämtliche Zutaten für die Sauce in einer schweren, tiefen Pfanne oder in einem breiten, schweren Topf in – nicht rauchend – heißem Öl andünsten. Falls Tomaten aus Büchsen eingesetzt werden, jetzt nach Geschmack von dem aufgefangenen Saft hinzufügen. Nach knapp 10 Minuten noch einige Tropfen Olivenöl zugeben, und die Verbindung ist perfekt. Jetzt die Nudeln obendrauf. Vermengen. Sofort servieren! Im Süden Italiens – woher dieses Rezept stammt – wird zu diesem »primo piatto«, dem ersten Gang, kein Parmesan gereicht. An heißen Tagen reicht vorher ein Sommersalat mit frischen Kräutern. Oder: eine frische Melone mit Parmaschinken.

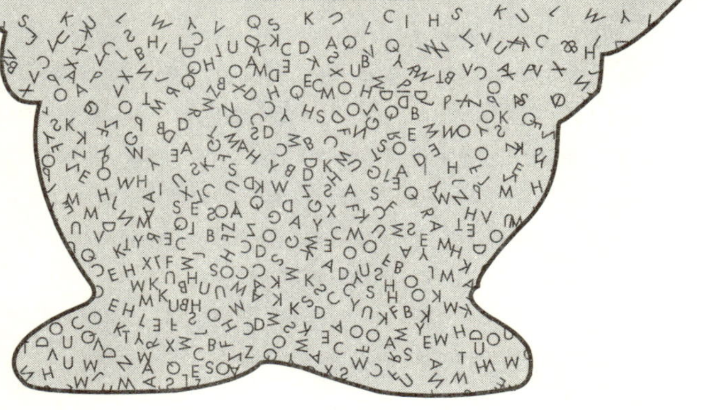

Kurt Biedenkopf, CDU

Die sind ein eigenes Volk, die Sachsen. Monarchisten waren sie. Mit voller Pulle. Geweint haben sie, als ihr König, Friedrich August III. von Sachsen, gefeuert worden ist. Und sie haben ihm applaudiert zum Abschied. So anhaltend beklatscht haben sie »ihren« Friedrich August, daß der gesagt hat: »Ihr seid mir scheene Rebupligaahner.« Als er weg war, sind sie mit fliegenden Fahnen zum Vorsitzenden des Leipziger Arbeiterbildungsvereins, August Bebel, übergelaufen. Und standen in Treue fest zu ihm. Allerdings nur so lange, bis der Kriminelle aus Braunau das Sagen bekam. Da jubelten sie dem zu. Bis 1945. Vom 8. Mai 1945 an war klar, daß sie eigentlich schon immer den Spitzbart mit der Fistelstimme, Walter Ulbricht aus Leipzig, und später dessen Nachfolger gewollt hatten. Kein Stamm des Ostens hängte sich derart rein in den »realen Sozialismus« wie die Sachsen. »Gänsefleisch« war denn auch die am häufigsten zu hörende Vokabel in der Deutschen Demokratischen Republik: »Gänsefleisch moal Ihrn Baß vorzeischen?« Seit Oktober 1989 skandieren sie: »Wir sind ein Volk!« Sie wissen aus der Bibel, daß niemand zwei Herren dienen kann. Aber es ist ein leichtes, mehreren Herren nacheinander höchst beflissen zu Diensten zu sein. Zur Zeit heißt ihr Herr Kurt Biedenkopf. Den nennen sie in unheimlich heimlicher Bewunderung »König Kurt« – und genauso benimmt der sich, obwohl er nur Anspruch auf die Anrede »Herr Ministerpräsident« und auf eine Herrensuppe hat.

HERRENSUPPE

Zutaten:

1 kg Querrippe
1 Bund Suppengrün
1 EL gekörnte Brühe
1 Lorbeerblatt
Salz
125 g Geflügelleber
125 g Geflügelmägen
4 Eier
1 Handvoll Kerbel

Zubereitung:

Querrippe mit geputztem Suppengrün, Brühe und Lorbeerblatt in kaltem, leicht gesalzenem Wasser auf den Herd stellen, zum Kochen bringen, eine Stunde im offenen (!) Topf schmurgeln lassen. Danach die geputzte Leber und die Mägen hinzufügen und in knapp 5 Minuten fest werden lassen. Alles durch ein Sieb in einen anderen Topf passieren. Mägen, Rippenfleisch und Leber herausnehmen, kleinschneiden. Bouillon kalt werden lassen. Verquirlte Eier in kalte Brühe rühren, diese dann bei kleiner Hitze oder im Wasserbad unter Rühren aufkochen lassen. Fleischstückchen zugeben und wieder heiß werden lassen. Suppe in eine vorgewärmte Terrine umfüllen, reichlich gehackten Kerbel dazugeben, kurz durchrühren und servieren. Frisches Weißbrot mit knuspriger Kruste bildet ein weiteres Fettauge dazu.

Lothar Bisky, PDS

Im Märchen vom »Wolf und den sieben Geißlein« frißt Isegrim Kreide, um mit dem Anschein mütterlicher Milde über arglose Zicklein herfallen zu können. Lothar Bisky, Vorsitzender der PDS, verstellt nicht allein seine Stimme. Er hat sich, um ganz sicherzugehen, zusätzlich einen Schafspelz übergeworfen. Auf diesen Mummenschanz sind in Neufünfland massenhaft Wähler hereingefallen, sie haben Bisky und Genossen Tür und Tor geöffnet.

Nachdem er bereits die Großmutter mit Haut und Haar verschlungen hat (siehe die Altersstruktur der PDS-Mitglieder!), lauert er jetzt auf die Enkelgeneration.

Nehmt ihm die Kreide und den falschen Pelz, laßt ihn rotsäuerlichen Borschtsch mit Piroggen verzehren, dann wird er irgendwann seine Maske fallenlassen!

BORSCHTSCH MIT PIROGGEN

Zutaten:

FÜR DEN BORSCHTSCH

2 kg rote Rüben (Bete)
1 Scheibe Vollkornbrot
Sellerie, Petersilienwurzeln, Möhren, Porree, 1 Zwiebel,
10 Körner schwarzer Pfeffer, 2 Pimentkörner, 1 Lorbeerblatt,
80 g getrocknete Steinpilze
Salz, eine Prise Zucker, 1 Glas Rotwein oder
Zitronensaft (nie Essig!), 1 Knoblauchzehe

FÜR DIE PIROGGEN

200 g Mehl, 120 g Butter, 1 kleines Ei oder 2 Dotter,
2 gehäufte EL Semmelmehl, 1 EL Sahne und ½ TL Salz. Das Ganze dauert ein gutes Weilchen.
1 Zwiebel, 1 Ei, Prise Semmelmehl, Salz, Pfeffer

Zubereitung:

BORSCHTSCH

1,5 kg gut gewaschene rote Rüben schälen, in dünne Scheiben schneiden, in ein Glasgefäß legen und mit lauwarmem Wasser übergießen, bis sie bedeckt sind. Sodann die Brotscheibe darauflegen, um den Säuerungsprozeß zu beschleunigen. Das Gefäß mit Gaze abdecken und an den wärmsten Platz in der Küche stellen. Nach 5 Tagen den Schaum, der sich an der Oberfläche gebildet hat, vorsichtig abschöpfen und den klaren Betesaft in Flaschen abfüllen. Gut verschließen. Der Inhalt dieser Flaschen hält sich, kühl gelagert, mehrere Monate. Das geputzte Gemüse mit den übrigen geschälten, in dünne Scheiben geschnittenen Rüben, Pfeffer, Piment und Lorbeerblatt in Wasser gar kochen. In eigenem Topf die getrockneten Pilze in 2 Glas Wasser kochen. Pilz- und Gemüsebrühe durch ein Sieb in einen Topf zusammengießen. Dann den gesäuerten Betesaft (auf 1,5 l Brühe 0,5 l Saft) hinzugeben. Borschtsch erhitzen, aber nicht kochen lassen. Ist die Farbe der Brühe nicht rot genug, eine weitere geschälte Rübe hineinreiben. Mit Salz und Zucker abschmecken. Rotwein oder Zitronensaft betonen das säuerliche Geschmackserlebnis. Knoblauchzehen, eine Viertelstunde vor dem Servieren in die Brühe gerieben, geben diesem Zaubersüppchen einen Kick.

PIROGGEN

Zutaten mit dem Messer zerhacken und sofort mit dem Mehl verkneten. Teig 30 Minuten kalt stellen. Aus der dünn ausgerollten Masse sodann mit einem Weinglas Plätzchen ausstechen und mit den von der Brühe übriggebliebenen Pilzen belegen. Die sind zuvor zerhackt, mit einer kleingehackten gedünsteten Zwiebel angeschmort, mit einem rohen Ei und Semmelmehl vermengt und mit Salz und Pfeffer abgeschmeckt worden.
Dann die Plätzchen zu Halbkreisen zusammenlegen, fest andrücken. Auf einem Blech im vorgeheizten Ofen goldgelb backen und heiß (aus dem Herd) reichen.

Edelgard Bulmahn, SPD

John Maynard. Wer war John Maynard? John Maynard war unser Steuermann, fest hielt der das Ruder, bis er das Ufer gewann. Schön – dank Theodor Fontane weiß die Welt, wer John Maynard war. Doch niemand ahnt auch nur, wer Edelgard Bulmahn ist. Bundesministerin für Bildung, Wissenschaft, Forschung und Technologie. Aaah – japp! Die Dame mag rudern – und zwar gegen eine Stromschnelle –, das Ruder hält sie nicht. Das Ufer wird sie nie gewinnen. Denn steuern darf sie nicht. Da ist der Mann mit den neuerdings gut sitzenden Anzügen davor. Was macht sie denn dann? Einen guten Eindruck und die Quote voll. Woher sollte in einem Kabinett, dessen Vorsteher Pesto nach wie vor für ein Putzmittel hält, Bildung fürs dritte Jahrtausend kommen? Nein, die bedauernswerte Edelgard Bulmahn ist ein kleiner Fisch im Politgetriebe. Insofern eignet ihr ein kleinfeines Leckermählchen, dessen Rezept ein gewisser Apicius zur Zeit des römischen Kaisers Augustus – »Es begab sich aber zu der Zeit, daß ein Befehl von dem Kaiser Augustus ausging...«, Lukas, 2,1 – notierte. Dieser Apicius stand auf kleine Fische. Edelgard Bulmahn hätte ihm also gelegen.

GEBRATENE SARDELLEN

Zutaten:

600 g kleine Fische (kleine Sardellen, Baby-Seezungen, Seebarben oder ähnliches)
1 Ei, 1 Glas Rotwein
Olivenöl und *garum.* Fürs *garum:* verschiedene fette Fische, grobes Meersalz, Dill, Koriander, Fenchel, Sellerie, Minze, Oregano und ähnliches. Alles auf jeden Fall frisch.

Zubereitung:

PATINA DE APUA FRICTA:

Apum lavas, ova confringes et cum apua commisces. Adicies liquamen, vinum, oleum, facies ut ferveat et cum ferbuerit, mittes apuam. Cum duxerit, subtiliter versas. Facies ut coloret, oenogarum simplex, perfundes piper asparges et inferes.

ÜBERSETZUNG:

Auflauf von gebratener Sardelle: Wasche die Sardelle, schlage Eier auf und mische sie mit der Sardelle. Gib *garum,* Wein und Öl dazu, laß es kochen, und wenn es gekocht hat, gib die Sardelle dazu. Wenn sie darin gezogen hat, wende sie vorsichtig. Laß sie braun werden und gib *oenogarum* (aus beliebigem Wein) darüber. Streue Pfeffer darauf und serviere.

ERGO:

Ausgenommene Fische werden kurz in verquirltem Ei gewendet und in einer Kasserolle in einer Sauce aus *garum,* Wein und Öl gebraten. Beide Seiten rasch goldbraun werden lassen. Die Bratzeit soll nicht mehr als 12 Minuten betragen. Servieren und mit *oenogarum* reichen. Fürs *garum* auf Vorrat arbeiten! In ein dichtes Behältnis Fische schichten. Die kleinen ganz und ganz unten, die großen in Stücken in höheren Lagen. Auf eine Schicht Fische eine Schicht gehackte frische Kräuter, dann eine Schicht Meersalz. Das so lange wiederholen, bis das Behältnis – zum Beispiel ein großer Krug aus Steingut wie zum Einlegen von Gurken – gefüllt ist. Das Ganze 7 Tage lang in der Sonne stehenlassen. Danach 20 Tage lang täglich immer wieder durchmischen. Am Ende gibt das eine Flüssigkeit – das *garum.* Wird es dem Rotwein hinzugefügt, nennt es sich *oenogarum.* Wer sich der Mühe unterzieht und das herstellt, kann nach dem Verzehr behaupten, er habe gegessen wie ein römischer Caesar. Das jedenfalls überlieferte ein Schriftsteller aus dem 3. Jahrhundert nach Christus, Gargilius Martial.

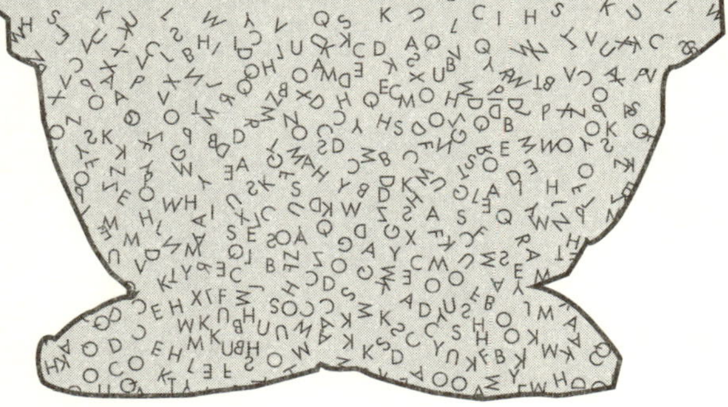

Wolfgang Clement, SPD

Wolfgang Clement, heute Ministerpräsident des Bundeslandes Nordrhein-Westfalen, gerierte sich sowohl als Chefredakteur der Hamburger Morgenpost als auch bei der sozialdemokratischen Wahlkampfzeitung »Zeitung am Sonntag« als emotionsloser Tatmensch. Da blieb kein Auge trocken. Das Wort Dankbarkeit ist ihm Hekuba, Macht hingegen sein Elixier. Das haben nicht wenige am eigenen Leibe erfahren müssen. Johannes Rau zum Beispiel. Bodo Hombach, aus ähnlichem Tuch gewebt wie der NRW-Regierungschef, blieb indes lange verschont. Wer nichts anfaßt, kann eben nichts fallen lassen. So oft indessen, wie Clement Scherbenhaufen hinterläßt, ob in der Justiz, bei den Gewerkschaften, in der eigenen Partei, von seinem Koalitionspartner ganz zu schweigen, der muß schon an Fallsucht leiden. Oder ein westfälisches Blindhuhn sein.

WESTFÄLISCHES BLINDHUHN

Westfälischer geht's nicht. Dunnemals herrschte andächtige Stille, wenn das auf den Tisch gesetzt wurde.

Zutaten:

200 g weiße Bohnen
500 g durchwachsener Speck
300 g grüne Bohnen
300 g Möhren
300 g Kartoffeln
200 g saure Äpfel
200 g Birnen
2 Zwiebeln
30 g Butter
Salz, Pfeffer aus der Mühle
etwas gehackte glatte Petersilie
je nach Jahreszeit frisches oder getrocknetes Bohnenkraut
2 Nadeln Rosmarin

Zubereitung:

Weiße Bohnen in 2 l kaltem Wasser am Abend vor der Zubereitung wässern. Am darauffolgenden Tag eine gute Stunde im Einweichwasser köcheln, Speck im Stück dazugeben. Geputzte grüne gehälftete Bohnen; geschälte, in Würfel geschnittene Kartoffel und in dünne Scheiben geschnittene Möhren hinzufügen. Weitere 30 Minuten kochen lassen. Erst dann geschälte, in Scheiben geschnittene Äpfel und Birnen in den Topf geben. Den Eintopf weitere 30 Minuten köcheln lassen. Bohnenkraut dazu. Zwiebeln kleinschneiden, in Butter anrösten und mit dem Rosmarin ebenfalls in den Topf. Zum Schluß mit Pfeffer und Salz würzen. Mit Petersilie bestreuen. Servieren.

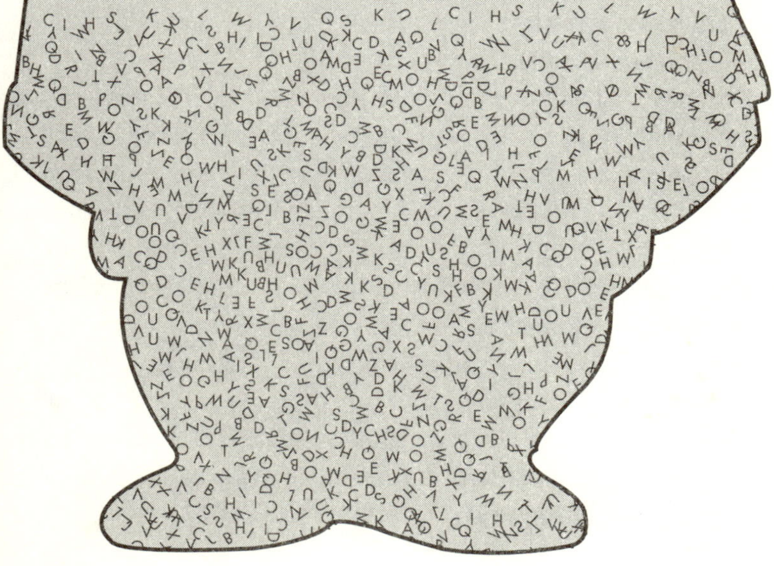

Herta Däubler-Gmelin, SPD

Die »Parteisoldatin« Herta Däubler-Gmelin muß sich viele Jahre so vorgekommen sein wie das »Arm Kräutchen« des sächsischen Seemannes und Bänkelsängers Hans Bötticher, der sich Joachim Ringelnatz nannte.

Ein Sauerampfer auf dem Damm
Stand zwischen Bahngeleisen,
Machte vor jedem D-Zug stramm,
Sah viele Menschen reisen.
Und stand verstaubt und schluckte Qualm
Schwindsüchtig und verloren,
Ein armes Kraut, ein schwacher Halm,
Mit Augen, Herz und Ohren.
Sah Züge schwinden, Züge nahn.
Der arme Sauerampfer
Sah Eisenbahn um Eisenbahn,
Sah niemals einen Dampfer.

Ihr ging's nicht anders. Sie sah ebenfalls manchen Regierungszug abfahren, auf den sie gern erster Klasse aufgesprungen wäre. Aber – Pustekuchen! Auf den Dampfer kam kein Apparatschik, die besserwissende Rechtsanwältin zu befördern. Ihr Rat war gefragt, ihre Anwesenheit nicht. Selbst Verfassungsrichterin durfte sie nicht werden. Sie war gerade dabei, ihre schicke Ballonmütze zu nehmen und zu privatisieren, da kam der Ruf des Anzugs von der Leine. Nun ist sie Ministerin. Der Justiz. Herta, was willst du mehr? Jetzt darf sie aus reiner Freude am Essen Sauerampfer-Velouté (für sechs Personen) zu sich nehmen.

"Scheiße, ich muß nach Korea!" –
von Thomas Gottschalk überliefert ist dieser Schreckensruf des Ex-Außenministers Genscher eines frühen Morgens nach feucht-fröhlicher Bonner Nacht. Der weltläufige Sachse unterscheidet sich von seinen Kanzlern Schmidt und Kohl auch als diskreter Feinschmecker.

Nichts auf dem Teller, alles auf der Rechnung:
Gegen solche Vorurteile müssen sich nicht nur Sterne-Köche, sondern auch Politiker wehren. Kultur-Staatsminister Michael Naumann kann ein Lied davon singen.
Rechts: **Naumann in typischer Stehempfang-Haltung auf der Frankfurter Buchmesse.**
Unten: **Bessere Gala-Büffets erkennt man neuerdings an reichhaltiger Shushi-Sashimi-Auswahl.**

INTERNATIONAL
EMMY AWARDS
GALA

Rainer Halbedel, legendärer Küchenchef aus Bonn (oben)**, und sein Berliner Kollege Wolfgang Nagler vom Restaurant Quadriga im Brandenburger Hof** (unten)**, zauberten das Menü fürs "Kulinarische Quintett".**

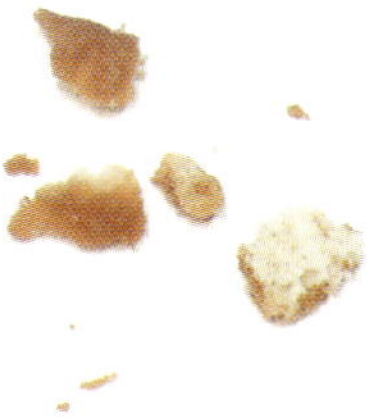

Berlin ist Geschmackssache:
Die Restaurant-Tester Seißler und Kienzle in der"Ständigen Vertretung" am Schiffbauerdamm (links)**; Horst Reinwald, Erfinder der "ayurwedischen Austern", bedient an der Oyster-Bar des KaDeWe** (Mitte)**; Charlottenburgs Geheimtip-Italiener Giovanni** (rechts).
Unten: **Hauser und Kienzle als Nußknacker der Nation – geschaffen von einem "Frontal"- Zuschauer.**

In Berlin raucht zusammen, was zusammengehört. Oben: **Filmregisseur Schlöndorf, „Spiegel"-Chef Aust, Kanzler Schröder.** Mitte: **Hauser und Kienzle im Rauch vereint.** Unten: **Zigarren in modischen Geschmacksrichtungen.**

SAUERAMPFER-VELOUTÉ

Zutaten:

20 g Schalotten
20 g Butter
1/8 l trockener Weißwein
3/4 l heller Geflügelfond
60 g Sauerampfer ohne Stiele
1/4 l Sahne, 2 Dotter
2 EL Kartoffelstärke
2 EL Schlagsahne
Salz, Pfeffer aus der Mühle
1 Spritzer Zitronensaft

Zubereitung:

Kleingewürfelte Schalotten in Butter andünsten, mit Weißwein ablöschen und fast völlig reduzieren. Fond und die Hälfte des in feinste Streifen geschnittenen Sauerampfers hinzufügen. 15 Minuten köcheln lassen. Ein bißchen Sahne mit den Dottern verrühren. Den Rest der Sahne der Suppe zusetzen und 10 Minuten weiterköcheln lassen. Stärke mit kaltem Fond oder Weißwein glattrühren und die Suppe damit binden. Aufkochen und vom Herd nehmen. Suppe im Mixer kurz pürieren, durch ein Sieb passieren. Kurz vorm Servieren die restlichen Sauerampferstreifen dazu tun und die Sahne mit den Dottern sowie die Schlagsahne darunterziehen. Mit Salz, Pfeffer und Zitronensaft abschmecken. Auf keinen Fall weiter kochen lassen! Nichts, aber auch gar nichts spricht gegen ein pochiertes Wachtelei als Einlage. Verhindert hohen Biß und süßlich gespitzte Lippen.

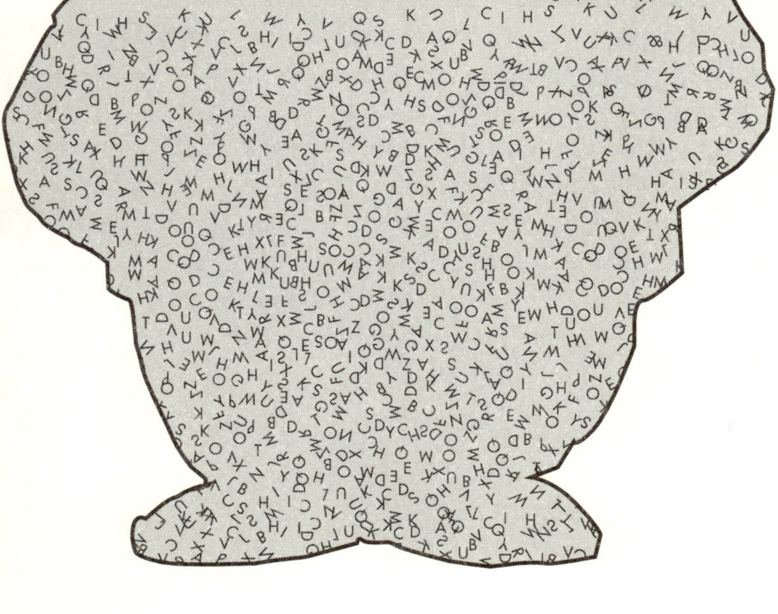

Eberhard Diepgen, CDU

Er regiert... und regiert... und regiert... der Regierende Bürgermeister von Berlin, Eberhard Diepgen, CDU. Manchem kommt's vor, als sei er in einem Weidenkörbchen vor den Toren des Schöneberger Rathauses gefunden worden wie weiland Moses im Schilf. Inzwischen ist er umgezogen ins Rote Rathaus im Osten der deutschen Hauptstadt. Das ist nicht rot, rot im Sinne der politischen Farbenlehre – nichts in Berlin ist mehr rot in diesem Sinne, außer dem Schal seines Ex-Gegenspielers, haha, Walter Momper, SPD, und die Backsteine des erwähnten Regierungs- und Verwaltungssitzes. Alle Welt dachte, daß er's nicht lange machen werde. Er sei der Wasserträger seines strippenziehenden Freundes, des CDU-Fraktionsvorsitzenden im Berliner Abgeordnetenhaus, Klaus Landowsky. Irrtum. Eberhard Diepgen hält sich im Amt, trotz schaumigen Gehabes und Geredes, das nach kaltem Kaffee schmeckt. Was nichts über seine politischen Qualitäten aussagt. Aber alles über den Zustand der Sozialdemokratischen Partei Deutschlands im Bundesland Berlin. Und überhaupt. Eberhard Diepgen kann sich zurücklehnen und sich in aller Ruhe Quarkgevattern einverleiben.

QUARKGEVATTERN

Zutaten:

500 g Quark
¼ l Schlagsahne
4 EL kalter starker Kaffee
2 gehäuft gefüllte EL Zucker
1 Vanilleschote
3 EL Kaffeelikör von Bols

Zubereitung:

Quark mit 4 EL Schlagsahne sehr schaumig rühren. Kalten Kaffee dazugießen. Quark nach Geschmack mit Zucker süßen, in eine Schüssel füllen und glattstreichen. Restliche Sahne mit dem Mark, das aus der aufgeschlitzten Vanilleschote herausgekratzt worden ist, und weiterem Zucker steif schlagen. Den Kaffeelikör ganz vorsichtig drunterheben. Auf die Quarkmasse häufen und servieren.

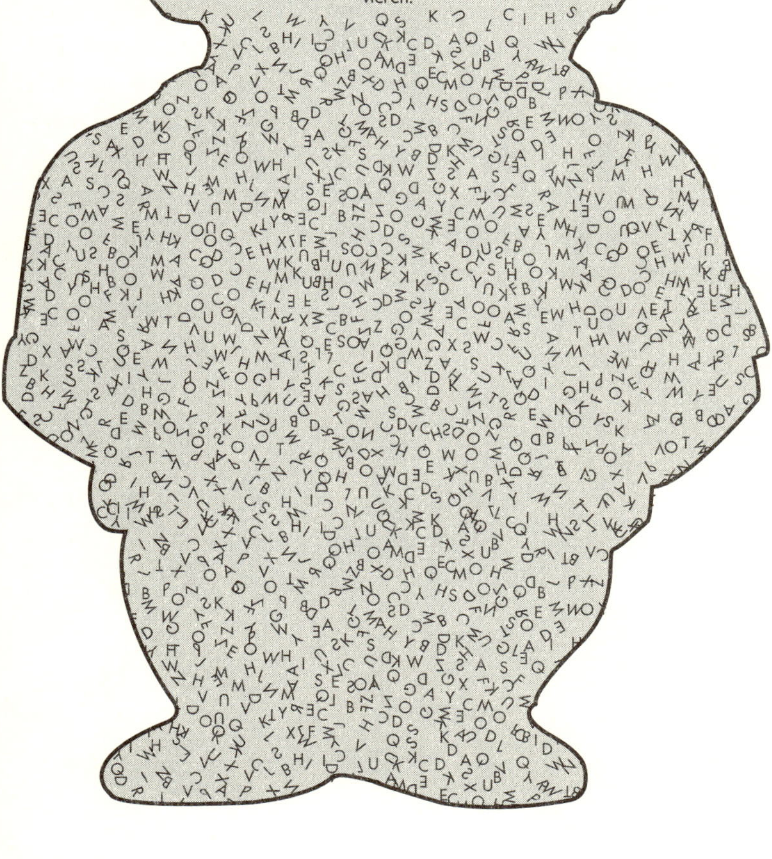

Hans Eichel, SPD

Auch eine Kunst: nackten Leuten in die Tasche fassen. Angetreten als Rächer der Wehrlosen, Geknechteten und Enterbten, rief der Held in roten Strumpfhosen in dem Moment, als der Kanzler den abgewählten Ministerpräsidenten von Hessen in sein Kabinett hineinrettete: »Reingefallen!« Bundesfinanzminister Hans Eichel nimmt den Auftrag des Mannes mit der Richtlinienkompetenz, den Ärmsten im Lande das letzte Hemd zu rauben, gnadenlos ernst. Und siehe: Die graue Maus aus Wiesbaden hat sich im neuen Amt zum (immer noch grauen) Elefanten ausgewachsen. Dem ist es egal, wieviel Porzellan er mit seinem Sparpaket zertrümmert. Unbeirrt bahnt er sich seinen Weg durch dick und dünn. Er spart und spart und spart. Als Schirmherr des »Shareholder value« und Schutzpatron der Erben möge er fortan darben bei Armen Rittern mit Vanillesauce!

ARME RITTER MIT VANILLESAUCE

Zutaten:

FÜR DIE ARMEN RITTER

2 EL Zucker
¼ l Milch
1 Vanilleschote
1 Prise gemahlener Zimt
50 g geröstete, gehobelte Mandeln
2 EL bester karibischer Rum
4 etwa 1 cm dicke Scheiben Weißbrot oder Brioche
3 EL Pflaumenmus oder Gelee von schwarzen Johannisbeeren
1 Ei
2 EL Schlagsahne
50 g geklärte Butter oder Butterschmalz

FÜR DIE VANILLESAUCE

¼ l süße Sahne oder Milch
1 Vanilleschote
2 EL Zucker
5 Dotter

Zubereitung:

ARME RITTER

Vanilleschote aufschlitzen, Mark herauskratzen, beides mit Zucker, Zimt und Mandeln zur erwärmten Milch geben, 30 Minuten ziehen lassen. Vanilleschote herausnehmen, mit Handmixer pürieren und durch ein sehr feines Sieb passieren. Rum hinzufügen. Weißbrot entrinden, in lauwarme Mandelmilch einlegen, gut durchziehen lassen. Scheiben herausnehmen und sanft ausdrücken. Je 2 Scheiben satt mit Mus oder Gelee bestreichen und zusammenfügen. Rinde zerbröseln, Ei mit geschlagener Sahne verrühren, Brote darin wenden, dann mit den aus der Rinde gemachten Semmelbröseln panieren. In geklärter Butter von beiden Seiten goldgelb ausbacken.

VANILLESAUCE

Sahne oder Milch mit aufgeschnittener Schote aufkochen, Zucker und Dotter verrühren und die gekochte Sahne unter ständigem Rühren in die Eiermasse einlaufen lassen. Vanilleschote entfernen. So lange rühren, bis die Sauce cremig ist, sodann durch ein Sieb geben.

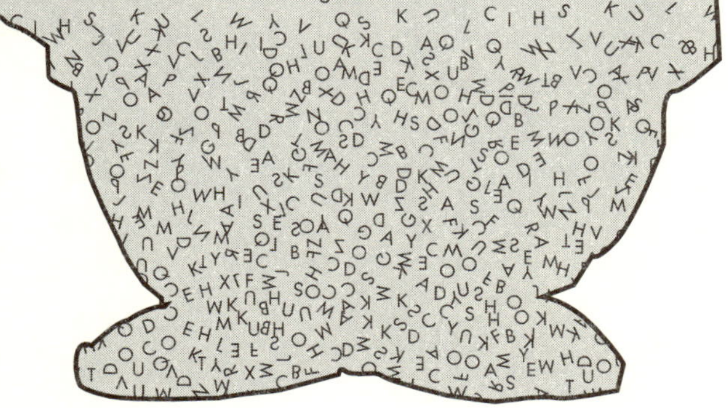

Andrea Fischer, Bündnis 90/Die Grünen

An dem Tag, als deutsche Ärzte auf die Straße gingen, um darauf aufmerksam zu machen, daß sie am Hungertuche nagen, an diesem Tag erklärte ein Münchener Orthopäde einem Patienten, er, der Patient, dürfe nicht meinen, daß er, der Arzt, auf »die paar Mark, die ich für Ihre Behandlung von der Krankenkasse bekomme«, angewiesen sei. In seinem Wartezimmer, das mit 30 Kassenpatienten gefüllt war, gab der Mediziner zu verstehen: »Ich behandle Kassenpatienten nur aus Kulanz.« Zum selben Thema erklärte ein Hamburger Zahnarzt, er wolle nicht Zahnarzt genannt werden, denn: »Ich bin Kaufmann mit zahnmedizinischer Ausbildung.« Arm in Arm mit der deutschen Pharmaindustrie, die sich ebenfalls an Kranken gesundstößt, bilden die Ärzte eine Phalanx gegen die Bundesministerin für Gesundheit, die Grüne Andrea Fischer. Sie mögen keine Generika verschreiben. Die Hersteller solcher Billig-Arzneien – die die gleichen Wirkstoffe enthalten wie andere, sehr viel teurere – laden vermutlich seltener zu luxuriösen »Fortbildungsseminaren« in der Karibik ein. Oder wedeln nicht mit anderen Vergünstigungen. Wer sich mit weltweit operierenden industriellen Pillendrehern und ihren weißbekittelten Dealern anlegt, der hat Anspruch auf »Schnieders Courage«.

SCHNIEDERS COURAGE

Zutaten:

125 g weiße Bohnen
325 g Bauchfleisch
250 g Möhren
250 g Kartoffeln
1 Zwiebel
1 Apfel
1 Stange Porree
125 g Backpflaumen
1 TL gekörnte Brühe
2 TL Salz
½ TL Pfeffer aus der Mühle

Zubereitung:

Weiße Bohnen 12 Stunden in Wasser einweichen. Mit Bauchfleisch (im Stück) und 1 l frischem Wasser auf dem Herd eine Stunde kochen lassen. Mittlerweile Möhren, Kartoffeln, Zwiebel und Apfel schälen. Gemüse, Zwiebel und den geviertelten, entkernten Apfel in Scheiben schneiden. Porree putzen, in Ringe schneiden, gründlich waschen (!). Diese Zutaten – außer dem Porree – und Backpflaumen zu den Bohnen geben. Bauchfleisch obenauf legen. Das Ganze mit gekörnter Brühe, Pfeffer und Salz würzen und eine weitere halbe Stunde garen. Porree in den letzten 5 Minuten hinzugeben. Speck herausnehmen, in Scheiben schneiden, gesondert anrichten, nach Geschmack mit Senf bestreichen.

Joschka Fischer, Bündnis 90/Die Grünen

Als Joseph »Joschka« Fischer beturnschuht und palästinenserbetucht in Frankfurt zum Marsch durch die Institutionen antrat, futterte er sich nicht nur querbeet durchs linke Milieu, sondern entdeckte auch bald den Mehr- und Nährwert der Haute cuisine. Regelmäßig tauchte er mit jeweiliger Lebensabschnittspartnerin in den Freßtempeln des Maintales auf, zum Beispiel in den dreifach besternten »Schweizer Stuben« in Wertheim, und hinterließ dort im Lauf der Zeit nicht nur etliche tausend vom Munde abgesparte Mark, sondern auch einen ziemlich guten Eindruck als genußfreudiger und genußfähiger Nachwuchs-Bon(n)vivant. Als Minister in Wiesbaden und als Fraktionschef der Grünen in Bonn ging er dann gewaltig in die Breite. Ein Verdrängungskünstler im wahrsten Sinne des Wortes. Wo Fischer auftrat, paßte bald kein Blatt Papier mehr zwischen ihn und den Rest der Welt. Irgendwann platzte dann nicht nur sein Ego, sondern auch seine Garderobe aus allen Nähten. Joschka beschloß, mit seinem Körper das zu tun, was der Koch mit seinen Saucen tut: Fett abschöpfen und aufs Wesentliche reduzieren. Fischer schluckte von Stund an den Wein nicht mehr kistenweise, joggte rheinauf- und -abwärts bis zum völligen Burnout und fastete so erfolgreich, daß der Ehering von selber in den Gully rutschte und der dürre Finger in einen weltläufigen Herrenring paßte. Soviel Selbstdisziplin mußte einfach mit Außenministerium und Vizekanzlerschaft belohnt werden. Die Engländer halten den schlankgeschrumpelten Fischer zwar immer noch für das deutsche Double von Mister Bean. Aber Madeleine Albright, die spielend Joschkas alte Klamotten auftragen könnte, drückte ihn derart an ihre mächtige Brust, daß Amerika im Fischer-Fieber deliriert und schon fast den Namen des Bundeskanzlers vergessen hat. Aus Umfragen geht er inzwischen als beliebtester deutscher Politiker hervor, dafür lassen ihn alte Freunde wie Rudolf Augstein im Stich – was nicht nur mit Differenzen im politischen, sondern im Promille-Bereich zu tun haben muß. Fischer gibt sich halt nur noch mit solchen Journalisten ab, die ihm das Wasser (statt Wein) reichen können. Vor der Bundestagswahl hatte Joschka einem Parteifreund seinen Lebenstraum ins Ohr geflüstert: einmal am New York Marathon teilnehmen – als Außenminister. Als fetter Hase gestartet, steht er jetzt als kecker Igel am Ziel. Darum bekommt er hier einen Dippehas serviert.

DIPPEHAS

Zutaten:

1 Wildhase, Salz, Pfeffer
6 Scheiben durchwachsener Speck
2 EL Butter
2 Zwiebeln
1 Bund Möhren
2 Lorbeerblätter
1 TL Wacholderbeeren
1 TL schwarze Pfefferkörner
3 Tomaten
100 g geriebenes Vollkornbrot
1–2 Flaschen guten Rotwein (am besten den, der zum Essen getrunken werden soll)
¼ l Crème fraîche
1 Bund glatte Petersilie

Zubereitung:

Hasen in Portionsstücke zerteilen, mit Salz und Pfeffer würzen. Speck kleinwürfeln, Zwiebeln hacken, Möhren waschen, putzen und in Scheiben schneiden, Tomaten enthäuten. Speck und Zwiebeln in Butter andünsten. Hasenportionsstücke in der Zwiebel-Speck-Mischung anbraten. Tomaten, Möhren und Gewürze dazugeben. Alles in einen großen Schmortopf – am besten aus Gußeisen – umschichten. Das geriebene Vollkornbrot darüber streuen, mit Rotwein auffüllen, bis alles gut bedeckt ist. Im geschlossenen Topf im Herd bei milder Hitze gut 2 Stunden schmoren lassen. Erst kurz vor dem Anrichten mit Crème fraîche verfeinern. Nach individuellem Geschmack mit frischen Kräutern servieren. Dazu am besten Kartoffelknödel.

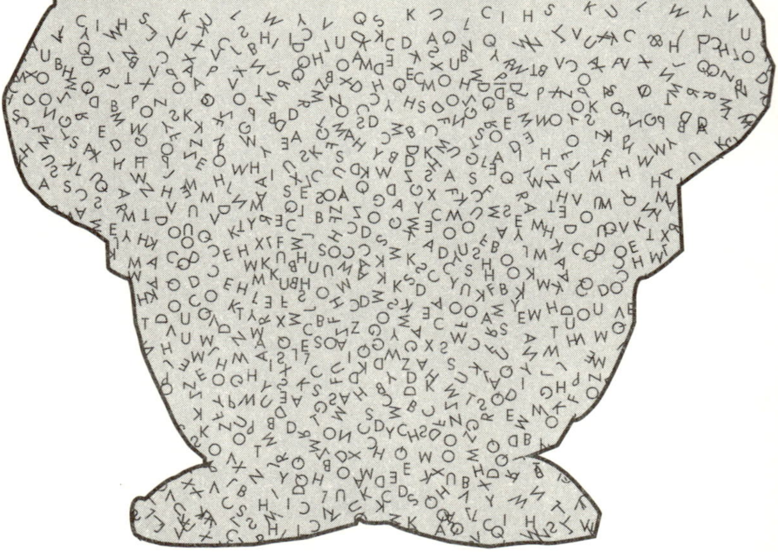

Anke Fuchs, SPD

Ihr Vater war ein Ehrenmann, und ihr liegt's auch im Blut. Aber nichts mit valleri und vallera. Ihren Erzeuger, Paul Nevermann, SPD, hat seine honorige Haltung am Ende das Amt des Präsidenten des Senats und Ersten Bürgermeisters der Freien und Hansestadt Hamburg gekostet. Er wollte zu einem Empfang für die britische Königin in der Stadt an der Elbe lieber mit seiner langjährigen Lebensgefährtin gehen als mit seiner nur noch auf dem Papier mit ihm verheirateten Gattin. Das fand ein anderer Hamburger Sozialdemokrat unschicklich. Darüber ist hinter verschlossenen Türen bei den Spezialdemokraten lange getuschelt worden. So lange, bis Paul Nevermann seinen Hut genommen hat. Mit seiner Tochter, der Sozialdemokratin Anke Fuchs, Vizepräsidentin des Deutschen Bundestages, hätte niemand derartig umspringen können. Die hat Feuer im Blut, das Herz auf dem richtigen Fleck und ein gelegentlich loses Mundwerk. Damit die Flamme nie erlöschen möge, sei hier ein Chili con carne nachgelegt.

CHILI CON CARNE

Zutaten:

3 große Zwiebeln
je 1 rote und grüne Paprikaschote
4 EL Pflanzenöl
3 große Knoblauchzehen
2 frische oder getrocknete Chilischoten
400 g Rinderhack
400 g kleingewürfelte Rindslende
1 Lorbeerblatt
½ TL getrockneter Thymian
½ TL Oregano
1 Messerspitze Cayennepfeffer
1–2 TL Salz
800 g geschälte Tomaten aus der Dose
500 g rote Bohnen aus der Dose
Fleischbrühe
1 Tasse kräftiger, dunkler Rotwein
Tabasco

Zubereitung:

Zwiebeln schälen und würfeln, Paprikaschoten aufschneiden, weiße Rippen und Kerne entfernen, in kleine Würfel schneiden. Öl in großer Kasserolle erhitzen, Zwiebelwürfel darin hell anschwitzen. Knoblauchzehen schälen, zerdrücken, mit den Paprikawürfeln in die Kasserolle geben. Mit den Zwiebeln andünsten. Kleingehackte Chilischoten, Hack und gewürfelte Rindslende zugeben. Bei starker Hitze anbraten. Sodann Lorbeerblatt, Thymian, Oregano, Cayennepfeffer, Salz hinzufügen. Geschälte Tomaten mit Flüssigkeit, je 1 Tasse Fleischbrühe und Rotwein zusetzen. Die Mischung 20 Minuten köcheln lassen. Die abgetropften Bohnen dazugeben. 10–15 Minuten schmoren. Mit Tabasco abschmecken.

Karl-Heinz Funke, SPD

Leicht auszumalen, daß der ganz besonders gemeint war, als der ehemalige Ministerpräsident von Niedersachsen und jetzige Bundeskanzler an einem Bonner Tresen stehend erzählte, Kabinettssitzungen in Hannover fänden immer unter der belebenden Wirkung von Restalkohol statt. Der Bundesminister zur Ernährung der Landwirtschaft und der Förster – oder so ähnlich –, Karl-Heinz Funke, SPD, brauchte also seine Gewohnheiten nicht zu ändern. Er hatte das Amt nämlich bereits in Niedersachsen inne. Ihm schaden weder Schwarzarbeit – an seinem privaten Haus soll einer unangemeldet, gegen geringes Entgelt, das Dach instand gesetzt haben – noch frauenfeindliche Blödeleien oder sonstige Naßforschheiten. Derb und rotgesichtig vertritt er seinen Stand. Nichts haut ihn um. Er gehört zum Freundeskreis des derzeitigen deutschen Regierungschefs, obwohl er Bauer und nicht Autobauer ist. Das schützt mehr als eine Impfung gegen Gelbfieber. Sollte Karl-Heinz Funke irgendwann mit Gesang öffentlich auftreten, dann wird der Text sehr wahrscheinlich davon berichten, sein »idealer Lebenszweck«, sei »Borstenvieh und Schweinespeck«. Und ein Schlag »Snuten un Poten« ist anzunehmen.

SNUTEN UN POTEN

Zutaten:

4 gepökelte Schweinsfüße
750 g gepökelter Schweinskopf
(der muß in aller Regel vorher bestellt werden)
1 kg Sauerkraut
1 Zwiebel
50 g durchwachsener Speck.

Zubereitung:

Gepökelte Teile im Topf mit kaltem Wasser bedecken, aufkochen, abgießen, abspülen, mit frischem Wasser neu bedecken und nochmals aufkochen. Etwa 3 Stunden bei schwacher Hitze köcheln lassen; dann hat das Fleisch noch Biß. Eine halbe Stunde länger gekocht, wird es butterweich. Sauerkraut 30 Minuten vor Ende der Garzeit hinzugeben und zwischen den »Snuten un Poten« mitgaren lassen. Salzkartoffeln und Erbsenpüree – das Püree wird mit goldgelb gedünsteten Zwiebelwürfeln und geröstetem Speck bestreut – machen das Gericht zu einem Hochgenuß: »So'n Pott mit Snuten un Poten, das is'n fein Gericht, Arfen un Bohnen, wat beeters gifft dat nich.«

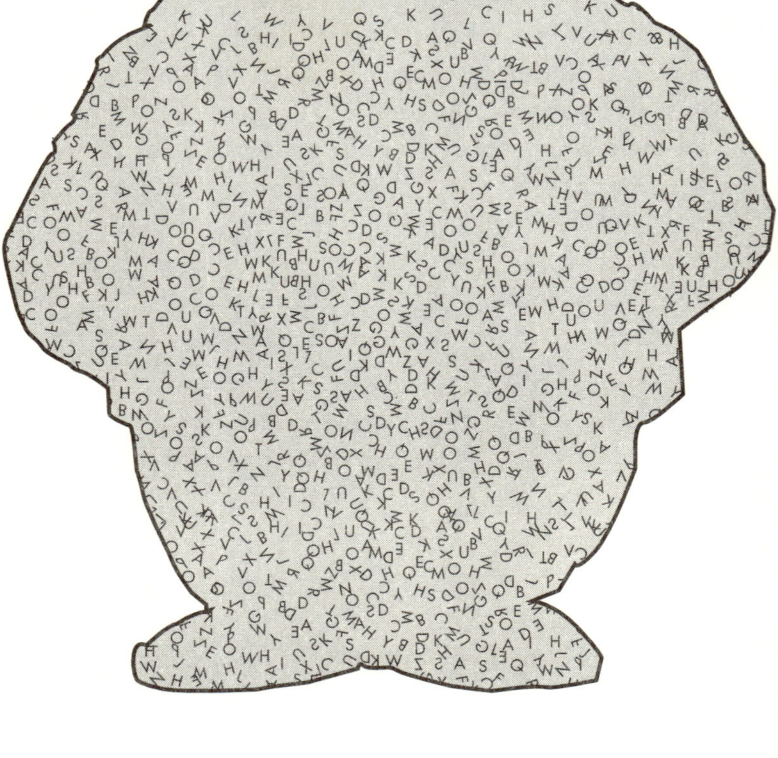

Wolfgang Gerhardt, F.D.P.

Die Tür geht auf. Niemand tritt ein. Wolfgang Gerhardt steht im Raum. Bundesvorsitzender der Pünktchen-Partei. Gerhardt brüstete sich in einem Fernsehgespräch damit, daß er »keine schlechte Presse« habe. Das sei deshalb so, erwiderte ihm grinsend sein Gesprächspartner, weil ihn die Journaille überhaupt nicht zur Kenntnis nehme. Ihm ergeht es wie dem Mann, der seinem Psychiater klagte, er leide unter einem Minderwertigkeitskomplex. Worauf der Seelenklempner rief: »Der nächste, bitte.« So trostlos ist die Lage der F.D.P. unter Gerhardt geworden, daß sich sogar ein politisches Schwergewicht wie Wolfgang Joop als Retter der Liberalen ins Gespräch bringen konnte. Wer wird als nächstes auf der Westerwelle dahergesurft kommen? Lagerfeld? Moshammer? Für Gerhardt heißt es auf jeden Fall: Warm anziehen! Nach einem passenden Rezept muß man nicht lange suchen. Partei und Vorsitzender blasen sich auf und fallen schnell wieder in sich zusammen. Also Soufflé. Käsesoufflé.

KÄSESOUFFLÉ

Zutaten:

150 g geraspelter Greyerzer
75 g Butter
50 g Mehl
¼ l kochende Milch
Salz, weißer Pfeffer aus der Mühle, Muskatnuß
4 Eier (Dotter und Eiklar trennen, das Eiklar steif schlagen)

Zubereitung:

50 g Butter in einem Topf mit schwerem Boden bei mittlerer Hitze zerlassen. Mehl unter ständigem Rühren hinzufügen. Sobald die Mischung glatt ist, nach und nach die kochende Milch hineinrühren. Diese Sauce mit Salz, Pfeffer und etwas darüber geriebenem Muskat würzen. Unter ständigem Rühren garen, bis die Sauce eine feste Konsistenz hat. Vom Herd nehmen. Den Rest Butter hineinrühren, die Dotter einzeln dazugeben. Jeden einzelnen davon mit einem hölzernem Spatel unter die Mischung heben, bevor der nächste dazugegeben wird. Geraspelten Käse – ein EL davon zurücklassen – hinzufügen und den Eischnee vorsichtig unter die Masse heben. Das Ganze in eine mit Butter ausgestrichene Auflaufform von zirka 20 Zentimeter Durchmesser geben. Die Form darf nur halb gefüllt sein. Restlichen Käse darüberstreuen. Im vorgeheizten Backofen bei 190° C (Gasherd Stufe 3) 30 bis 40 Minuten backen, bis das Soufflé aufgegangen und die Oberfläche braun geworden ist. Auf der Stelle in der Form servieren.

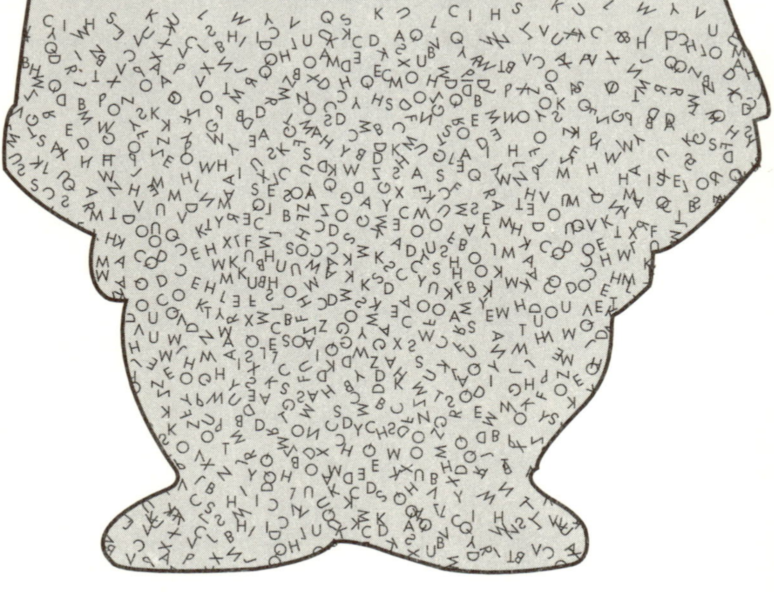

Gerhard Glogowski, SPD

Mit Gerhard Schröder verbindet den niedersächsischen Regierungschef einzig und allein der unfaßbare Drang »nach oben«. Dem ehemaligen Innenminister der zweiten Republik auf deutschem Boden, dem schneidigen Christdemokraten Manfred Kanther, dagegen gleicht er bis aufs weiße Scheitelhaar. Und bis hinein in das, was darunter ist. Wie der Hesse Kanther ist der Niedersachse Glogowski naßforsch, sturmfest und erdverwachsen. »Konsequent oder inkonsequent. Oder keins von beidem. Aber nicht dieses schwächliche Schwanken« muß sein Wahlspruch sein. Deshalb kämpft er konsequent gegen alles, was sich sozialdemokratisch anfühlt, nennt sich jedoch inkonsequenterweise weiter einen Sozialdemokraten, der allerdings pure neoliberale Politik betreibt. Vielleicht bringt ihn folgende Delikatesse ins Grübeln: Norwegischer Schafskopf mit Steckrübenpüree.

NORWEGISCHER SCHAFSKOPF MIT STECKRÜBENPÜREE

Zutaten:

FÜR DEN SCHAFSKOPF
2 Schafsköpfe, Wasser

FÜR DIE LAKE
6 l Wasser
1 ½ kg Salz
170 g Zucker
2 ¼ TL Salpeter

FÜR DAS STECKRÜBENPÜREE
1 kg Steckrüben
2 große Kartoffeln
2 Tassen Wasser
100 g Butter
1–2 TL Zucker
Salz, weißer Pfeffer aus der Mühle,
Muskat, 1 Tasse kleingehacktes, gesalzenes
Lammfleisch, 1 Schuß süße Sahne
Viel Zeit – mindestens 2 Tage –
für die Arbeit einplanen

Zubereitung:

Haut nicht von den Köpfen abziehen, sondern die Köpfe sengen. Sie sodann der Länge nach teilen und mindestens 24 Stunden unter fließendem Wasser wässern. Köpfe abtrocknen. Für die Lake Salz, Zucker und Salpeter mischen und aufkochen. Köpfe 2–3 Tage in dieser abgekühlten Lake liegen lassen. Nach dem Pökeln Köpfe trocknen und so lange räuchern, bis sich die Rückenflosse widerstandslos herausziehen läßt (es gibt dafür ganz einfache blecherne Räucherpfannen, die fast allerorten, außer in der Wohnung, eingesetzt werden können). Köpfe in Wasser kochen, bis sie gar sind. Für das Steckrübenpüree die Steckrüben und die Kartoffeln schälen, in Scheiben schneiden, garen. Steckrüben und Kartoffeln pürieren und die Masse in der Küchenmaschine mit Butter, Salz und Gewürzen vermengen. Das Ganze mit dem zuvor weich gekochten, gesalzenen Lammfleisch und der Sahne verfeinern. Mit Salz, Zucker und Gewürzen abschmecken.

Gregor Gysi, PDS

Fast 2000 Jahre lang hat sich die römisch-katholische Kirche mit Sengen, Brennen, Morden, Lügen, Betrügen und Ehrabschneiden über Weihwasser gehalten. Das kann keine ganz schlechte Einrichtung sein, die so was aushält. Denn – es gibt sie immer noch. Es gehe ihr nach wie vor um Gerechtigkeit. Im Himmel und auf Erden. Verlautbaren ihre Herolde. Merkwürdig, welche Ähnlichkeiten da manchmal im Vergleich mit kommunistischen Parteien zutage treten. Nur: Den Sozialisten, die gerade mal 70 Jahre Zeit hatten, um zu beweisen, daß es ihnen gleichfalls um Gerechtigkeit geht, haben sie kräftig auf die Finger gehauen und ihnen fast überall auf dem Globus sämtliche Spielsachen der Macht entwunden. Kommunismus ist von gestern, der Kapitalismus hat gesiegt. Ganz sicher können sich die Deutschen dessen nicht sein. Denn sonst würden sie auf die Auftritte des Vorsitzenden der PDS-Fraktion im Deutschen Bundestag nicht immer so hypernervös reagieren. Da schwingt freilich auch heimlicher Neid mit. So ein politisch-demagogisches Naturtalent hätten sie alle gerne in ihren Reihen, einen, der den Eskimos Kühlschränke und dem Papst die Antibabypille andrehen könnte. Leider ist Gysis aktuelles Produkt nun wirklich ein grauer Ladenhüter. Aber vielleicht wechselt der talentierte Linksanwalt ja doch noch irgendwann die Marke und tritt die Nachfolge von Oskar Lafontaine in der SPD an. Damit ihm bis dahin die Exotik nicht abhanden komme und er sich seine Schärfe bewahre, werden für ihn Jakobsmuscheln mit Harissa aufgetragen.

JAKOBSMUSCHELN MIT HARISSA

Harissa ist eine nordafrikanische Würzpaste von großer Schärfe. Sie enthält Piment, Gemüse, Knoblauch, Salz, Koriander, Kümmel, Pflanzenöl, Maisstärke und Zitrone. Harissa gibt Gerichten eine angenehme, nicht vordergründige Schärfe. Dennoch: Vorsicht bei der Dosierung! Oft genügt eine Messerspitze davon. Die Paste ist inzwischen in jedem besseren Feinkost-Laden zu kriegen.

Zutaten:

8 Jakobsmuscheln im eigenen Saft (pro Person 2 Stück)
1 junger Porree
1 Möhre
1 EL Traubenkernöl
1 TL Harissa
etwas Weißwein zum Ablöschen

Zubereitung:

Porree und Möhre waschen, in feinste Streifen – »Julienne« – schneiden. Jakobsmuscheln in Traubenkernöl ganz kurz anbraten. Streichholzartig geschnittenes Gemüse dazugeben. Mit etwas Weißwein ablöschen. Zum Schluß Harissa gründlich einarbeiten und sofort servieren. Die »Julienne« muß knackig und von kräftiger Farbe sein. Die Muscheln und das Gemüse auf vorgewärmten Tellern mit Vollkorn-Baguette servieren. Der Genuß verändert die Weltsicht.

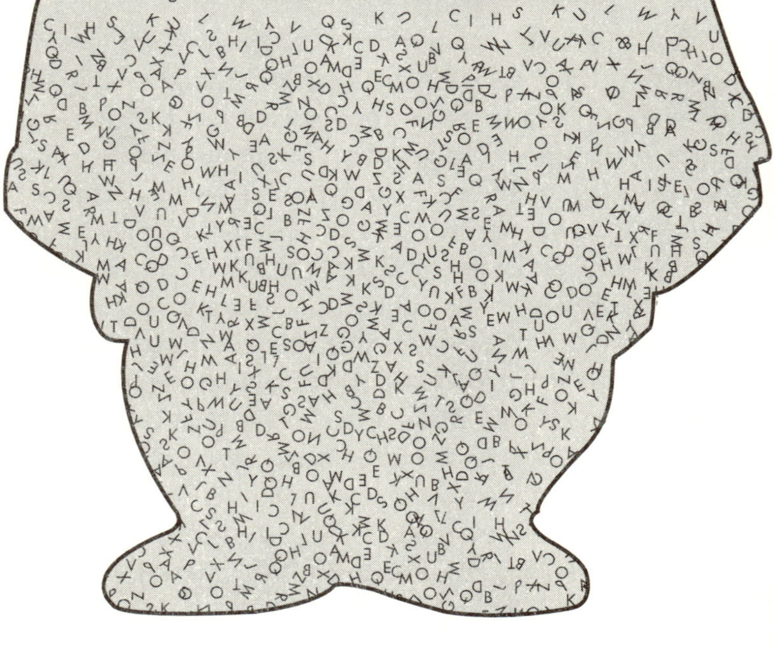

Uwe-Karsten Heye, SPD

Nie hatte irgendein Leiter des »Presse- und Informationsamtes der Bundesregierung« irgendeinen Einfluß auf einen deutschen Bundeskanzler. Nie! Und wenn sie sich hundertmal selbst schmeichelten, sie säßen im Ohr oder besäßen gar das Ohr ihrer jeweiligen Herren – stets waren sie »ein Fliegenschiß, man merkt ihn kaum, im ungeheuren Weltenraum«. Alle waren mehr oder minder schillernde, auf ihre Weise sogar originelle Typen, weshalb der eine oder andere nach Verschleiß im Amt für einen harmlosen Posten im diplomatischen Dienst taugte.

Uwe-Karsten Heye jedoch, ein freundlicher und gescheiter Mann – allerdings mit der Ausstrahlung eines nassen Löschblattes –, der sich als Journalist vor vielen Jahren seine Sporen verdiente, hat auf den Kanzler Gerhard Schröder vermutlich mehr, mindestens aber genauso viel Einfluß wie die Niederbayerin Doris Köpf. Anders als seine Vorgänger ist er ein Homo politicus und will bewegen. Blaß und unauffällig. Aber wirksam. Er ist dem »Anzug von der Leine«, was Friedrich von Holstein (1837–1909) dem »Eisernen Kanzler« Otto von Bismarck am preußischen Hofe war, eine »graue Eminenz«, ein pflichtbewußter Beamter und treuer Berater. Unter dem Kanzler Bernhard Fürst von Bülow indessen sank sein Stern. Holstein wurde zum Sonderling, der sich nur noch dem Kochen hingab. Wenn Gerhard Schröder so weiterwurstelt wie bisher, wird Uwe-Karsten Heye bald ausreichend Gelegenheit haben, das berühmte Schnitzel à la Holstein zu Hause zuzubereiten.

SCHNITZEL À LA HOLSTEIN

Zutaten:

SCHNITZEL

4 panierte Kalbsschnitzel
reichlich Olivenöl zum Ausbacken
4 Spiegeleier
1 EL kleingehackte, möglichst kleine Kapern

GARNITUR

4 geröstete Weißbrotscheiben
4 in kleine Streifen geschnittene Sardellenfilets
4 Scheiben von geräuchertem irischem oder schottischem Wildlachs
4 kleine, in Streifen geschnittene Pfeffergürkchen
4 dünne Scheiben rote Rüben

Zubereitung:

Schnitzel kurz in schwimmendem Öl goldbraun ausbacken. Je ein Spiegelei daraufsetzen und das Ei mit Kapern bestreuen. Dazu gibt es die gerösteten Brotscheiben, die mit den Sardellenstreifen, dem Lachs, den Gürkchen und den roten Rüben garniert werden.

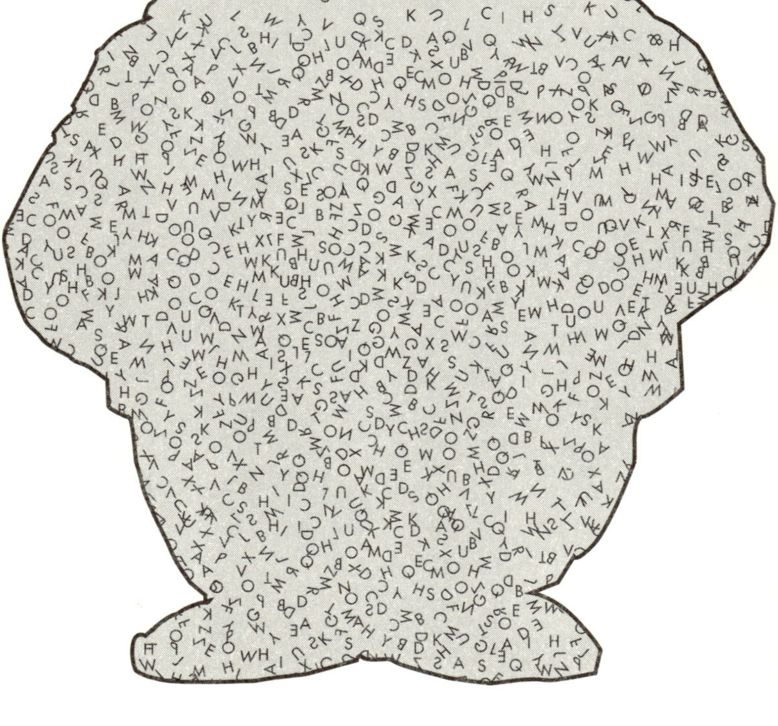

Reinhard Höppner, SPD

Ihn, Reinhard Höppner, Ministerpräsident des Bundeslandes Sachsen-Anhalt, muß ganz gewiß kein Mensch »ertragen«. Aber er läßt sich eben tolerieren von der PDS. Damit hat er die halbe Republik und fast die ganze West-SPD gegen sich aufgebracht. Und das, obwohl der etwas hölzerne Höppner keineswegs nach dunkelroter Pfeife tanzt. Auf Blockflöten freilich hört er noch weniger. Seine vielen Gegner wispern, er sei ein »Stockfisch«. Wenn's mehr nicht ist, was sie vorzutragen haben... Dann werden sie sich umgucken, sobald sie Stockfisch-Eintopf alla Genovese gegessen haben.

STOCCO ALLA GENOVESE

Zutaten:

1 kg Stockfisch
½ Tasse Olivenöl extra vergine (Eurokratendeutsch: nativ extra)
1 große, feingehackte Zwiebel
2 EL schwarze Oliven (am besten die Sorte Taggiasca)
2 grob gehackte Knoblauchzehen
4 Anchovisfilets
2 EL grob gehackte glatte Petersilie, schwarzer Pfeffer aus der Mühle

Zubereitung:

Fisch über Nacht wässern, danach Wasser abgießen. Fisch im Topf mit frischem Wasser bedecken, kochen. Danach Hitze wegnehmen, 2–2½ Stunden köcheln lassen, bis der Fisch gar ist. Abgießen. Fischfleisch von den Gräten lösen. Öl im Topf erhitzen, Zwiebel darin glasig dünsten. Oliven, Knoblauch, Anchovis hinzufügen, 5 Minuten garen. Petersilie unterrühren. Fisch vorsichtig drunterheben. Weitere 5 Minuten köcheln. Mit schwarzem Pfeffer abschmecken. Dazu schmeckt Polenta – die es in guten Fertigmischungen mit Kochanleitung gibt – himmlisch. Aber auch gutes Weißbrot ist nicht zu verachten.

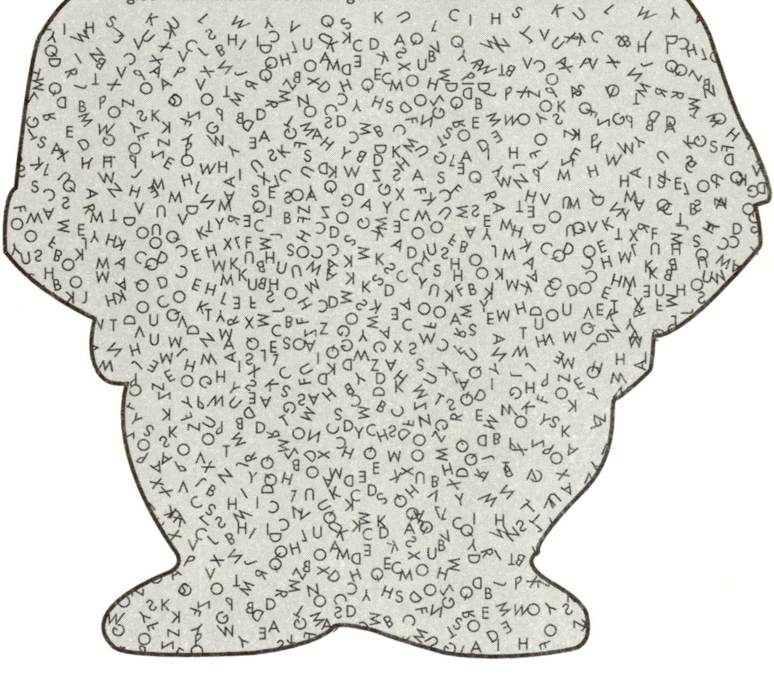

Reinhard Klimmt, SPD

Sie prügeln den Sack und meinen den Esel. In diesem Fall heißt der Sack Reinhard Klimmt. Das für den neuen Verkehrsminister und gescheiterten Ministerpräsidenten des Saarlandes Fatale daran ist, daß er erstens privat ein enger Freund ist und zweitens im Amt Nachfolger von Oskar Lafontaine war. Daß Klimmt eine eigene Meinung haben könnte, scheinen sowohl politische Mitbewerber als auch Polit-Berichterstatter für unmöglich zu halten. Was immer er von sich gibt, es heißt sofort: »Da spricht Oskar.« Was nicht unbedingt Negatives über Reinhard Klimmt aussagt. Über seine Richter – die in seinem Fall gern gleichzeitig auch Staatsanwälte und Henker wären – jedoch eine ganze Menge. Und weil Klimmt im Saarland nicht nur Prügel für Oskar sondern auch für Gerhard bezog, bekam er als Trostpflaster ein Ministeramt in Berlin. Jetzt ist er zuständig für Bau und Verkehr. Davon versteht er zwar nichts, aber das war für die Besetzung dieser Vakanz schon immer zwingende Voraussetzung. Doch am Beispiel des Amtsvorgängers Müntefering hätte der Kanzler merken müssen, daß dieser Job nicht lange als Abstellgleis taugt. Klimmt wird schnell die Backen aufblasen und zeigen, wieviel Wind ein linker Windbeutel auch dort machen kann. Fragt sich nur, wem der dann ins Gesicht bläst.

GEBACKENE WINDBEUTEL

(35–40 STÜCK)

Zutaten:

½ l Wasser
250 g ganz feines, durchgesiebtes Mehl
250 g Butter
8 Eier
hauchdünn abgeriebene Zitronenschale
Muskatblüte
1 Messerspitze Salz

Zubereitung:

Geklärte Butter und gesalzenes Wasser aufkochen, Mehl hineinschütten und so lange kräftig rühren, bis sich die Masse vom Topfboden löst und einen Kloß bildet. Den in eine Schüssel umfüllen, Muskatblüte oder abgeriebene Zitronenschale hinzufügen. Nach und nach die 8 Eier einarbeiten. Jedes Ei muß sorgfältig eingemengt worden sein, bevor das nächste Ei folgt. Der Teig soll glänzen und geschmeidig sein, ehe er in einen Spritzbeutel mit Sterntülle gefüllt wird. Rosetten auf ein mit Backtrennpapier ausgelegtes Backblech spritzen, dabei auf genügend Abstand achten, weil die Masse sehr stark aufgeht. Bei 220° C in etwa 15 – 20 Minuten goldgelb backen. Trick: Eine Tasse Wasser im Backofen läßt die Windbeutel besonders luftig und saftig werden. Die Backofentür zwischendurch nicht öffnen, sonst fällt das Gebäck in sich zusammen! Nach individuellem Geschmack werden die Windbeutel mit Fruchtmarmelade, Schlagsahne, aromatisierten Cremes oder anderen Leckereien gefüllt.

Roland Koch, CDU

Ihm ist das Schicksal der hessischen Staatsweingüter anbefohlen, doch er bekennt sich lieber zu McDonald's und Coca-Cola. So einer hat es eigentlich nicht verdient, an dieser Stelle – wenn auch nur virtuell – bekocht zu werden. Roland Koch, Hessens neuer Ministerpräsident, mag die gerechte Strafe für die vom Rinderwahnsinn befallene hessische Sozialdemokratie sein. Doch warum müssen wieder so viele Unschuldige leiden? Im Wahlkampf hat er versucht, seinem Namen alle Ehre zu machen, indem er einheimische Küchenchefs vor seinen Karriere-Karren spannte. Hätten die Mützenmänner damals geahnt, daß Roland Koch zur fünften Kolonne des Cola-Kolonialismus gehört, statt bodenständig die Interessen von Äppelwoi und grüner Soße zu vertreten, die Köche hätten ihm bestimmt in die schwarze Suppe gespuckt. Jetzt also wird Hessen von einem Mann regiert, der zwar »Law and order« buchstabieren, aber kulinarisch nicht bis drei zählen kann. Ein angeblich junger Wilder, den manche Journalisten versuchsweise schon zum künftigen Kanzlerkandidaten der Union hochjazzen. Eigentlich sollte man Roland Koch und seinem sicherheitsfimmeligen Innenminister Volker Bouffier »Dunkelsbrüh« vorsetzen. Das ist ein pfälzisches Gericht aus Schwein, Blut und Knochen. Doch aus noch leichter nachvollziehbaren Gründen gibt's für den McDonaldisten Ochsenmaulsalat.

OCHSENMAULSALAT

Zutaten:

1 Ochsenmaul
Wasser, Salz
Lorbeerblatt, Nelkenpfeffer,
Pfeffer aus der Mühle

FÜR DIE MARINADE

1 kleine Zwiebel
3 EL Weißweinessig
7 EL Traubenkernöl
Pfeffer, Salz, Tabasco
glatte Petersilie

Zubereitung:

Gut gereinigtes Ochsenmaul in wenig Wasser mit Salz, Lorbeerblatt, Nelkenpfeffer und frisch gemahlenem Pfeffer weich kochen. In der Brühe auskühlen lassen. Dann das Fleisch in hauchdünne Scheiben schneiden. Eine Marinade aus 2–3 Eßlöffel fein gehackten Zwiebeln, Essig, Öl, Pfeffer und Salz anrühren. Ochsenmaulscheiben darin ziehen lassen. Vor dem Servieren geben 1 oder 2 Tropfen Tabasco dem Salat den endgültigen Pfiff. Feingehackte Petersilie rundet den Geschmack ab.

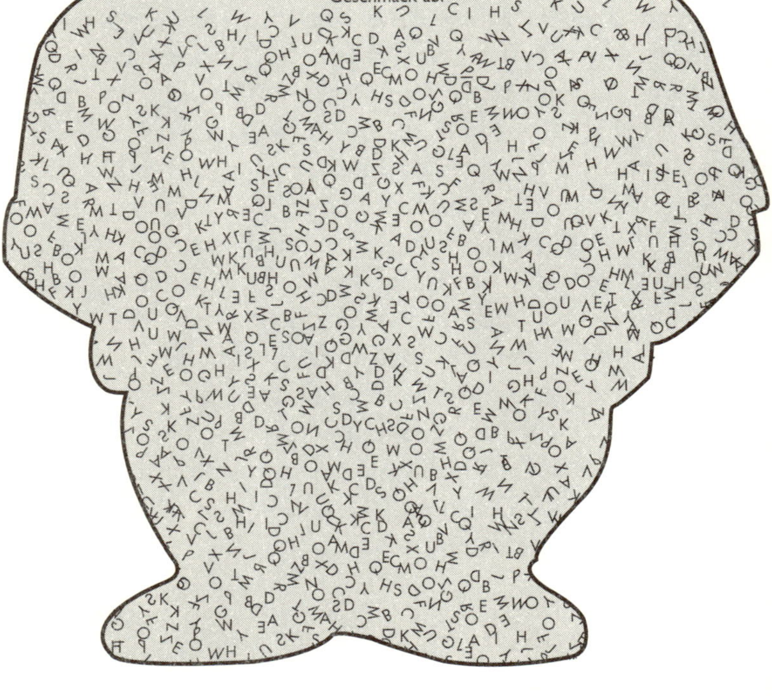

Helmut Kohl, CDU

»Wem genug zuwenig ist, dem ist nichts genug.« Ob Helmut Kohl wohl diese Erkenntnis des meist mißgedeuteten altgriechischen Philosophen Epikur (341–271 v. Chr.) begriffen hat? Die Ethik Epikurs gründete sich im Gegensatz zum Hedonismus des Aristippos auf vergeistigte Lust. Die sei, so Epikur, ohne die Unerschütterlichkeit der Seele und ohne Tugend nicht möglich. Seine Philosophie sei ein Tun, das durch Schlüsse und Untersuchungen, Begriffe und Beweise ein glückseliges Leben bewirke. Nix mit Genußsucht, die den Epikureern bereits im alten Rom unterstellt wurde. Nicht, daß Kohl keine Eßkultur hätte. Doch, doch. Aber ein Epikureer ist er mit an Sicherheit grenzender Wahrscheinlichkeit nicht. Das hatte ihm Oskar Lafontaine immer voraus. Vergangenheit. Saumagen hat Ruh. Für Kohl ab jetzt Böfflamott mit Semmelknödeln.

BÖFFLAMOTT MIT SEMMELKNÖDELN

Zutaten:

FÜRS BÖFFLAMOTT

300 g Karotten, 4 Zwiebeln
1 l guter Weißwein, 1 l Wasser – ganz üppig Lebende nehmen 1 l selbstgemachte Brühe, was aber wirklich nicht nötig ist
1 Lorbeerblatt, 1 Stengel Thymian
1 Zweig Rosmarin, 5 Wacholderbeeren
1 frisches Liebstöckelblatt
2 frische Salbeiblätter
5 dünne Scheiben Speck
1 EL schwarze Pfefferkörner
2 cl Cognac, 1 Glas schwerer Rotwein
1,5 kg Ochsenfleisch (Oberschale)
2 EL Butterschmalz
½ Kalbsfuß in kleinen Stücken
Zeit nehmen: mindestens 3 Tage braucht's.

FÜR DIE SEMMELKNÖDEL

10 altbackene Semmeln
3/8 l erwärmte Milch, 3 Eier, eine Prise Salz
eine mittelgroße Zwiebel, 2 EL Butter
Pfeffer aus der Mühle, 3 EL Majoran, 2 EL Weizenmehl

Zubereitung:

Karotten und Zwiebeln schälen, kleinschneiden, mit Weißwein, Wasser, Lorbeer, Thymian, Rosmarin, Liebstöckel, Salbei und Wacholderbeeren aufkochen. Abkühlen lassen. Speck mit Pfeffer, Salz und Cognac übergießen, zugedeckt kurze Zeit ziehen lassen. Fleisch in die Speckscheiben wickeln. Mit abgekühlter Marinade übergießen und mindestens 3 Tage kalt stellen. Nach 3 Tagen aus der Marinade nehmen, Fleisch und Speck trockentupfen und das Fleisch in heißem Butterschmalz rundherum braun anbraten. Speck danebenlegen. Kalbsfuß-Stücke und die eine Hälfte der Marinade angießen, Rotwein zugeben und alles im geschlossenen Topf bei milder Hitze gut 2 Stunden schmoren. Nach und nach den Rest der Marinade zugießen. Am Ende den Schmorsud durch ein Sieb gießen, mit Salz und Pfeffer würzen. Fleisch in Scheiben mit Sauce und Knödeln anrichten.

SEMMELKNÖDEL

Semmeln kleinschneiden, Milch darübergeben, salzen, quellen lassen. Zwiebel kleinschneiden, mit Butter in Pfanne andünsten, nach Geschmack mit Pfeffer und Majoran würzen, zur Semmelmasse geben. Sobald alles abgekühlt ist, Eier dazugeben, mit den Händen gut verkneten. Den Teig 10 Minuten ziehen lassen. Nicht zu große, runde Knödel formen. Die Knödel auf einem Holzbrett in Mehl wälzen, in heißes Wasser legen, ziehen lassen. Nach 15 bis 20 Minuten steigen sie an die Oberfläche. Dann sind sie gar.

Oskar Lafontaine, SPD

»Halt's Maul und trink Rotwein!« Mit diesem durch und durch unpoetischen Satz hat Nobelpreisträger Grass dem Saar-Napoleon die Freundschaft aufgekündigt. Ihn kotzte der Amoklauf an, den der Egomane gegen seine eigene Partei veranstaltete. Ausgerechnet in den Blättern der Springer-Presse! Das Herz schlägt links, der Geldbeutel sitzt rechts. Wie der Jungschriftsteller sein Partei-Buch vermarktet hat – Kompliment! Ein Geniestreich. So erfolgreich hätte man ihn gerne als Finanzminister gesehen. Die Memoiren des Wüterichs enthüllten etwas Überraschendes: Lafo war nicht Täter, sondern Opfer! Immer hatte der böse Gerd seine Finger im Spiel. Er war nicht der große Strippenzieher, wie das »Stern«-Titelbild suggeriert hatte. Nicht Napoleon, sondern Zwerg Nase. Deshalb schmiß er seinen Widersachern die Brocken vor die Füße und verabschiedete sich ins Privatleben. Genüßlich grinsend sieht er seitdem von Saarbrücken aus zu, wie Kanzler und Partei sich aneinander wundreiben. Und während dem Niedersachsen an der Spree sichtlich der Spaß am Regieren vergeht, pilgert die Berliner Politjournaille in die Schweiz, wo Oskar – gegen gutes Geld – dem Big Business eine Lektion erteilt. »Das Herz schlägt links!« sprang es ihm in seiner Schicksalsstunde aus dem Mund. Deshalb für Oskar eine Saltimbocca alla romana, zu deutsch: Spring-in-den-Mund auf römische Art.

SALTIMBOCCA ALLA ROMANA

Zutaten:

800 g Kalbsfilet
400 g Parmaschinken (San Daniele)
2–3 große Büschel frischer Salbei
400 g Butter
milder Weißwein
schwarzer Pfeffer aus der Mühle
kein Salz – der Schinken enthält genug davon!

Zubereitung:

Salbeiblätter nicht waschen (!), zupfen. Kalbsfilet in 0,5 Zentimeter dicke Scheiben schneiden, ringförmig in der Pfanne auslegen. Sobald der Mittelpunkt erreicht ist, mit dem Wenden beginnen. Dann kurz pfeffern. In feuerfester Form im auf 100° C vorgeheizten Ofen warm halten. Nach jedem Bratvorgang die Butter mit abgießen und frische Butter in die Pfanne geben. Den Schinken in mundgerechte Stücke schneiden, in derselben Pfanne in aufschäumender Butter knusprig braten. Über die Filets im Backofen geben. Abgezupfte Salbeiblätter in derselben Pfanne in reichlich, reichlich Butter fritieren. Über Fleisch und Schinken geben. Bratenfond mit einem sehr großen Schuß Weißwein ablöschen, ein wenig reduzieren, die Sauce zum Kalbfleisch geben. Mit Baguette die Sauce aufnehmen.

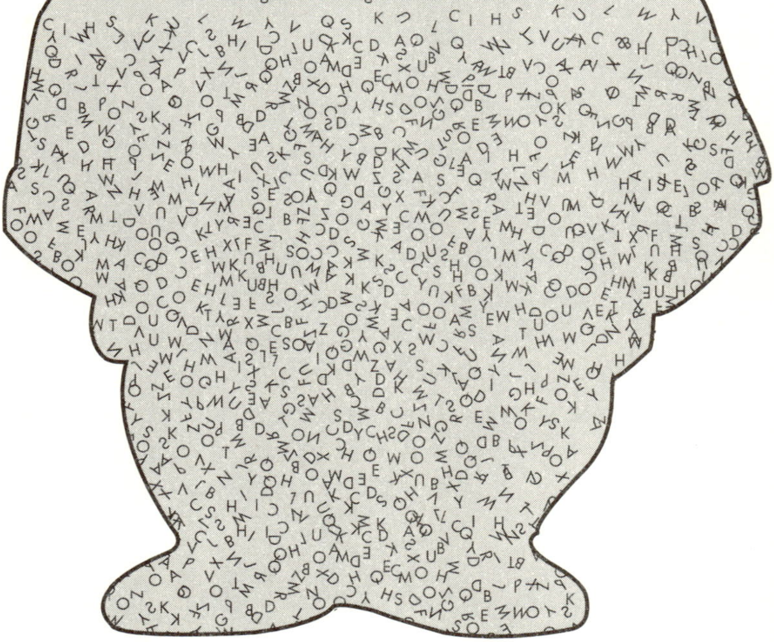

Angela Merkel, CDU

Es ist nun mal so: »Pastors Kinder, Müllers Vieh geraten selten oder nie«, sagt der Volksmund. Und das, obwohl der Volksmund Angela Merkel gar nicht gekannt haben kann, die in Hamburg geborene Tochter eines evangelischen Pastors, eigentlich Diplomphysikerin, jetzt Generalsekretärin der Christlich Demokratischen Union. Die hat noch nie jemand bei einem Lächeln erwischt. Ihr Ausdruck permanenten Beleidigtseins ersetzte das schiefe Dauergrinsen des quengelnden CDU-Generalpastors Hintze als Schaufenstergesicht der Christlichen Union. So wie Merkel heute redet, hat sie von Kindesbeinen an gewußt, daß der Sozialismus ein ganz schlimmer Irrweg war. Wie die Frau trotzdem an ihr Studium, an ihre Promotion und an ihre Stelle als wissenschaftliche Mitarbeiterin am Zentralinstitut für Physikalische Chemie der Akademie der Wissenschaften der DDR gekommen ist, weiß der Himmel. Zu dem hatte ihr Vater allerdings berufsbedingt hervorragende Beziehungen. Sie konnte keine irdischen gehabt haben. Jedenfalls nicht bis zur Wende. Danach wurde alles Kohl und damit gut. Deshalb für Angela Merkel eine Wendische Dobsche mit wendischem Salat.

WENDISCHE DOBSCHE MIT WENDISCHEM SALAT

Zutaten:

500 g Zwiebeln
1 EL Butter
750 g Schweinefleisch vom Nacken
½ TL Salz
500 g mehlige Kartoffeln
1 Bund Petersilie
250 g Sahnequark
1 Tasse Milch
1 TL Kümmel
1 TL Kartoffelmehl

FÜR DEN SALAT

4 Salatköpfe
50 g Räucherspeck
1 EL Essig
1 Prise Salz
2 EL Apfelsirup

Zubereitung:

Grobgehackte Zwiebeln mit Butter in einem Schmortopf anschwitzen. Fleisch in fingerdicke Scheiben schneiden, auf den Zwiebeln verteilen, salzen. Kartoffeln schälen, waschen, in Scheiben schneiden, auf das Fleisch schichten. Gehackte Petersilie darüberstreuen. Eine Tasse Wasser zugießen und das Gericht bei geschlossenem Topf bei milder Hitze 1½ Stunden schmoren. Nicht umrühren! In der Zwischenzeit Quark mit Milch, Kümmel und Kartoffelmehl verrühren. Kurz vor Ende der Garzeit die Kartoffeln im Schmortopf mit der Quarkmasse bestreichen. Die Dobsche bei 220° C im Backofen etwa 10 Minuten bräunen. Salat: Nur Herzen der Salatköpfe verwenden. Gut waschen und abtropfen lassen. Kleingewürfelten Speck hellgelb ausbraten und mit Essig, Salz und Sirup vermischen. Die Marinade erst kurz vor dem Servieren über die Herzen geben. Sofort genießen.

Peter Müller, CDU

Sein Sieg im Saarland war mehr als die Schleifung einer roten Festung durch einen schwarzen Rebellen. Mit der Wahl Peter Müllers haben die Saarländer nicht nur Reinhard Klimmt in die Bundespolitik davongejagt, sondern den doppelten Deserteur Oskar Lafontaine endgültig abgestraft. Von dem zurückgetretenen Finanzminister und Parteivorsitzenden fühlten sie sich ganz besonders im Stich gelassen, schutzlos preisgegeben dem Sparkanzler Schröder und seinem neoliberalen Blairismus. Dann kann man ja gleich das Original wählen! Und genau das haben die Saarländer am 5. September 1999 auch prompt getan.

So selbstsicher, wie es nur Richter sein können, hat Peter Müller, seit er Berufspolitiker ist, partei- und personalpolitische Urteile abgegeben. Dabei ist er erst seit 1990 dabei. Ihn holte der Mann, der von der Seite kam und dort sehr bald wieder verschwand, Klaus Töpfer, in die Politik. Als Enfant terrible hat er keck gegen Kohl gestänkert, als der Elefant aus Oggersheim noch ausreichend bei Kräften gewesen wäre, um alle jungen Wilden auf einmal in den Staub zu stampfen. Er hat 1996 seiner (Bundes-)Partei das »Sofa-Syndrom« attestiert: »Alle sitzen auf der Couch, starren Kohl an und denken, der wird es schon richten.« Er hat die populistischen Aktionen der CDU beim Staatsangehörigkeitsrecht nicht mitgetragen und sich nach seinem Wahltriumph ausgerechnet eine Frau aus dem DGB-Vorstand als Arbeitsministerin geholt. Vor allem aber hat Peter Müller, 43, bewiesen: »Mit harten Wahrheiten kann man Wahlen gewinnen.« Zu diesen Wahrheiten gehört auch das saarländische Standort-Sakrileg schlechthin: Müller will den Abschied von der Kohle.

Für die Kraft, die selbst ein Kraftmeier braucht, gibt es deshalb Kraftbrühe mit gesottenem Rindsfilet (diesmal für sechs Personen, weil ein Eine-Stimme-Ministerpräsident viele Freunde braucht).

KRAFTBRÜHE MIT GESOTTENEM RINDSFILET

Zutaten:

3 l vorbereitete kräftige, klare Rinderbrühe
(notfalls aus dem Glas)
800 g schieres Rindsfilet
je 100 g Wirsing, Lauch, Möhren, Knollen- und Staudensellerie, Perlzwiebeln, Kirschtomaten, ausgepalte Erbsen, Zucchini und Kohlrabi
Salz, Pfeffer aus der Mühle
geklärte Butter zum Anbraten

Zubereitung:

Wirsing würfeln, Lauch in Streifen, Möhren, Staudensellerie und Zucchini in Scheiben, Knollensellerie und Kohlrabi in Würfel schneiden, Zwiebelchen schälen, Tomaten abziehen. Gemüse nacheinander nach Stärke in der Rinderbrühe blanchieren, herausnehmen, warm stellen. Das Filet würzen und in geklärter Butter rundum anbraten. Danach mit Küchengarn verschnüren und so unter einen Kochlöffel hängen, daß das Fleisch ganz in die Brühe eintauchen kann, ohne die Wand oder den Boden des Topfes zu berühren. Auf diese Weise 25–30 Minuten in der Brühe pochieren. Das Gemüse in der Bouillon erhitzen. Mittlerweile das Filet in dünne Scheiben schneiden. Die Suppe in vorgewärmte Teller füllen, das Fleisch darin anrichten.

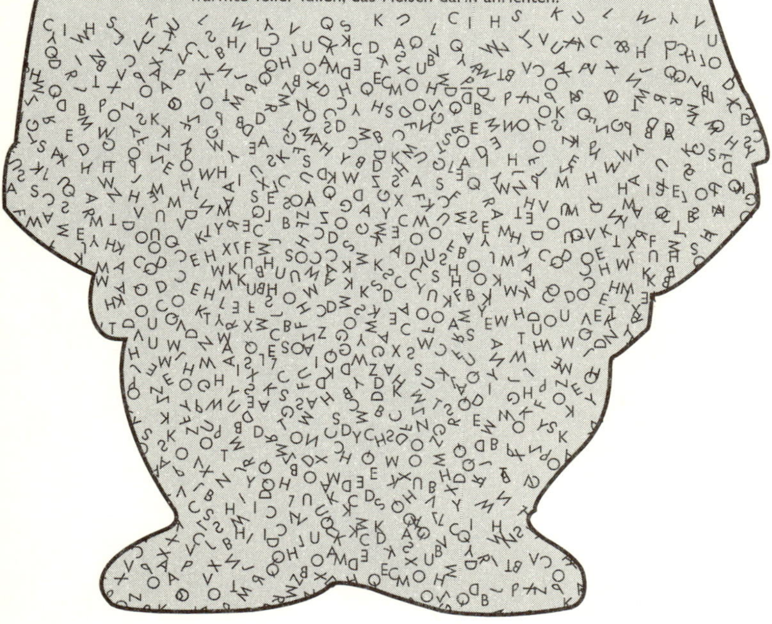

Werner Müller, parteilos

Wenn der I. FC Köln auf Reisen geht, nimmt er immer seinen Geißbock mit. Deutsche Industriebosse haben stets ihren Müller im Gepäck. Der parteilose Wirtschaftsminister versteht es, mit sonorer Stimme den Eindruck zu erwecken, es wäre umgekehrt – er gebe die Richtung an und die Unternehmer folgten ihm. Daß die Propheten des »Shareholder value« ihm nicht laut widersprechen, beweist, wie nützlich er sich bereits für sie erwiesen hat. Müller muß meinen, das deutsche Volk, dem er Nutzen und Schadensabwehr geschworen hat, setze sich einzig und allein aus Unternehmern zusammen und solchen, die es werden wollen. Denen macht er den Handelsvertreter. Ganz besonders innig schmust er mit den Repräsentanten der Atomindustrie. Dafür haut er, ohne mit der Wimper zu zucken, Kabinettskollegen in die Pfanne. Wer soviel Kern-Energie gegen Grüne freisetzt, der muß mit einer Schüssel Grünkernsuppe wiederaufbereitet werden.

GRÜNKERNSUPPE

Zutaten:

250 g Grünkern
1 Bund Lauchzwiebeln
1 EL Butter
1 l Geflügelbrühe
1 Tasse Weißwein
¼ l geschlagene Sahne
Kräuter der Saison

Zubereitung:

Grünkern über Nacht einweichen. Danach in reichlich Wasser bißfest kochen. Lauchzwiebeln putzen, kleinschneiden und in Butter anschwitzen. Eine Tasse Grünkern als Einlage zurückbehalten, den Rest zu den Zwiebeln geben und mit anschwitzen. Mit Brühe und Wein ablöschen und gut 20 Minuten köcheln lassen. Suppe im Mixer pürieren und durch ein Sieb passieren. Kurz vor dem Servieren die Suppe mit dem Stabmixer aufschäumen und die geschlagene Sahne vorsichtig einarbeiten. Die in Brühe erwärmte Grünkerneinlage hinzufügen und auf vorgewärmte Teller verteilen. Mit Kräutern der Saison krönen.

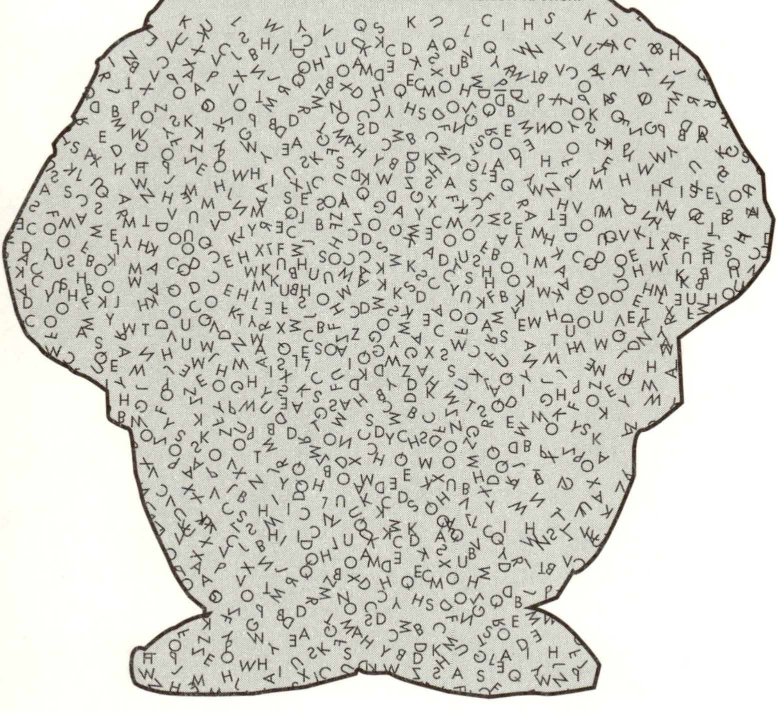

Franz Müntefering, SPD

Müntefering? Müntefering? Müntefering? Ach so, Franz Müntefering! Das ist doch der Mann, der so aussieht, als habe sich sein Friseur den Arm gebrochen. Was soll der gewesen sein? Bundesminister für Verkehr, Bau- und Wohnungswesen? Als solcher ist der nie in Erscheinung getreten. Das Amt war nur eine Art Zwischenlager für den braven Parteisoldaten, der jetzt als Generalsekretär dafür sorgen soll, daß in der SPD Taubenzüchter mit Genossen der Bosse gemütlich Skat spielen, statt sich andauernd zu fetzen. Der eher einfältige Müntefering zehrt vom Nimbus des erfolgreichen Wahlkampfmanagers und erzloyalen Parteikärrners. Vor allem aber zieht er den Karren einer ziemlich skrupellosen Funktionärsgarde, der es im machtfernen Verkehrsministerium schnell mächtig fad geworden war – und die darum mit monatelangem Ränkespiel die Rückkehr ihrer Marionette Müntefering in die Parteizentrale betrieb.

Der Neheimer verteidigt mit säuerlicher Miene, daß er die SPD in der Propaganda mit einem Kürbis hat gleichsetzen lassen. Wie im Märchen von »Cinderella«. Da fährt Aschenputtel in einer verzauberten Kutsche, die vorher ein Kürbis war, zum Ball am Hof des Monarchen. Sie tanzt eine halbe Nacht, muß sich dann allerdings nach Hause sputen, weil um Mitternacht die Kutsche wieder als Kürbis auf dem Misthaufen landet. Ein schönes Bild: Der Kürbis SPD auf dem Misthaufen der Geschichte? Für den säuerlichen Sauerländer ein rheinischer Sauerbraten mit »Kartoffelknödeln halbseiden« (für sechs Personen).

RHEINISCHER SAUERBRATEN MIT HALBSEIDENEN KARTOFFELKNÖDELN

Zutaten:

FÜR DIE MARINADE

½ l Wasser, ¼ l Rotweinessig
1 TL Salz, 10 im Mörser zerdrückte Pfefferkörner
10 ebenso im Mörser zerdrückte Wacholderbeeren
5 Nelken, ½ TL Senfkörner, 3 Zwiebeln in Scheiben
2 Möhren in Scheiben, 2 Lorbeerblätter
1 Tasse Rotwein, ½ TL Koriander
½ TL Majoran, ½ TL Rosmarinpulver
1,5 kg Rinderbraten aus der Brust
1 EL Schmalz und 2 EL Butter zum Anbraten

FÜR DIE SAUCE

1 EL Johannisbeergelee
¼ l süße Sahne
2 fein gehackte Zwiebeln
4 geriebene Lebkuchen
(zum Beispiel Kemm'sche Kuchen)
1 Tasse Rosinen, in Wasser einweichen
1 Tasse in Wasser eingeweichte Korinthen
1 Tasse Rotwein

FÜR DIE KNÖDEL

1 kg gekochte Kartoffeln, 250 g Stärkemehl
3/8 l kochende Milch, Salz, 2 altbackene Semmeln, Butter, Salzwasser zum Kochen

Zubereitung:

Rinderbraten 2–3 Tage in der Marinade ziehen lassen, mehrmals wenden, dann herausnehmen und gut trocknen. Butter und Schmalz in schwerem Bräter erhitzen. Fleisch bei hoher Hitze von allen Seiten anbraten. Korinthen und Zwiebelwürfel dazugeben, bei kleiner Hitze 5 Minuten braten. Dabei rühren! Etwas Marinade dazugießen. Den Braten unter gelegentlichem Wenden insgesamt gut 2 Stunden bei mittlerer Hitze garen. Zwischendurch immer wieder Marinade nachgießen. Danach den Braten herausnehmen, warm stellen. Die Sauce durch ein feines Sieb passieren. Bei kleiner Hitze geriebenen Lebkuchen, Sahne und Rosinen dazugeben, unter ständigem Rühren 10 Minuten aufkochen. Mit Salz, schwarzem Pfeffer, Johannisbeergelee und Rotwein abschmecken. »Kartoffelknödel halbseiden«: Gekochte heiße Kartoffeln schälen, sofort durchpressen, auskühlen lassen, mit Stärkemehl und Salz abbröseln, die Masse in der Schüssel mit kochender Milch übergießen, vermengen und abschmecken. Am besten ist es, einen Probeknödel zu kochen. Dazu die Hände mit Stärkemehl bestäuben, Knödel formen, nach Belieben in die Mitte geröstete Semmelbröckchen geben. Die Knödel sofort in das kochende Salzwasser einlegen, vorsichtig ziehen lassen. Nach etwa 20 Minuten schwimmen sie an der Oberfläche und sind gar.

Michael Naumann, SPD

Ein Pfau als GAU fürs Feuilleton. Einer der Ihren ist Minister geworden. Und ausgerechnet »Staatsminister für Angelegenheiten der Kultur und der Medien«! Das war nicht fair von Schröder. Warum schickt er uns gerade den? Statt eines verläßlich drögen, kulturfernen Bürokraten à la Kanther zum Beispiel. So einen zum »gar nicht erst ignorieren« also. Das fuchst die alten 68er und die auch nicht mehr ganz jungen Wilden auf den Wachtürmen der Kultur. Plötzlich steht da der ehemalige Journalist und Verleger Michael Naumann in ihrem verminten Sperrgebiet und möchte nicht nur mitreden, sondern den Ton angeben. »ANGEBER!« schnarrte es ihm bald unisono entgegen.

Mit anderen Worten, es herrscht Alarmstufe eins in den Volieren der Feuilletons, auf jenen Pfaueninseln der Nation, deren cool-arrogante Bewohner jahrzehntelang die schönsten rhetorischen Räder schlagen durften. O ja, ein arroganter Pfau ist der Naumann manchmal auch. Der weiß seine Federn – die geistigen und die optischen – wohl zu spreizen und bei den Kulturkränzchen zwischen Hamburg und München die Blicke der Damenwelt auf sich zu ziehen. Blicke, die bis dato diesen schwarzgekleideten Smarties vom Feuilleton galten. Jetzt ist Naumann der Hahn im Korb, umgeben von lauter eifersüchtigen Kulturwachteln. Und (auch) dafür muß er büßen. Jeder Fehler, den der Polit-Neuling und Spontanformulierer macht – und er machte wie jeder Anfänger erst mal ziemlich viele –, wird von seinen ehemaligen Kollegen höhnisch zum

Skandal hochgeschrieben (schreiben können sie ja alle fabelhaft).

Während Naumann bei normalen Leuten ganz gut ankommt, mag ihn die kritische Meute einfach nicht als Alphawolf akzeptieren. Darum haben ein paar Beta- und Gammawölfe in seltener Eintracht beschlossen, Naumann für uncool zu erklären. Dagegen muß einer sich abhärten. Dagegen hilft nur das »jüdische Penizillin«. Dagegen hilft nur »Hühnersuppe mit Matzenklößchen« (für acht bis zehn Personen).

HÜHNERSUPPE MIT MATZENKLÖSSCHEN

Zutaten:

SUPPE:

1 großes, geviertеltes Suppenhuhn mit Innereien, aber ohne Leber, 3 in Stücke geschnittene Karotten
2 mittelgroße Zwiebeln, 3 Stangen Sellerie
2 Stangen kleingeschnittener Lauch
1 reife, entkernte und geviertelte Tomate
2 Knoblauchzehen, 2 Würfel Hühnerbrühe
1 EL schwarze Pfefferkörner, 1 TL Salz
1 kleiner Bund glatte Petersilie und ein wenig gehackte Petersilie

MATZENKLÖSSCHEN:

125 g mittelfeines Matzenmehl
1½ TL Salz, 1½ TL schwarzer Pfeffer aus der Mühle
¼ TL gemahlener Ingwer, ¼ TL Zimt,
250 ml kochendes Wasser
2 EL abgezogene, fein gemahlene Mandeln
2 EL Hühnerfett oder weiche Margarine
1 verquirltes Ei

Zubereitung:

HÜHNERSUPPE

Überflüssiges Fett aus dem Huhn entfernen. Hühnerstücke, Innereien, Hals und Füße in eine große Schüssel legen. Mit kochendem Wasser übergießen und abtropfen lassen. Harte Haut von den Füßen schaben. Danach alles in einen großen Topf legen und mit kaltem Wasser bedecken. Bei starker Hitze aufkochen, Schaum abschöpfen. Innereien und übrige Zutaten außer der gehackten Petersilie hinzufügen, aufkochen. Schaum abschöpfen. Bei niedriger Hitze 3 Stunden lang simmern lassen. Die Suppe durch ein Sieb in eine große, hitzebeständige Schüssel gießen. Hühnerstücke und Innereien beiseite legen. Suppe abkühlen lassen. Zugedeckt über Nacht in den Kühlschrank stellen. Das Fleisch von den Knochen lösen und wie die Innereien in kleine Stücke schneiden. Zugedeckt über Nacht in den Kühlschrank stellen.

MATZENKLÖSSCHEN

In einer großen Schüssel Matzenmehl mit Salz, Pfeffer, Ingwer und Zimt mischen. Mit dem kochenden Wasser übergießen, verrühren. Mandeln, Hühnerfett oder weiche Margarine und Ei darunterheben, mischen und mindestens 2 Stunden in den Kühlschrank stellen. Zum Servieren die kalte Suppe aus dem Kühlschrank nehmen und vorsichtig das kalte Fett wegschneiden. Sodann in einem großen Topf Suppe, Fleisch und Innereien aufkochen. Teig für die Matzenklößchen aus dem Kühlschrank nehmen. Mit einem Löffel kleine Portionen abstechen und zwischen nassen Handflächen zu kleinen Klößchen rollen. In die simmernde Suppe geben, 20–30 Minuten – bis sie aufgegangen sind und an der Oberfläche schwimmen – ziehen lassen. Die Suppe nicht kochen lassen! Gehackte Petersilie unterrühren und sofort servieren.

Antje Radcke, Bündnis 90/Die Grünen

»In Hamburch sahacht man ›Tschühüß‹, das heißt ›auf Wiedersehn‹.« Antje Radcke, in der Hansestadt ansässige Sprecherin von Bündnis 90/Die Grünen und als »links« schubladisiert, wird für Berlin warme Jacken einpacken und Bohnen, Birnen und Speck mitnehmen müssen, um die Herzenskälte ihrer Freundinnen und Freunde vom Realo-Flügel zu überstehen. Das ist eines der Gerichte, denen Hamburg seinen Ruf als Stadt mit merkwürdiger Küche verdankt. Die aber windabweisend machen.

BOHNEN, BIRNEN UND SPECK

Zutaten:

400 g durchwachsener Speck
750 g grüne Bohnen
750 g Kartoffeln
1 Bund Bohnenkraut
500 g Birnen (Bergamottebirnen)
Salz, weißer Pfeffer aus der Mühle
1 EL feingehackte glatte Petersilie

Zubereitung:

Speck in einem halben Liter Wasser aufkochen, danach zudecken und bei schwacher Hitze eine Stunde garen. Inzwischen die Bohnen putzen, waschen, in etwa 3 Zentimeter lange Stücke brechen. Kartoffeln waschen, schälen und in Scheiben schneiden. Mit den Bohnen zum Speck geben, Bohnenkraut darüberlegen. Birnen waschen, die Blüten herausschneiden. In den letzten 20 Minuten auf die Bohnen legen. Dann den Speck herausnehmen, in Scheiben schneiden. Bohnen, Birnen und Kartoffeln mit Salz, Pfeffer und Petersilie abschmecken. Alles zusammen anrichten. Dazu gehört unbedingt ein guter Senf.

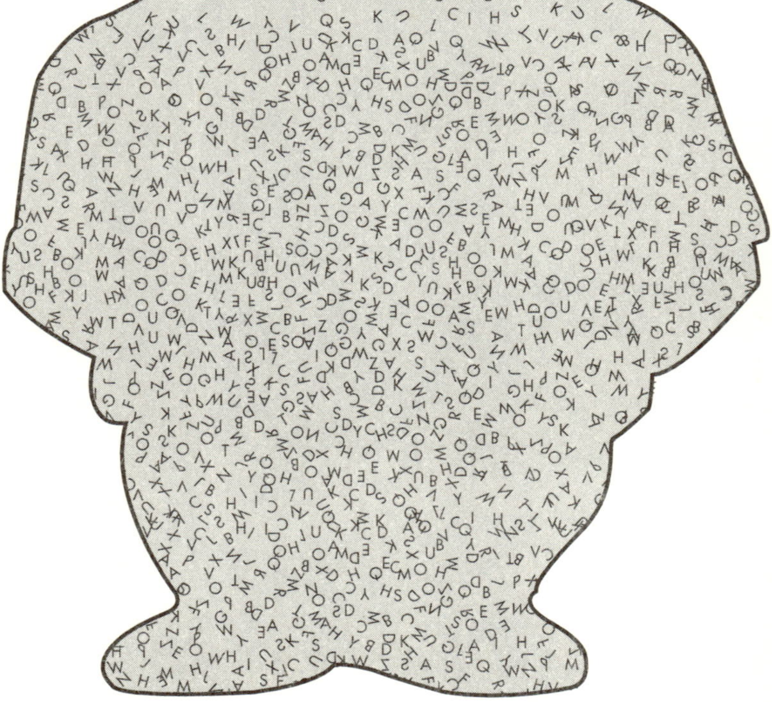

Johannes Rau, SPD

»Ich kenne deine Werke und weiß, daß du weder kalt noch warm bist. Ach, daß du kalt oder warm wärst! Weil du aber lau bist und weder warm noch kalt, will ich dich ausspeien aus meinem Mund.« Aus der Offenbarung des Johannes (3,15 und 16). Dieser Johannes ist längst verblichen – vermutlich vor knapp 2000 Jahren –, und er war wohl ein leicht hysterischer Eiferer. Von Johannes Rau, dem Präsidenten der Bundesrepublik, stammt die Offenbarung, er werde sich darum kümmern, daß »jedermann Gerechtigkeit widerfahre« in Deutschland. Insbesondere wolle er darauf achten, daß Ausländer in Deutschland künftig nicht mehr wie Menschen zweiter Wahl behandelt würden. Heimatlose Fremde dürfen jetzt auf den Wuppertaler Predigersohn Rau hoffen. Der wird seine schlichte Kartoffelsuppe mit Einbrenne auch mit ihnen teilen.

KARTOFFELSUPPE MIT EINBRENNE

Zutaten:

1 kg mehligkochende Kartoffeln
4 gelbe Rüben
1 Zwiebel
½ TL Kümmel
2 Lorbeerblätter
1 EL Salz
feingehackte Petersilie

FÜR DIE EINBRENNE

2 EL Butter
2 EL Mehl
4 EL Essig

Zubereitung:

Kartoffeln waschen, schälen, kleinschneiden. Gelbe Rüben waschen, schälen, in Ringe schneiden. Zwiebel kleinhacken. Alles in großen Topf schichten und gut mit Wasser bedecken. Salz, Kümmel und Lorbeerblätter hinzufügen. Etwa 20 Minuten kochen, bis das Gemüse weich ist, jedoch nicht zerfällt. Für die Einbrenne Butter in einer Pfanne aufschäumen lassen, Mehl unter ständigem Rühren so lange hinzufügen, bis die Einbrenne eine schöne braune Farbe hat. Mit einem Schöpflöffel voll Kartoffelsud und den 4 Eßlöffeln Essig ablöschen, gut verrühren. Falls Klümpchen da sind, die Einbrenne durch ein Sieb streichen und zur Suppe geben. Zum Schluß nach Geschmack abschmecken und mit feingewiegter Petersilie servieren. Schmeckt unvergleichlich nach früher.

Walter Riester, SPD

Wenn einer in einem 80-Millionen-Land mit 4 Millionen Arbeitslosen und riesigen Löchern in der zuvor von anderen veruntreuten Rentenkasse Chef des Bundesministeriums für Arbeit und Sozialordnung ist, dann ist der ein Sozialfall. Der kann vor Kummer nur verrückt werden oder sich pausenlos aus dem Fenster lehnen und lauthals rufen, es sei alles in Ordnung und er habe die Dinge im Griff. Kurzum: Er muß aus Gründen des seelischen Selbstschutzes den Mund ständig zu voll nehmen. Ebendieses tut der Gewerkschafter und Bundesarbeitsminister Walter Riester, SPD, der das Elend im Lande verwaltet. Leider hat er es bisher eher vergrößert als verkleinert – durch Chaos der Rentenpolitik, vollmundige Ankündigungen und peinliche Rücknahmen. Um ihn daran zu hindern, weiterhin zu große Sprüche zu klopfen, muß er mit Bouchées d'huîtres Denis – einem Mundvoll Austern nach Denis-Art – ruhiggestellt werden.

BOUCHÉES D'HUITRES DENIS

Zutaten:

12–16 kleine Blätterteigpastetchen (fertig gekauft!)
150 g in passend große quadratische Stücke geschnittene Gänse- oder Entenstopfleber
12–16 schöne, kühl gelagerte, kurz vor dem Servieren aus der Schale gelöste Austern

Zubereitung:

Blätterteigförmchen aufwärmen, mit je einem Stückchen Stopfleber und einer Auster füllen. Sofort servieren! Weinempfehlung: Puligny Montrachet oder Château d'Yquem, gut gekühlt.

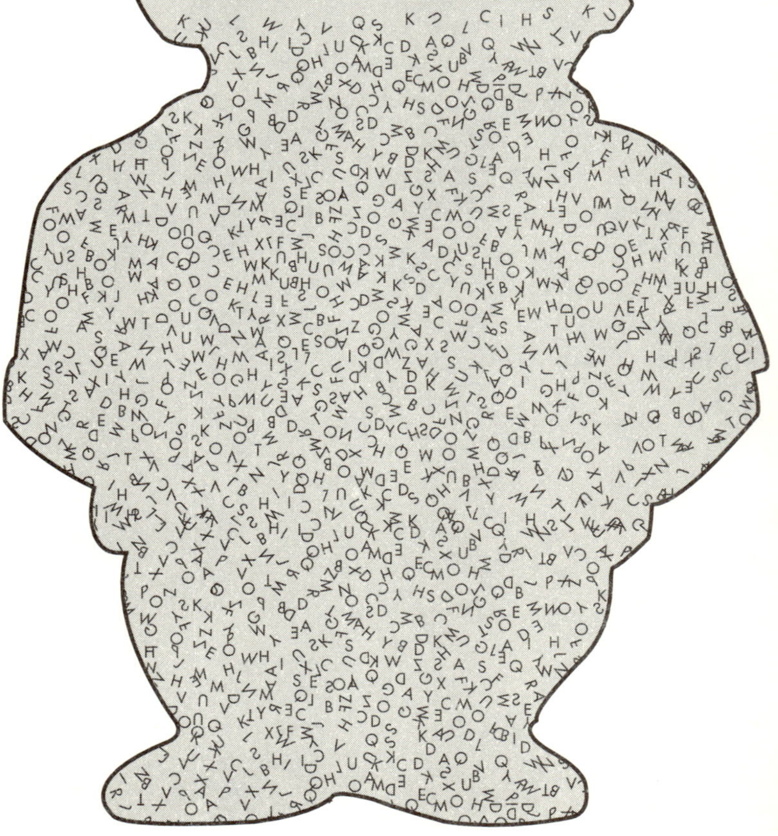

Harald Ringstorff, SPD

Es verdirbt den Charakter, wenn einer um jeden Preis nach oben will und sich dafür notfalls sogar eine potthäßliche Braut schöntrinkt. Der Sozialdemokrat Harald Ringstorff ist auf diese Weise das geworden, was er heute ist – Ministerpräsident in Mecklenburg-Vorpommern. Mit dem Christdemokraten Berndt Seite sowohl politisch als auch privat heillos zerzankt, blieb ihm nach der Landtagswahl nichts weiter übrig als die Mesalliance mit der Kröte PDS. Sein politischer Bettgenosse Helmut Holter ist so echt wie Pommerscher Kaviar.

POMMERSCHER KAVIAR

Zutaten:

Bauchfett einer Gans
1 Bund Suppengrün
2 mittelgroße Zwiebeln
1 TL Majoran
½ TL Thymian, Salz

Zubereitung:

Fett von den Gänsedärmen lösen und einen Tag lang mit geputztem, grob zerkleinertem Suppengrün und einer geviertelten Zwiebel mit Wasser bedeckt stehenlassen. Das Wasser zwischendurch in Abständen erneuern. Am nächsten Tag die restliche Zwiebel pellen und reiben. Fett in einem Sieb gut abtropfen lassen. Stück für Stück des Gänsefettes auf ein Brett legen und das Fett mit einem scharfen Messer von der Haut schaben. Das geschabte Fett fein hacken oder durch ein grobes Sieb treiben. Anschließend gut verrühren und mit fein geriebener Zwiebel, Salz, Majoran und Thymian würzen. Die fertige Mischung auf kleine Gläser verteilen und kühl aufbewahren. Pommerscher Kaviar wird auf geröstetem Roggenbrot gegessen und schmeckt so gut, daß selbst den wortkargen Pommern ein Superlativ wie Kaviar nicht zu hoch ist.

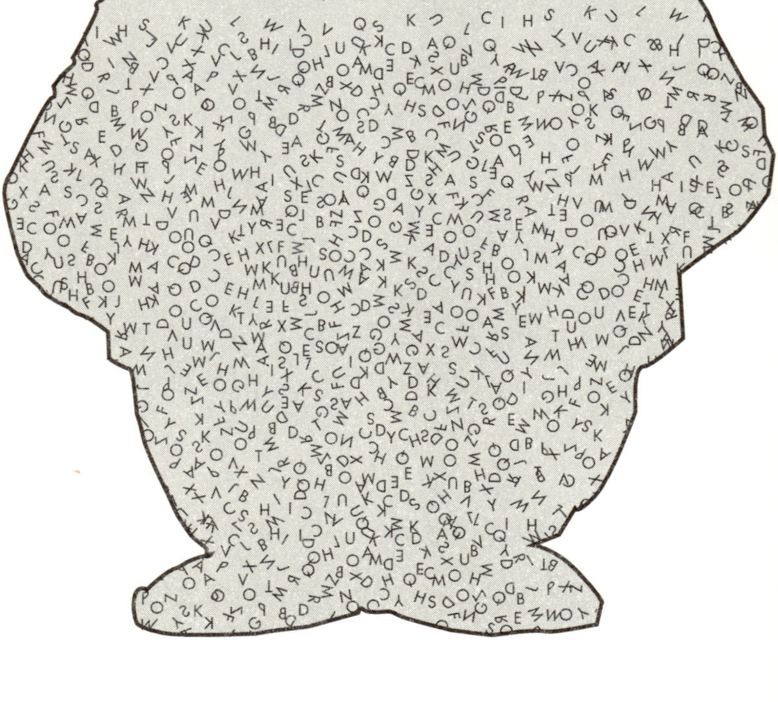

Gunda Röstel, Bündnis 90/Die Grünen

Oft sieht es so aus, als spitze sie den Mund, um anderen was zu pfeifen. Doch nie kommt es dazu. Gunda Röstel, Sprecherin von Bündnis 90/Die Grünen, ist ein welkes Blatt im Herbstwind. Eben noch grün, kurz darauf rot, um wenig später gelb vom Ast zu fallen. Eine Realpolitikerin, wie sie im Buche steht. Doch: »Es recht zu machen jedermann, ist eine Kunst, die keiner kann.« Wer das versucht, läuft Gefahr verheizt zu werden. Wann sagt ihr das endlich jemand? Am besten bei einem Rostbrätel.

ROSTBRÄTEL

Zutaten:

4 dicke Schweineschnitzel (je 200 g)
Salz, Pfeffer aus der Mühle
helles Bier zum Bestreichen
Schmalz zum Braten

Zubereitung:

Schweineschnitzel mit Salz und Pfeffer aus der Mühle kräftig würzen und mit Bier bestreichen. Schmalz in einer Pfanne erhitzen und die Schnitzel darin von beiden Seiten knusprig braun braten. Dabei fleißig mit Bier bestreichen und häufig wenden. Vor dem Servieren das Fett etwas abtropfen lassen. Dazu paßt scharfer Senf und Brot. Der Name des Gerichtes erinnert daran, daß die Thüringer ihre Rostbrätel nicht in der Pfanne, sondern auf dem Rost gebraten haben. Das A und O auch beim Grillen auf dem Rost: häufiges Wenden und Bestreichen mit Bier. Und darauf hoffen, daß nichts durch den Rost fällt.

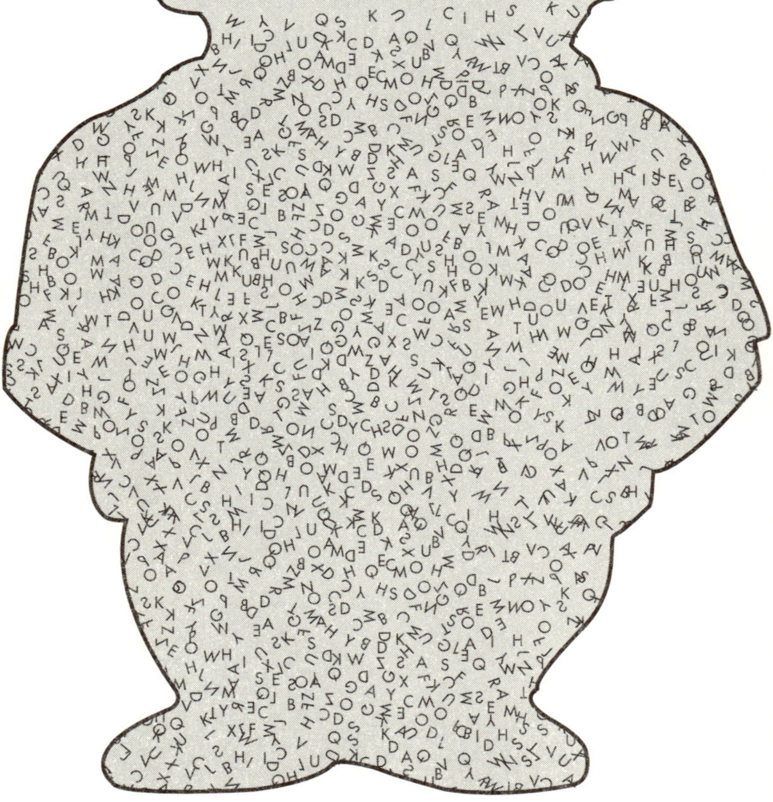

Ortwin Runde, SPD

Manchmal spült eine weiche Welle Leute in politische Positionen, wo sie normalerweise nichts verloren haben. Nicht, weil sie charakterschwach wären. Im Gegenteil, weil sie es nicht sind. Ortwin Runde, SPD, ist ein solcher Mensch. Eher still. Stets bescheiden. Ohne den Hang zu öffentlichen Selbstdarstellungen ist er Präsident des Senats und Erster Bürgermeister der Freien und Hansestadt Hamburg geworden. Und macht seinen Job so, daß selbst sein natürlicher Gegner, der Anwalt und Vorsitzende der CDU-Fraktion, Ole von Beust, ein Herr, nicht mehr daran zu bemängeln hat als das, was alle Oppositionsführer von Amts wegen kritisieren müssen. Ja, es stimmt, es gibt Hamburger Genossen, die wünschten sich ihren Bürgermeister nicht als einen solchen unerschütterlichen Stubenhocker. Aber weil der bleibt, wie er ist, steht Hamburger Stubenküken auf dem Speisenplan.

HAMBURGER STUBENKÜKEN

Zutaten:

4 Stubenküken (junge Hähnchen von 200 bis 250 g)
125 g Hähnchenleber
125 g gekochter Schinken
1 gestrichener EL Mehl
50 g Butter
¼ l Sahne
1 Ei, Salz
30 g Trüffeln
2 EL Madeira
1 EL Cognac
8 dünne Scheiben Frühstücksspeck.

Zubereitung:

Stubenküken waschen, abtrocknen. Hähnchenleber und Schinken sehr fein pürieren. Etwas Butter in kleiner Kasserolle erhitzen, Mehl und 4 Eßlöffel Sahne dazugeben, verrühren und aufkochen. Vom Herd nehmen und abkühlen lassen. Danach mit Püree und Ei verrühren. Mit Salz abschmecken. Trüffeln zuerst in feine Scheiben, dann in Streifen schneiden. In restlicher Butter andünsten. Falls Trüffeln aus der Konserve verwendet werden, Saft zugeben. 5 Minuten schmoren lassen. Madeira und Cognac zugießen und etwas abkühlen lassen. Angedünstete Trüffeln vorsichtig mit der Leberfarce mischen. Küken damit füllen und mit Küchengarn zunähen. Speckscheiben auf die Brüste legen und ebenfalls mit Küchengarn befestigen. Die Küken mit der Brust nach oben in eine passende Bratform legen und bei 200° C 45 Minuten im vorgeheizten Ofen garen. Danach die Speckscheiben abnehmen, restliche Sahne zu dem Trüffelfond in die Form geben. Die Küken weitere 15 Minuten braten, bis die Brüste goldbraun sind. Dabei mehrmals mit dem Bratenfond beschöpfen. Auf eine Servierplatte legen und warm stellen. Den Bratenfond abschmecken und durch ein Sieb in eine Sauciere geben. Mit Erbsen, Spargel und neuen Kartoffeln das ideale Frühlingsgericht.

Rudolf Scharping, SPD

Er hat es wirklich nicht leicht. Erst Ministerpräsident. Dann Parteichef und Kanzlerkandidat. Vom Fahrrad und von Lafontaine gestürzt, von Schröder beiseite geschoben. Nach dem Wahlsieg vom Sessel des Fraktionschefs auf die Hardthöhe evakuiert. Prompt bricht ein Krieg aus, und Rudolf Scharping muß als erster Sozialdemokrat in der Geschichte der SPD Soldaten an die Front schicken, noch dazu »out of area« – ins Kosovo. Ironie des Schicksals oder schlichte Logik, daß er diesen Job so perfekt macht wie keinen der vorhergehenden. Scharping, der Musterschüler. Eins rauf mit Mappe! Und doch oder gerade deswegen mag ihn niemand so richtig gut leiden. Er kann sich einfach nicht locker machen. Irgendwas klemmt. Jetzt wieder diese Nummer mit den Schwulen beim Bund! Scharping hält Männer, die Männer mögen, für sicherheitsgefährdend. Er will sie deshalb nicht als Offiziere in »sicherheitsrelevante Positionen« heben. Könnte von seinem Weimarer Vorgänger Noske sein. Der war genauso ein sozialdemokratischer Eisenfresser. Aber Scharping weiß, daß diesmal die Zeit für ihn spielt. Lafontaine weg, Schröder in Schwulitäten. Irgendwann, da ist er sicher, wird ihn die ganz große Pflicht rufen. Und dann kann er endlich antworten: Ich bin bereit! Bis dahin aber leistet er seinen Wehrdienst ab. Mit öffentlichem Gelöbnis, »Helm ab zum Gebet« und »Großem Zapfenstreich«. »Ich bete an die Macht der Liebe« heißt es da. Rudolf Scharping beherrscht die schreckliche Kunst, seine Gegner müde zu lieben. Dazu gibt's aus der Feldküche Gaisburger Marsch und Verschlungene Gedanken.

GAISBURGER MARSCH UND VERSCHLUNGENE GEDANKEN

Zutaten:

FÜR DIE GAISBURGER MARSCH
200 g Suppenknochen, 1 TL Salz
1 TL gekörnte Brühe, 10 Pfefferkörner
1 Zwiebel, 1 gelbe Rübe
1 Stück Sellerie, 1 Bund Petersilie
1 Stange Lauch, 750 g Rindfleisch
(am besten Ochsenwade)

FÜR DIE SPÄTZLE
300 g Mehl, Salz, 2 Eier
20 g flüssige Butter

AUSSERDEM:
750 g Kartoffeln, 30 g Butter
2 Zwiebeln

VERSCHLUNGENE GEDANKEN
(ZUTATEN FÜR 30–40 STÜCK)
80 g Butter, 60 g Zucker, 1 Päckchen Vanillezucker
2 Eier, 1/8 l saure Sahne, 375 g Mehl
1 gestrichener TL Backpulver, Fett zum Ausbacken, Zucker

Zubereitung:

Suppenknochen mit Salz, gekörnter Brühe, Pfefferkörnern, geschälter Zwiebel und geputztem, gewaschenem Suppengemüse in einen großen Topf geben, gut mit Wasser bedecken und langsam erhitzen. Sobald das Wasser kocht, das Rindfleisch zugeben. Alles zusammen gut 2 Stunden leise sieden lassen. In der Zwischenzeit für die Spätzle Mehl in eine Schüssel geben, mit Salz und Eiern verrühren und so viel Wasser zugeben, bis der Teig zäh geworden ist. Geschmolzene Butter unterrühren. Teig eine halbe Stunde ruhen lassen. In großem Topf Salzwasser zum Kochen bringen. Ein Holzbrettchen mit kaltem Wasser abspülen, etwas Teig daraufgeben und mit dem Messer feine Teigstreifen ins sprudelnd kochende Wasser schaben. Zwischendurch das Messer immer wieder in kaltes Wasser tauchen, damit der Teig nicht kleben bleibt. Wenn die Spätzle an die Oberfläche steigen, mit einem Schaumlöffel herausheben und mit heißem Wasser abbrausen. Fertige Spätzle auf vorgewärmter Platte warm halten, bis auch der Rest fertig ist. Die rohen Kartoffeln schälen, in Salzwasser 20 Minuten gar kochen, abgießen. Das gegarte Fleisch aus der Brühe nehmen und in mundgerechte Stücke schneiden. Die Brühe durch ein Sieb gießen und wieder erhitzen. Butter schmelzen, die in Ringe geschnittenen Zwiebeln darin goldbraun braten. Zum Anrichten Fleisch, Spätzle und Kartoffeln in eine Suppenschüssel schichten, mit der kochenden Brühe begießen, die Zwiebel darüberstreuen.

VERSCHLUNGENE GEDANKEN

Butter mit Zucker und Vanillezucker schaumig rühren, danach Eier, Sahne, Mehl und Backpulver zugeben, gut durchkneten. Teig 30 Minuten ruhen lassen. Danach ½ Zentimeter dick ausrollen, in fingerbreite, 10 Zentimeter lange Streifen schneiden. Jeweils 2 Streifen umeinander legen, die Enden fest zusammendrücken und in heißem Fett schwimmend ausbacken, bis sie goldbraun sind. Mit einem Schaumlöffel herausnehmen, auf Küchenkrepp abtropfen lassen, mit Zucker bestreuen und heiß essen.

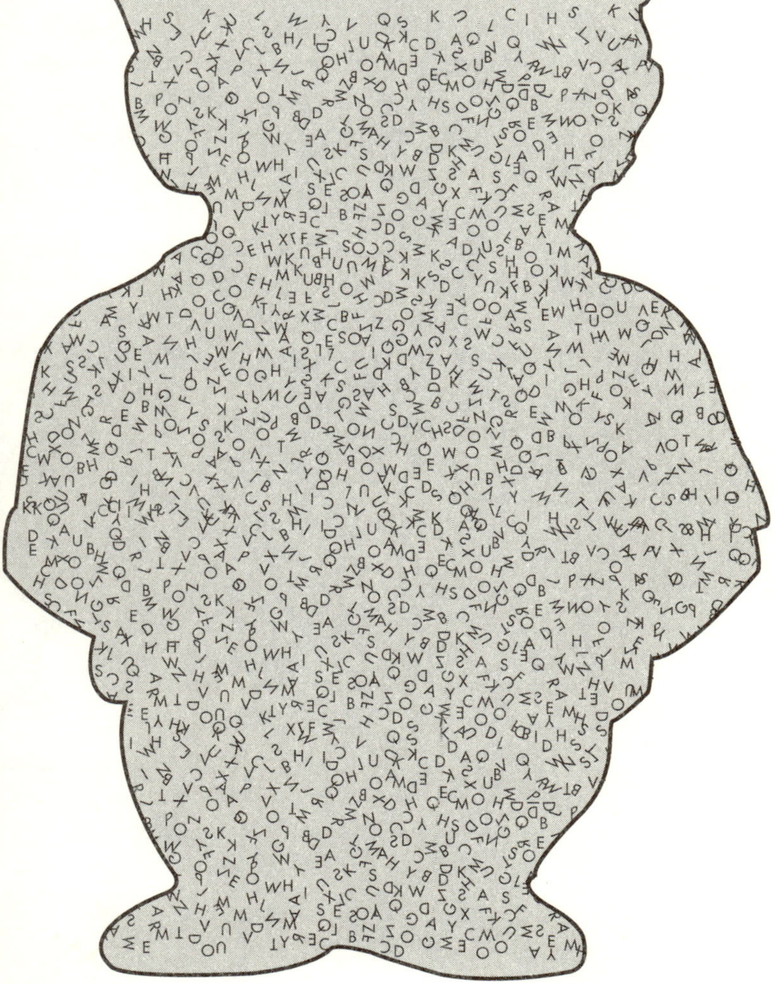

Wolfgang Schäuble, CDU

Die Frage heißt nicht: »Sekt oder Selters?« Die Frage lautet: »Rüttgers' Club oder Schäubles Verein?« Der Vorsitzende des mitgliederstärksten Landesverbandes der CDU, in Nordrhein-Westfalen, und Ex-Bundesminister, Jürgen Rüttgers, findet den Verein, dem er angehört, vermufft. Seit dem Abgang des Alleinherrschers und Aussitzers Helmut Kohl habe sich nichts geändert. Seine Partei blicke rückwärts statt nach vorn. Überhaupt: Es müsse die »ausgefallene Wahlanalyse« nachgeholt werden. Das sei alles Quatsch, finden – ganz vorne – Angela Merkel und Volker Rühe. Und der Bundesvorsitzende der »großen Volkspartei« sitzt dabei und verläßt sich auf das von einer Waschmittel-Werbeagentur für die CDU ersonnene Motto »Mitten im Leben«. Aus dem Evangelischen Gesangbuch, Lied 518, müßte der badische Protestant wissen: »Mitten im Leben sind wir mit dem Tod umfangen.« Nein, er setzt aufs Hoffen – darauf, daß die »Sozen« sich eigenmäulig zugrunde richten. Hoffen setzt Handeln voraus. Er handelt mittlerweile aber nur noch wie sein Vorgänger. Abkanzeln. Maul stopfen. Schnauze halten. Maultaschen gefällig?

MAULTASCHEN

Zutaten:

FÜR DEN NUDELTEIG

3–4 Eier, Salz
ein Spritzer Essig
350–400 g Mehl
leicht gesalzenes Wasser

FÜLLUNG

20 g Butter
20 g winzige Speckwürfelchen
1 EL feingewiegte Zwiebel
1 EL feingehackte Petersilie
400 g Spinat
2–3 altbackene Semmeln
150 g kalter Braten oder gekochter Schinken
250 g Rinderhack oder Bratwurstbrät
2–3 Eier
je eine Prise Salz
Muskat und Pfeffer aus der Mühle

ZUM SCHMELZEN

20 g Butter, 2 EL feine Semmelbrösel
2 EL gehackte Petersilie oder Schnittlauch.

Zubereitung:

NUDELTEIG

Eier in einer Schüssel mit einer Prise Salz, einigen Tropfen Essig – dadurch trocknen die Nudelplatten später rascher – und einer Eierschale Wasser verquirlen. Mehl auf ein Backbrett sieben, verquirlte Eier gut einarbeiten. Je nach Beschaffenheit des Teiges etwas mehr Wasser oder ein weiteres Eiweiß zugeben. Den Teig so lange kneten und durcharbeiten, bis er geschmeidig ist und glänzt. Er darf nicht zu weich sein. Abdecken, einen Augenblick ruhen lassen. Danach 20–25 Zentimeter breite Streifen auswellen.

FÜLLUNG

Speckwürfelchen in zerlassener Butter glasig schwitzen. Zwiebel und Petersilie mitdünsten. Nach dem Abkühlen gekochten, gewiegten Spinat und eingeweichte, ausgedrückte Semmeln dazugeben. Durchgedrehtes Bratenfleisch oder Schinken, Hackfleisch oder Brät, Ei, Salz und Gewürze untermischen, gut vermengen, kräftig abschmecken. Füllung gleichmäßig auf die Nudelstreifen streichen, der Breite nach aufrollen, nicht zu große Rechtecke oder Vierecke abschneiden. In sprudelndes Salzwasser legen, etwa 10 Minuten gar ziehen lassen. Beim Anrichten mit gerösteten Bröseln überschmelzen oder in Fleischbrühe gar kochen. Darin servieren. Mit etwas Petersilie oder Schnittlauch bestreuen.

Henning Scherf, SPD

Der Mensch beginnt bei seiner Geburt zu sterben. Zumindest gehen bereits unmittelbar nachdem er das sogenannte Licht der Welt erblickt hat, die ersten Teile in ihm kaputt. Mit dieser Art von Frühverschleiß müssen wir uns abfinden. Das ist so. Punkt. Aus. Basta. Wenn dagegen jemand seine Überzeugungen, Gesinnungen, Glaubensinhalte allein um des Machterhaltes willen über Bord wirft, dann tut das weh. Weniger dem Außenborder als denen, die ihn über weite Strecken bei seinem Törn durch teilweise schwere See begleitet haben. Daß Henning Scherf, jetzt SPD-Bürgermeister und Justizsenator des Landes Bremen, sich eines Tages an den CDU-Obristen Hartmut Perschau schmiegen könnte, hätte vor zehn Jahren keiner seiner Mitsegler für möglich gehalten. Tut er aber. Herzinnigst. Ein süßes Paar! Wer es geschafft hat, seinen Genossen und Stammwählern diese bittere Pille zu verzuckern, dem werden Zuckerschoten mit Nudeln aus dem Wok bestens bekommen.

ZUCKERSCHOTEN MIT NUDELN AUS DEM WOK

Zutaten:

400 g Zuckerschoten
1 Bund Frühlingszwiebeln
100 g dünne Reisnudeln
3 EL Erdnußöl
1 Tasse trockener Weißwein
3 EL Sesamsamen
4 EL Sojasauce
schwarzer Pfeffer aus der Mühle
1 TL brauner Zucker
1 TL Sesamöl oder Sesampaste

Zubereitung:

Zuckerschoten waschen, Stielansätze entfernen, Fäden ziehen. Frühlingszwiebeln putzen, waschen, in Ringe schneiden. Nudeln mit kochendem Wasser übergießen, quellen lassen und abgießen. Öl im Wok, ersatzweise in einer großen Pfanne erhitzen, Sesam einstreuen und goldbraun werden lassen, Zuckerschoten und Frühlingszwiebeln dazugeben und bei starker Hitze anbraten. Dabei immer rühren. Zuletzt die Nudeln, Weißwein, Sojasauce, Pfeffer, Zucker und Sesamöl oder -paste hinzufügen, vorsichtig untermengen und heiß servieren.

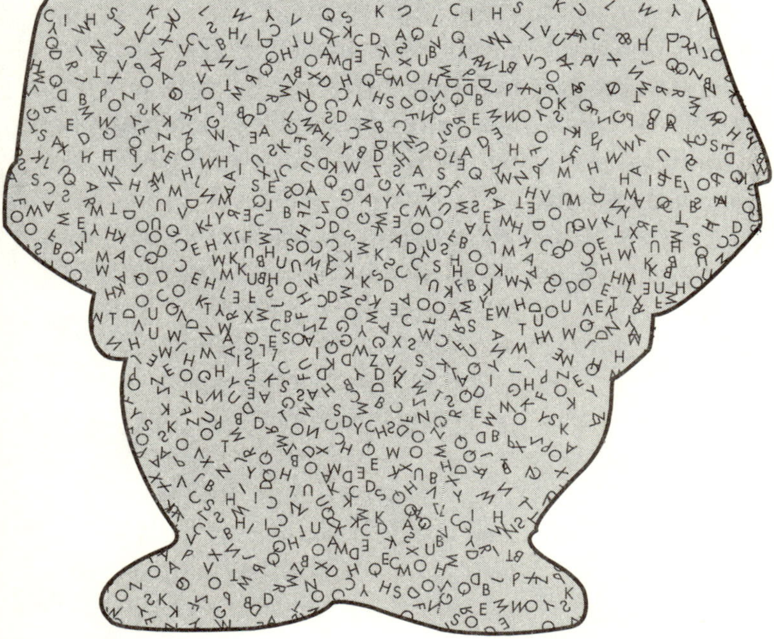

Otto Schily, SPD

»Einst ein Held«. Das war ein Film! In dem Alec Guinness einen ehedem aufrechten, hochdekorierten, gleichwohl von seinen Vorgesetzten übergangenen und mißverstandenen Offizier gibt, der das Ende seiner Tage in einer schottischen Garnison verbringt, verbittert, verstockt, uneinsichtig, unnachgiebig. Keiner kann ihm irgend etwas recht machen. Keiner kann bzw. will ihn verstehen. Alle warten nur darauf, ihn kleinzukriegen. Eine tragikomische Figur in einem großen Film. Der Film zum Leben von Otto Schily. Einst furchtloser Anwalt der Außenseiter, Kämpfer für Recht und Gerechtigkeit. Steter Stachel im Fleisch der Mächtigen. Heute Bundesminister des Inneren. Einst ein Grüner, heute ein Pinkfarbener. Einst ein Sensibler, heute ein Dickhäuter. Einst hellhörig und hellsichtig, heute hartleibig und rechthaberisch. Einst feinfühlig für die Gefahren, die vom allgegenwärtigen Staat ausgehen. Heute ein brachialer Prediger von »law and order«. Einst ein Held. Heute ein tragikomischer Veteran, den Grünkernbratlinge mit Morchelrahmsauce und unangemachter Salat an seine Anfänge erinnern sollen.

GRÜNKERNBRATLINGE MIT MORCHELRAHMSAUCE

Zutaten:

FÜR GRÜNKERNBRATLINGE
200 g geschroteter Grünkern
3 El Sonnenblumenöl, 1 Zwiebel
1 EL Butter, ¼ l Gemüsebrühe
1 Ei, 50 g frisch geriebener Gruyère
Salz, Pfeffer

FÜR DIE MORCHELSAUCE
30 g getrocknete Morcheln
1 Schalotte, 1 EL Butter
¼ l Morchel-Einweichwasser (gefiltert)
¼ l Crème double, 1 EL Sherry
Salz, Pfeffer, Cayenne, etwas Zitronensaft,
Petersilie

FÜR DEN SALAT
1 Kopfsalat
einige Blätter Löwenzahn
zarte Brennesseltriebe, Gänseblümchen
1 Zitrone, etwas Distelöl

Zubereitung:

Morcheln gründlichst waschen. Gut mit Wasser bedeckt eine Stunde einweichen.

GRÜNKERNBRATLINGE

Zwiebeln feinhacken, in Butter glasig dünsten. Grünkernschrot dazugeben, mit Brühe auffüllen. Bei milder Hitze 15 Minuten quellen lassen. Ausgekühlte Grünkernmasse mit Ei und Käse vermengen. Würzen. Aus der Grünkernmasse kleine Küchlein formen und in Öl auf beiden Seiten goldbraun braten. Warm stellen.

MORCHELSAUCE

Schalottenwürfel in Butter andünsten, eingeweichte Morcheln zufügen und nach und nach mit gefiltertem Einweichwasser aufgießen. Sahne cremig einkochen lassen. Mit Sherry verfeinern, abschmecken. Feingehackte Petersilie unterstreicht das Pilzaroma.

SALAT

Kopfsalat putzen, waschen und trockenschleudern. Löwenzahnblätter und Brennesseltriebe verlesen, waschen, trockentupfen. Gänseblümchen auf Käferchen untersuchen. Alles locker in eine Schüssel schichten, Gänseblümchen obenauf. Genußsüchtige Anthroposophen nehmen etwas Saft von einer Zitrone und einige Spitzer Distelöl als Marinade. Puristen genießen den Salat pur – unvollendet.

Gerhard Schröder, SPD

Als Kohl Kanzler wurde, was haben sie ihn da fertiggemacht! Die von der Opposition sowieso, aber – hinter vorgehaltener Hand – auch viele aus dem eigenen Lager. Blättert man in alten Zeitungen und Zeitschriften nach, gewinnt man den Eindruck, damals ist in Deutschland der letzte Depp an die Macht gekommen. Nun, hinterher ist jeder schlauer, auch der letzte Depp. Kohl verließ die politische Bühne als weltweit geachteter Staatsmann. Dem Schröder ging es im ersten Jahr genauso wie dem Regierungsanfänger Kohl. Nur verfügt er offenbar nicht über den überragenden politischen Instinkt seines Vorgängers. Tolpatschig tappt er in jede Falle, die ein harter Kern altlinker Besserwisser ihm täglich zwischen Kanzleramt und Parteizentrale aufstellt. Schlecht beraten, ließ er sich monatelang als politischer Dressman und Entertainer feiern, bis eine Reihe von Pleiten, Pech und Pannen den »Brioni-Kanzler« auf den hoffnungslos verfilzten Fleckerlteppich sozialdemokratischer Realitäten zurückholte. Jetzt trauen sich alle aus der Deckung, die im Augenblick von Schröders Wahltriumph ihre Tage gezählt sahen. Für den gelernten Durchbeißer die letzte Chance. Schröder weiß, daß ein Land nur dann blühen kann, wenn den Unternehmern nicht fortwährend Knüppel zwischen die Beine geworfen werden. Wacker versucht er deshalb nicht nur Steuerschlupflöcher zu stopfen, sondern auch an der »sozialen Hängematte« herumzuschnippeln. Nur leider hat er das jenen, die ihn zum Kanzler der Bundesrepublik Deutschland wählten, vorher nicht angekündigt. Er sprach von Reformen und bleibt doch bisher – trotz aller Strampelei – weit hinter dem zurück, was sein Vorgänger in Bewegung setzte. Er hat viel versprochen und hält wenig. Er rennt und rennt, doch Ziel und Zeit laufen ihm davon. Ob ihm Falscher oder Heuchelhase (für acht bis zehn Personen) schmeckt?

FALSCHER ODER HEUCHELHASE

Zutaten:

1 kg mageres Rinderhack
½ kg Schweinehack
3 Eier
100 g geschmolzene Butter
2 Tassen geriebene Semmel
1 geriebene Zwiebel, etwas Nelkenpfeffer
oder Muskatnuß
1 EL Salz, reichlich Pfeffer aus der Mühle
1 EL Dijon-Senf
eine Kräutermischung aus Majoran, Thymian,
Petersilie und einigen gerebelten Nadeln Rosmarin
2 dünne Scheiben grüner Speck,
in schmale, kurze Streifen geschnitten
1 EL Butter
½ l Rotwein
¼ l saure Sahne

Zubereitung:

Eier verquirlen, geschmolzene Butter, geriebene Semmel, Zwiebel, Nelkenpfeffer oder Muskat, Salz, Pfeffer, Senf und Kräuter zum Hackfleisch geben, alles gut vermengen. Hackfleischmasse in die Form eines Rehrückens bringen, nach alter Manier mit Speckstreifen in Dreier- oder Fünferreihen spicken. Den Raum zwischen den Speckstreifen mit einem Messerrücken einkerben. Butter in der Bratpfanne zerlassen, den Braten hineinlegen. Eine gute Stunde im Ofen schmoren lassen, dabei immer wieder mit Wein und Bratenfond begießen. Danach mit geriebener Semmel bestreuen. Das macht schön braun. Zuletzt saure Sahne dazugeben und eine weitere halbe Stunde braten.

Rudolf Seiters, CDU

Der heutige Vizepräsident des Deutschen Bundestages, früher einmal Bundesminister für besondere Aufgaben sowie Chef des Bundeskanzleramtes und danach Bundesinnenminister, besitzt eine Rarität in der deutschen Politik: Fingerspitzengefühl und Verantwortungsbewußtsein. Wer träte heute von seinem Amt zurück, »nur« weil ein mutmaßlicher Terrorist bei dem Versuch, ihn zu verhaften, auf rätselhafte Weise ums Leben gekommen ist? Seiters tat's. Voreilig, wie sich hinterher herausstellte. Was seinen Motiven keinen Abbruch tut. Berufspolitiker seit undenklichen Zeiten, ist er dennoch völlig konturlos geblieben. Wie ein deutscher Beamter. Das hat er nicht verdient. Damit er merkt, was er an sich ändern muß, wird Rudolf Seiters ein Beamtenstipp verordnet.

BEAMTENSTIPP

Zutaten:

2 kleine Zwiebeln
40 g Butter
400 g Rinder- und Schweinehack gemischt
4 EL Tomatenmark
Salz, Pfeffer aus der Mühle

Zubereitung:

Feingehackte Zwiebeln in Butter andünsten, Hackfleisch zugeben, kräftig würzen. Sobald das Fleisch gut gebräunt ist, Tomatenmark und eine Tasse Wasser zugeben. 30 Minuten bei kleiner Hitze köcheln lassen. Zu diesem Stipp werden Kartoffeln oder Nudeln gegeben.

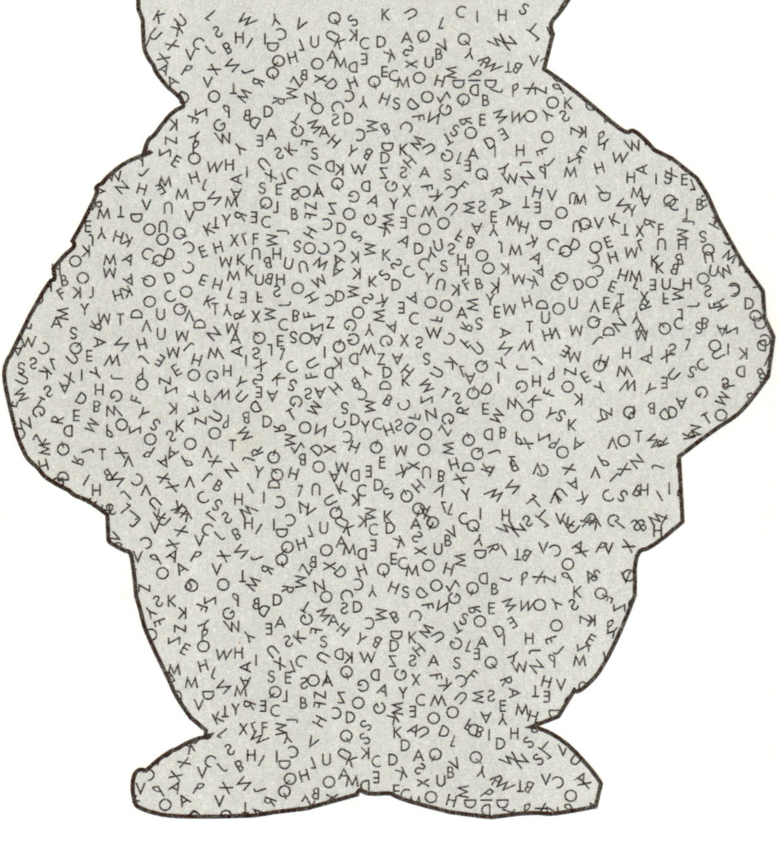

Heide Simonis, SPD

»Ich war die kleine Tomate auf der Fleischplatte«, sagt sie so niedlich. Die Tomate, auch Liebes- oder Paradiesapfel genannt, litt lange unter ihrem Ruf als Giftpflanze. Im 16. Jahrhundert waren die Italiener die ersten und blieben in Europa bis zum 20. Jahrhundert die einzigen, die die Dinger für eßbar hielten. In den Vereinigten Staaten erregte der erste öffentliche Verzehr einer Tomate solches Aufsehen, daß heute noch Zeit, Ort und Esser namentlich bekannt sind: Robert Gibbon Johnson verputzte sie 1940 in Salem, New Jersey, auf der Treppe eines öffentlichen Gebäudes. Heide Simonis wollte natürlich mit ihrem anmutigen Gleichnis nur sagen, die männlichen Politiker hätten sie als eine Art lästige Vitaminbereicherung für ein gehaltvolles Mahl betrachtet, das aus ihnen selbst bestand und mit dem die Wähler sich zufriedengegeben hätten, wäre Frau Simonis nicht seit ihrem Eintritt in die SPD 1969 so hartnäckig geblieben. Schuld an Frau Simonis' Gang in die Politik ist natürlich ein Mann, ihr Mann. Nicht etwa, weil sie ihm nacheifern wollte, sondern weil sie fieberhaft ein Feld suchte, auf dem ihr ehemaliger Dozent nicht hineinreden konnte. Udo Simonis, Professor für Umweltpolitik, sieht ein bißchen aus wie der Dalai Lama und muß ein ähnlich ausgeglichenes Wesen besitzen. Seiner Frau öffnet er, sobald sie freitags durch die Tür rauscht, schleunigst eine Flasche ihres Lieblingsgetränks: Sekt. Dann glätten sich die Wogen. Vom Kochen verstehe sie nicht viel, stapelt die Politikerin tief, deshalb müsse sie sich Rezepte einfallen lassen, deren Geschmack das mangelnde Raffinement überdecke. Dazu verwendet sie vor allem viel Knoblauch und Pecorino (gepreßter Schafskäse, haselnussig, mild) und manscht eine Spaghettisauce daraus. Ihr Pressesprecher Gerhard Hildenbrand verrät allerdings, daß Frau Heide in Wahrheit eine sehr gute Köchin sei, die an Weihnachten die Mitarbeiter bemuttere. »Einen Tag nimmt sie sich dann frei und rackert und kocht.« Schröder, der vor sogenannten starken Frauen solche Angst hat, daß er ihnen sofort Anträge macht, die allerdings nur ein Bruchteil dieser Frauen annimmt, fürchtet Heide Simonis. Ja, manche sagen, Schröder reite die SPD derzeit ganz bewußt in Grund und Boden, damit Heide Simonis gegen Volker Rühe mit Pauken und Trompeten verliert. Sehr gern ißt Schleswig-Holsteins First Lady Matjesröllchen. Ob sie ihr, nach dem katastrophalen Kentern der »Pallas« vor ihrer Küste, in schweres Öl eingelegt auch noch schmecken? Einerlei. Mit Heide Simonis ist jedenfalls nicht gut Kirschen essen. Zur Besänftigung wird sie mit süßer Blutwurst gefüttert.

SÜSSE BLUTWURST

Zutaten:

250 g altbackenes Weißbrot oder altbackene Semmeln
¼ l fette Wurstbrühe
250 g gekochtes Wellfleisch
2 gedünstete Zwiebeln
1 TL Salz
1 TL Thymian
2 EL Zucker
Nelkenpfeffer
4 EL Rosinen
⅜ l Schweineblut (beim Metzger bestellen)
2 EL Schmalz
2 EL Mehl, in wenig Wasser angerührt

Zubereitung:

Weißbrot kleinschneiden, mit heißer Wurstbrühe übergießen, durchziehen lassen. Gekochtes Wellfleisch würfeln, mit den gedünsteten Zwiebeln durch die grobe Scheibe des Fleischwolfs drehen. Durchgedrehtes Fleisch zum eingeweichten Weißbrot geben, vermischen. Mit Salz, Thymian, Zukker und Nelkenpfeffer würzen. Dann Rosinen und Schweineblut untermischen. Schmalz in einer Pfanne erhitzen. Die Masse hineingeben. Mehl in etwas Wasser anrühren und angießen. Die Blutwurstmasse so lange braten, bis sie gar und schwärzlichbraun ist. Mit Bratkartoffeln oder Kartoffelbrei auf die Tafel heben.

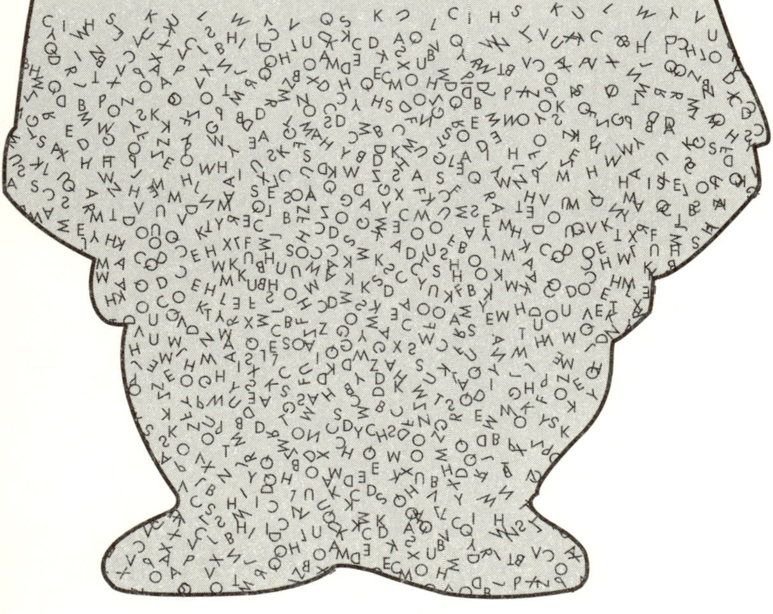

Hermann Otto Solms, F.D.P.

Während deutsche Groschenjournalisten wie Leibeigene hinter Leuten herrennen, die sie für adelig halten, firmiert ein Mann, der sich nach deutschem Namensrecht Hermann Otto Prinz zu Solms-Hohensolms-Lich nennen dürfte, schlicht mit Hermann Otto Solms, F.D.P. Das, was in Großbritannien das »Rattenpack« genannt wird – dazu gehören beileibe nicht nur Mitarbeiter der gelben Presse, sondern auch solche von sogenannten seriösen Zeitungen, Magazinen, Fernseh- und Radiosendern –, hat hierzulande noch nicht mitbekommen, daß der Adel bei uns 1919 abgeschafft worden ist. Ob den Bundestags-Vizepräsidenten Solms die reine Bescheidenheit und Gesetzestreue antreibt, steht dahin. Der ehemalige F.D.P.-Schatzmeister hat sich einige Bolzen geleistet – unter anderem das Millionendebakel um die Wahlkampfkostenerstattung –, bei denen es weniger auffällt, wenn er mit Solms an Stelle seines vollen Namens unterschreibt. Dem promovierten Agronomen sei sein Bauernfrühstück trotzdem von Herzen gegönnt.

BAUERNFRÜHSTÜCK

Zutaten:

500 g gekochte Bio-Kartoffeln, geschält
und in Scheiben geschnitten
1 große Zwiebel, geschält und fein gewürfelt
125 g gewürfelter durchwachsener Speck
6 Eier
1 kleingewürfelte Salz- oder Gewürzgurke
½ Tasse Milch
2 EL gehackte glatte Petersilie oder
fein geschnittener Schnittlauch
Salz, schwarzer Pfeffer

Zubereitung:

Speck in großer Pfanne anbraten, bis er kroß ist. Kartoffeln und Zwiebeln dazugeben. Unter vorsichtigem Wenden goldbraun rösten. Eventuell etwas Butter nachschieben. Eier mit Milch verquirlen, salzen, pfeffern, Gurke und Kräuter untermischen. Eiermischung über die Kartoffeln geben und bei mittlerer Hitze stocken lassen. Unter vorsichtigem Rühren und Wenden fertig braten.

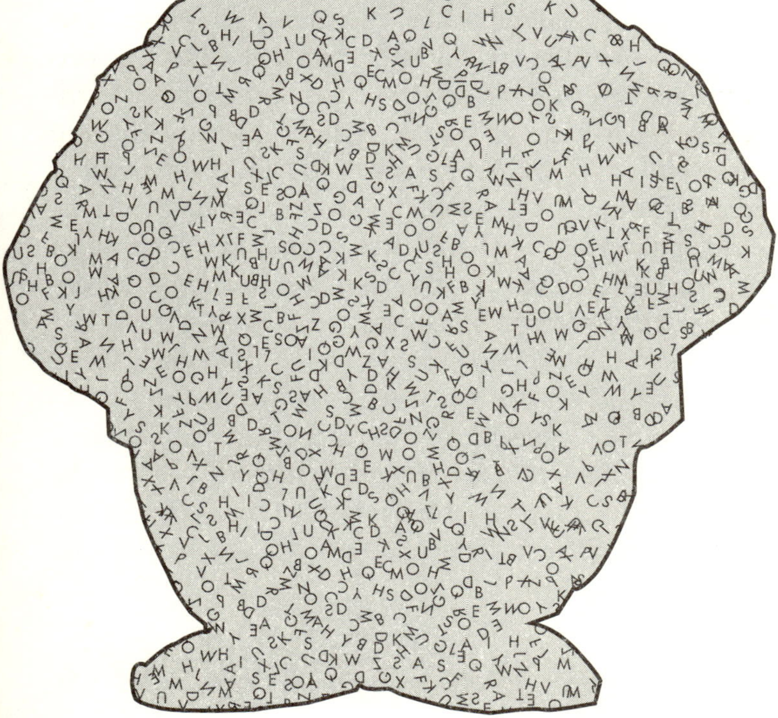

Edmund Stoiber, CSU

München ist schon lange nicht mehr heimliche Hauptstadt. Aber Edmund Stoiber genießt seine Rolle als heimlicher Kanzlerkandidat. So sehr, daß ihm die Entzauberung durch seinen renitenten Justizminister Sauter als GAU vorkommen mußte. Sauter wurde schuldbeladen in die Wüste geschickt – und Stoiber versucht seitdem die peinlichen Imagekratzer loszuwerden, zum Beispiel indem er Thomas Gottschalk mit dem Bayerischen Fernsehpreis auszeichnet. Kein Mensch ist jemals auf den Gedanken gekommen, den Ministerpräsidenten des Freistaates Bayern, Edmund Stoiber, einen »Landesvater« zu nennen. Seine öffentlichen Auftritte sind so weit entfernt von jeder väterlichen Geste, von liebender Strenge, von begütigender Wärme, von umarmendem Mitgefühl wie eine Kuh vom Walzertanzen. Patriarch von Transsylvanien dagegen könnte er sein. Weil sein Auftritt etwas Untotes, Zombiöses ausstrahlt. Sein Biß ist stumpf, doch seine Rede spitz. Kalt. Gallig. Ausländer sollen erst mal Deutsch lernen, fordert Stoiber, in dessen Machtbereich für so manchen »Dialektiker« Hochdeutsch zeitlebens böhmisch bleibt. Den heute armen Bundesländern will er ans Portemonnaie. Bayern habe genug bezahlt. Sagt Stoiber, der wissen muß, daß der Bergbauernstaat 37 Jahre lang Knete von den jetzt Armen bezogen hat. Dafür soll er Lüngerl und Gallert (für sechs bis acht Personen) essen, bis er grün wird.

LÜNGERL UND GALLERT (SÜLZE)

Zutaten:

FÜRS LÜNGERL

1 Kalbslunge (bestellen), 1 Zwiebel
Salz, Zucker, 1 Bund Suppengrün
2 Lorbeerblätter, 10 Pfefferkörner
5 Wacholderbeeren, 2 EL Butter
etwas Mehl zum Bestäuben, $\frac{1}{8}$ l Sahne
1 l Brühe oder Kalbsfond, eine Prise Thymian,
Saft einer halben Zitrone, $\frac{1}{8}$ l Rotweinessig.

FÜR DAS GALLERT

1 Schweineohr, 1 Kalbsfuß
1 Zwiebel, 5 Pfefferkörner
5 Gewürzkörner, Salz
$\frac{1}{4}$ l Essig, 750 g Schweinefleisch
1 Salz- oder Gewürzgurke

Zubereitung:

LÜNGERL

Lunge einige Stunden in reichlich Wasser liegenlassen. Danach mit frischem Wasser in großem Topf aufsetzen. Zwiebel vierteln, Suppengrün putzen, mit den Gewürzen zur Lunge in den Topf geben. Ein Schuß Essig darf nicht fehlen. Lunge $1\frac{1}{2}$ Stunden köcheln lassen, bis sie weich ist. Das Fleisch nach dem Herausnehmen ruhen lassen. Lunge dann in feine Streifen schneiden und in geräumigem Topf in Butter andünsten. Leicht mit Mehl bestoibern, nach und nach etwas Lüngerl- oder Kalbsbrühe angießen. Immer wieder umrühren, bis das Lüngerl schön braun ist. Mit Salz, Pfeffer, etwas Thymian, einem Schuß Essig oder Zitrone sowie einer Prise Zucker abschmecken. Einen Klecks geschlagene Sahne unterrühren. Mit fein gehackter glatter Petersilie auftragen. Nicht zaghaft würzen.

GALLERT

Schweineohr und Kalbsfuß mit gepellter Zwiebel, Gewürzen, Salz und einem Schuß Essig in zwei Liter kaltem Wasser aufsetzen, 2–3 Stunden simmern lassen. Danach das Schweinefleisch in die kochende Brühe geben und 1 Stunde mitkochen lassen. Fleisch herausnehmen, die Brühe kalt werden lassen. Fett abschöpfen. Brühe durch ein Sieb in einen anderen Topf umfüllen. Mit Salz und restlichem Essig abschmecken. Fleisch von den Knochen lösen, würfeln. Gurke würfeln. Fleisch und Gurke in den Sud geben. Dabei immer wieder umrühren. Sobald der Sud zu gelieren beginnt, in eine kalt ausgespülte Schüssel füllen und ganz fest werden lassen. Sülze vor dem Servieren stürzen. Bei Tisch mit Essig und Öl beträufeln und mit rohen Zwiebelringen und Bratkartoffeln servieren.

Manfred Stolpe, SPD

Ginge es mit rechten Dingen zu und gemäß dem Ehrenkodex alter Sozialdemokraten, dann wäre dieser Mann längst weg vom Fenster. Doch Manfred Stolpe, Ministerpräsident in Brandenburg, windet sich wie ein Aal. Es hat ihm bislang weder geschadet, daß von unterschiedlichster Seite vorgetragen wird, der vormalige Konsistorialpräsident der evangelischen Kirche in Brandenburg sei Zuträger, Denunziant und Liebediener des Ministeriums für Staatssicherheit (Stasi) gewesen, noch daß sein Weben und Wirken Brandenburg bisher nicht aufgeholfen hat.

Aus der Wahlschlappe vom 5. September windet sich so einer raus unter Hinweis auf die schlappe Bundespolitik – und regiert danach eben in einer großen Koalition weiter, notfalls eben ohne Regine Hildebrandt, die aus der Niederlage Konsequenzen zog und für Rot-Schwarz nicht zur Verfügung stehen wollte. Nichts scheint dem glatten Stolpe zu schaden, auch kein Aal in Ruländer.

AAL IN RULÄNDER

Zutaten:

2 küchenfertig vorbereitete Aale (500 g netto)
100 g Schalotten
100 g Lauch
150 g Champignons
150 g Tomaten
etwas frischer Thymian
einige Stengel glatte Petersilie
100 g Butter
Salz, weißer Pfeffer aus der Mühle
1 Lorbeerblatt
½ l trockener Weißwein
¼ l Schlagsahne

Zubereitung:

Aal – weil eine tierische Arbeit – vom Fischhändler filetieren lassen. Die Filets in 12 Stücke teilen. Schalotten und Lauch fein würfeln, Champignons in Scheiben schneiden, Tomaten enthäuten, klein würfeln, Kräuter verlesen und trockentupfen. Butter in einer Kasserolle erhitzen. Aalstücke salzen, pfeffern und in heißer Butter von beiden Seiten andünsten. Schalotten, Lauch, Kräuter und Lorbeerblatt zugeben. Mit Wein ablöschen, 5 Minuten bei milder Hitze köcheln lassen. Sahne zugeben. Alles weitere 5 Minuten ziehen lassen. Aal herausnehmen, warm stellen. Kräuter und Lorbeerblatt aus der Sauce fischen. Die Sauce bei starker Hitze einkochen, bis sie cremig ist. Schließlich durch ein Sieb geben, mit Salz und Pfeffer würzen. Restliche Butter in einer Pfanne aufschäumen, Tomaten und Pilze kurz darin schwenken, salzen und pfeffern. Aalfilets auf vorgewärmten Tellern mit dem Tomaten-Champignon-Gemüse und der Sauce anrichten, eventuell geheimnisvoll umgarnt von Bandnudeln.

Erwin Teufel, CDU

Der Teufel sitzt im Detail. Und in Baden-Württemberg. Da hat er aber auch nichts zu lachen. Politik dient ja nicht der Volksbelustigung. Entertainer im Politgewerbe sind eine Plage. Aber ein bißchen lebhafter, sinnlicher, heiterer, vor allem selbstironischer dürft's schon zugehen. Erwin Teufel, der Ministerpräsident Baden-Württembergs, sagt wenig. Und was er sagt, braucht sich kein Mensch einzuprägen. Es ist von elegantester Hohlheit. Teufel braucht und bekommt aus diesem Grund eine Buß- und Fastenspeise: Brotschmarrn.

BROTSCHMARRN

Zutaten:

4 feste Semmeln
3 Eier
1–2 Tassen Milch
1 Handvoll Sultaninen
Zucker, Mehl
Butter zum Ausbacken

Zubereitung:

Sultaninen in warmem Wasser einweichen, Semmeln in dünne Scheiben schneiden, Eier mit Milch verquirlen. Semmelschnitzel in einer Schüssel mit den abgetropften Weinbeeren, einer Prise Salz und der Eiermilch mischen. Eine Viertelstunde weichen lassen. Eventuell etwas Milch dazugeben. Danach die Masse mit Zucker – nach Geschmack – und etwas Mehl zum Binden grob durchmischen. Die Mischung muß aus der Schüssel in eine Pfanne mit heißer Butter »rutschen«. In der wird der Schmarrn langsam ausgebacken. Sobald er eben noch glibbrig ist, in Stücke reißen und wenden. Brotschmarrn soll goldbraun sein. Er schmeckt mit Zucker, Zimt und Apfelmus.

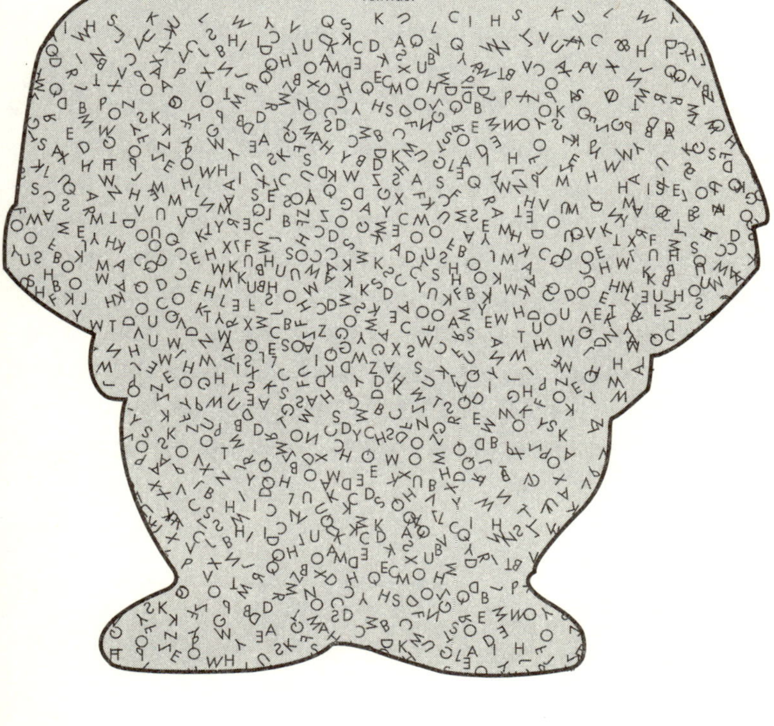

Wolfgang Thierse, SPD

Der Präsident des Deutschen Bundestages, Wolfgang Thierse, SPD, wird bundesweit in der Schublade »ehrliche Haut« und »kluger Mann« abgelegt. Er wird es richtig einzuordnen wissen. Ist das eigentlich eine Freundlichkeit, wenn von einem Berufspolitiker gesagt wird, er sei »eine ehrliche Haut«? Oder ist das eine Umschreibung für »dusselig, aber harmlos«? Klugheit scheint ebenso wenig gefragt zu sein wie Integrität. Schläue, am besten in ihrer rustikalen Form als Bauernschläue, dagegen sehr. »Schlitzohr« ist denn auch – die CSU-Abgeordneten in Bund und Land leben's vor – kein Schimpfwort, sondern ein Kompliment. Dabei sollten Komplimente duften und nicht stinken. Schlitzohren waren ursprünglich Hamburger Zimmerleute, denen der Zunft-Ohrring aus dem Läppchen gerissen wurde, wenn sie beim Lügen, Stehlen oder ähnlichen Unregelmäßigkeiten erwischt worden waren. Daß dem »Kultur-Theoretiker«, der Thierse zu DDR-Zeiten war, das politische Schlitzohr-Gewerbe bis ans Lebensende Spaß machen könnte, ist kaum zu glauben. Wegen seiner Gelassenheit und Ruhe ist ihm zuzutrauen, daß er einen tückisch mit Gräten durchsetzten pochierten Hecht in weißer Butter – Brochet au beurre blanc – tranchieren könnte, ohne ein Gemetzel anzurichten.

HECHT IN WEISSER BUTTER

Zutaten:
1 Hecht (1 kg)
2 l kräftig gewürzte Court-Bouillon
(Sud zum Pochieren von Fisch, dem nach Belieben etwas Weißwein, Weinessig mit Gemüsen wie Karotten, Zwiebeln, Staudensellerie, Kräuterbündel und andere Aromaten wie Pfeffer- und Korianderkörner beigegeben werden können).

FÜR DIE WEISSE BUTTERSAUCE
¼ l trockener Weißwein (Muscadet)
50 g fein gehackte Schalotten
Salz, weißer Pfeffer
1 Prise Cayenne
Saft einer halben Zitrone
300 g Butter, weich geknetet

Zubereitung:
Hecht vom Fischhändler ausnehmen, jedoch nicht schuppen lassen! Die Schuppen erleichtern das Abziehen der Haut nach dem Kochen. Fisch in gut 2 Liter Court-Bouillon pochieren. Rund 25 Minuten gar ziehen lassen.

BUTTERSAUCE
In kleiner Kasserolle – am besten aus Kupfer – Wein mit Schalotten, Salz und Pfeffer so lange kochen, bis die Flüssigkeit fast verdampft ist. 2 Eßlöffel Wasser zugeben und die Butter unter ununterbrochenem kräftigem Schlagen mit dem Schneebesen in kleinen Mengen verrühren, bis die Sauce dick und sämig ist. Mit Zitronensaft, Cayenne und etwas Court-Bouillon abrunden. Weiße Buttersauce in einer Sauciere gesondert zum Hecht reichen.

Jürgen Trittin, Bündnis 90/Die Grünen

Selten ist so vor aller Augen die Transformation eines Adlers zum Suppenhuhn in Szene gesetzt worden wie bei dem Diplomsozialwirt Jürgen Trittin, der angeblich als grüner Bundesminister für Umwelt, Naturschutz und Reaktorsicherheit tätig ist. Trittin hat Luther auf den Kopf gestellt: »Hier stehe ich, ich kann auch anders.« Köche verordnen in solchen Fällen des Geheimen Rats Johann Wolfgang von Goethe Lieblingsessen – weiche Eier mit grüner Soße.

WEICHE EIER MIT GRÜNER SOSSE

Zutaten:

Jeweils ein Bund Petersilie, Sauerampfer, Borretsch, Pimpernelle, Schnittlauch, Dill, Kerbel, Estragon, Kresse sowie eine Handvoll Spinat
2 Schalotten
200 g saure Sahne
200 g cremig gerührter Joghurt
200 g cremig gerührter Quark
1 EL Dijon-Senf,
Salz, Pfeffer, 8 Eier

Zubereitung:

4 Eier in 4½ Minuten wachsweich kochen, kalt abschrecken. 4 Eier in knapp 10 Minuten hart kochen. Gleichfalls kalt abschrecken. Kräuter und Spinat kurz waschen, verlesen, trockentupfen. Grob zerkleinern. Einen Teil davon im Mixer mit saurer Sahne und Schalotten zerkleinern. Nach und nach alle Kräuter zugeben, bis die Sauce kräftig grün ist. In eine Schüssel umfüllen, restliche Sahne, Joghurt, Quark, Senf und die 4 hartgekochten Eier kleingehackt darunterziehen. Mit Salz und Pfeffer aus der Mühle würzen. Die wachsweichen Eier vierteln und auf der grünen Soße servieren.

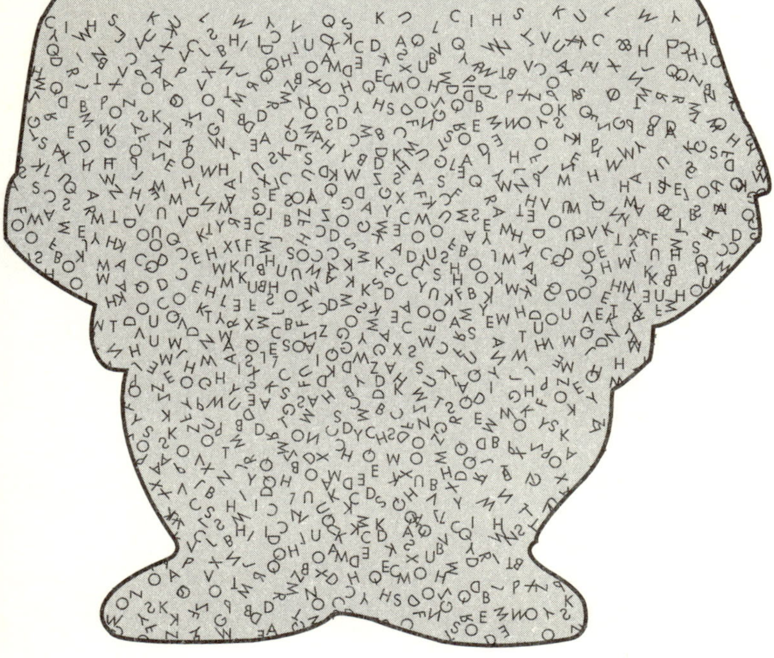

Bernhard Vogel, CDU

Als er sich mit dem Satz: »Gott schütze Rheinland-Pfalz« aus der westdeutschen Politik verabschiedete, sah es nicht so aus, als gäbe es je ein Comeback für ihn. Doch die deutsche Einheit machte es möglich. Bernhard Vogel, Bruder des ehemaligen Münchner und Berliner Bürgermeisters und SPD-Chefs, Hans-Jochen Vogel, wurde Ministerpräsident des Freistaates Thüringen. Jetzt scheinen solche Sinnsprüche wie »Gestrenge Herren regieren nicht lange« und »Wer regieren will, muß einen freundlichen Kopf aufsetzen« oder »Wer wenig regiert, behält viel Freunde« sein Handeln zu bestimmen. Milde wie eine Betschwester sülzt er sich durchs Land. Niemandem wohl, keinem weh.

Und wenn der beste Wahlhelfer Gerhard Schröder heißt, dann bekommt so einer am Ende seiner politischen Laufbahn auch noch die absolute Mehrheit und darf grinsend weitersülzen als kleiner König im Reich der leckeren Rostbratwürste. So läßt sich's possierlich alt werden. Vor allem, wenn dazu hin und wieder ein Sülzkotelett mit Bratkartoffeln aufgetischt wird. Deutsch sein heißt: Sülzkoteletts um ihrer selbst willen essen.

SÜLZKOTELETT MIT BRATKARTOFFELN

Zutaten:

FÜR DAS SÜLZKOTELETT

1 Kalbsknochen, 1 Kalbsfuß
1 Schweinsfuß (vom Metzger vorbereiten und zerkleinern lassen)
250 g frische Schweineschwarten
1 Zwiebel, 2 Lorbeerblätter
5 Gewürzkörner, 5 Pfefferkörner
1 Möhre, 1 Lauch, 1 Sellerieknolle
4 Koteletts ohne Fettrand
⅛ l Weinessig, Zucker, Salz
1 Salzgurke, 2 Eier

FÜR DIE BRATKARTOFFELN

500 g gepellte kalte Kartoffeln, in dünne Scheiben geschnitten
1 Zwiebel feingehackt
100 g durchwachsener Speck in feinen Würfeln
1 EL Butter, ½ TL Thymian oder Majoran
Salz, schwarzer Pfeffer aus der Mühle

Zubereitung:

Aus Kalbsknochen, Kalbs- und Schweinefüßen, Schweineschwarten, Zwiebel, Lorbeerblättern, Gewürz- und Pfefferkörnern sowie kleingeschnittenem Suppengemüse eine kräftige Brühe kochen, durchseihen, kalt werden lassen. Erst beim Erkalten läßt sich feststellen, ob der Sud entfettet werden muß und ob er genügend geliert. Eventuell muß mit ein wenig Gelatine nachgeholfen werden. Brühe wieder erhitzen und 4 Koteletts in der Brühe garziehen lassen. Danach herausnehmen und abkühlen lassen. Brühe kräftig mit Weinessig, einer Prise Zucker und Salz abschmecken. Einen Spiegel der Brühe in tiefe Suppenteller gießen und erstarren lassen (am besten im Kühlschrank). Eine Garnitur aus dünnen Scheiben von Salzgurke, hartgekochten Eiern und Möhren (aus dem Sud) darauf anordnen. Die Koteletts jeweils auf die Garnitur legen. Restliche Brühe darübergießen. Die Koteletts sollen ganz vom Gelee umschlossen sein. Fest werden lassen. Zum Servieren werden sie aus den Formen gestürzt.

BRATKARTOFFELN

Speck in der Pfanne glasig werden lassen, Zwiebel und Butter dazugeben. Kartoffelscheiben nebeneinander in die Pfanne legen und mit Salz, Majoran, Thymian würzen. Erst wenn die Kartoffelscheiben an der Unterseite goldbraun geworden sind, vorsichtig auf die andere Seite drehen und bräunen. Mit Pfeffer aus der Mühle abschmecken.

Antje Vollmer, Bündnis 90/Die Grünen

Regierung und Parlament hatten vor Jahren dem Volk den Hunger erklärt – Rentner, Arbeiter und Angestellte sollten den Gürtel enger schnallen. Just zur gleichen Zeit befanden die Abgeordneten des Deutschen Bundestages, daß sie dran seien mit einer saftigen Anhebung ihrer Diäten und Aufwandsentschädigungen. Allgemeiner Schrei der Empörung, einstimmig. Nicht so sehr wegen der Erhöhung, mehr wegen der ungeheuren Instinktlosigkeit bei der Wahl des Termins. Dies sei, sprach wie immer mit zitternder Stimme die Vizepräsidentin des Deutschen Bundestages und beurlaubte Pastorin, die Bündnisgrüne Antje Vollmer, in Mikrofone und Kameras, dies sei »Abgeordneten-Mobbing«. Dafür soll sie lebenslang Pfaffenstück und Pharisäer schlucken müssen.

PFAFFENSTÜCK UND PHARISÄER

Zutaten:

FÜR DAS PFAFFENSTÜCK

100 g fetter Speck in dünnen Scheiben
1 Zwiebel, 1 Möhre
1 Bund Petersilie
Basilikum, Thymian, Estragon
5 schwarze Pfefferkörner
1 Lorbeerblatt, 5 Nelken
1 kg Rindfleisch aus der Keule
1 TL Salz

FÜR DIE PHARISÄER

½ l heißer starker Kaffee
je 3 EL bester angewärmter Rum
4 gehäufte TL Zucker
⅛ l süße Sahne

Zubereitung:

PFAFFENSTÜCK

Die Hälfte der Speckscheiben in einem gut schließenden, großen Schmortopf auslegen. Geschälte Zwiebel und geputzte Möhre hacken. Auf die Speckscheiben geben. Ebenso die grob gehackte Petersilie, die übrigen Kräuter und die Gewürze. Fleisch salzen, in den Topf legen. Mit soviel Wasser aufgießen, daß alles gut bedeckt ist. Im Backofen bei 180° C im verschlossenen Topf gut 4 Stunden langsam weich schmoren lassen. Herausnehmen und im abgeschalteten Ofen warm stellen. Sauce durch ein Sieb gießen und falls nötig entfetten. Ein bißchen reduzieren und getrennt zum Fleisch, das bei Tisch aufgeschnitten wird, reichen.

PHARISÄER

Kaffee, Rum und Zucker in vorgewärmte Tassen verteilen. Sahne steif schlagen und je ein Häubchen davon auf den heißen Kaffee geben. Den Kaffee durch die Sahne hindurch schlürfen.

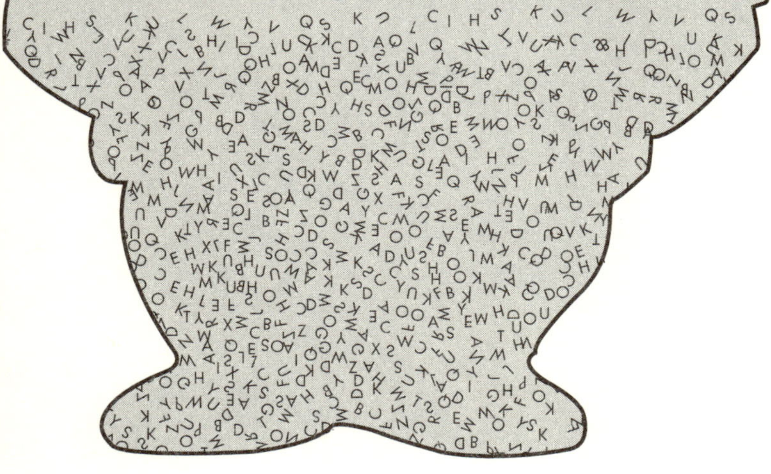

Guido Westerwelle, F.D.P.

Im Grunde gehört der gebürtige Bonner nach Hamburg. In die Brandstwiete 19. Die Adresse ist manipuliert. Sie sollte ursprünglich Dovenhof heißen. Das behagte indessen den dort residierenden, selbsternannten Fünf-Sterne-Berichterstattern vom »Spiegel« nicht. Sie befürchteten, Böswillige könnten zwischen dem Straßennamen sowie ihnen und ihrem Blatt eine geistige Verbindung herstellen. Deswegen also Brandstwiete. Dort wäre der schnöselige Generalsekretär der F.D.P., Guido Westerwelle, gut aufgehoben. Der hält sich und seinen Verein gleichfalls für den Nabel der Welt. Von flotten Sprüchen allein, noch so eine Gemeinsamkeit, wird der Mensch nicht satt. Davon fallen einem, wie Seeleuten, die ein Leben lang nur Labskaus essen, die Zähne aus. Obwohl das von spanischen Schiffern ersonnene Gericht ausgezeichnet schmecken kann. Where's the beef? Hier isses!

LABSKAUS

Zutaten:

1 kg gepökelte Rinderbrust
1 kg Kartoffeln
5 Zwiebeln
1 gehäufter EL im Mörser zermahlener weißer Pfeffer
4 zerdrückte Pimentkörner
1 Lorbeerblatt
30 g Schweineschmalz
pro Person ein Matjesfilet (kein Rollmops!)
1 gepfefferte Gewürzgurke
1 kg eingelegte rote Bete
4 Eier

Zubereitung:

Fleisch mit Gewürzen und 2 Zwiebeln in ganz wenig Wasser kochen, dann herausnehmen. Restliche, kleingewürfelte Zwiebeln im Schmalz anbräunen. Kartoffeln kochen, danach pellen. Fleisch durch die große Scheibe des Fleischwolfs drehen. Kartoffeln mit einem Stampfer so zerdrücken, daß kleine Bröckchen bleiben. Sodann die Fleischmasse, den Kartoffelbrei und die goldgelben Zwiebelstückchen sacht untereinanderheben, mit dem Fleischsud glattrühren und mit Pfeffer und etwas Saft von der roten Bete abschmecken. Den Brei warm auf den Tisch bringen. Matjesfilet und Gewürzgurke daneben und pro Person ein Spiegelei auf das Labskaus legen. Dazu die eingelegten roten Bete.

Heidemarie Wieczorek-Zeul, SPD

Aufs Abstellgleis werden Züge gefahren, die dort nach langer Fahrt – die sie bald hierhin, bald dorthin geführt haben – hergerichtet werden für den nächsten größeren Einsatz. Oder weil der Zeitpunkt ihrer Verschrottung unmittelbar bevorsteht. Heidemarie Wieczorek-Zeul, vor langer Zeit »rote Heidi« gerufen, hat eine lange, kurvenreiche Reise durch vielerlei Politgefilde hinter sich. Sie war Stadtverordnete, Kreistags- und Bundestagsabgeordnete, Juso-Vorsitzende, SPD-Vorständlerin und Mitglied des Europäischen Parlaments. In der Bundesregierung des Kanzlers Gerhard Schröder ist sie zur Ministerin für wirtschaftliche Zusammenarbeit und Entwicklung geworden. Ein Ministerium wie ein Abstellgleis. Fragt sich, ob sie dort fit gemacht werden soll für weitere, größere Zusammenarbeit oder ob ihrer politischen Karriere damit ein Ende gesetzt worden ist. Das wäre bitter. Dagegen schmecken sogar Soleier süß.

SOLEIER

Zutaten:

FÜR DIE SOLE

1,5 l Wasser
10 g Salz
2 Lorbeerblätter
1 TL Senfkörner
50 g getrocknete Dilldolden
2 Nelken
15 Eier
Zum Eierkochen: 2 ungeschälte Zwiebeln

FÜR DIE FÜLLUNG

Dijon-Senf
Weißweinessig
Olivenöl
Salz, weißer Pfeffer aus der Mühle
Tabasco

Zubereitung:

Wasser mit Salz und sämtlichen Gewürzen aufkochen. Sole erkalten lassen. Eier mit Zwiebeln in Wasser 10 Minuten hart kochen, bis sich die Schale färbt. Kalt abspülen. Zwiebeln wegwerfen. Schale mehrfach anknicken, damit die Sole eindringen kann. Eier in die Sole legen. Am besten in einem hohen Glasgefäß mit Deckel. Mindestens 2 Tage darin ziehen lassen. Die Eier halten sich in der Sole mindestens 2 Wochen. Über das Essen von Soleiern gibt es verschiedene Lehrmeinungen. Eine davon: Eier halbieren, Dotter herausnehmen. In die Höhle des Eiweißes Öl, Weißweinessig, Senf in jeweils kleinen Mengen einfüllen. Pfeffer, Salz, einen Spritzer Tabasco darübergeben und am Ende das halbierte Dotter als Haube daraufsetzen.

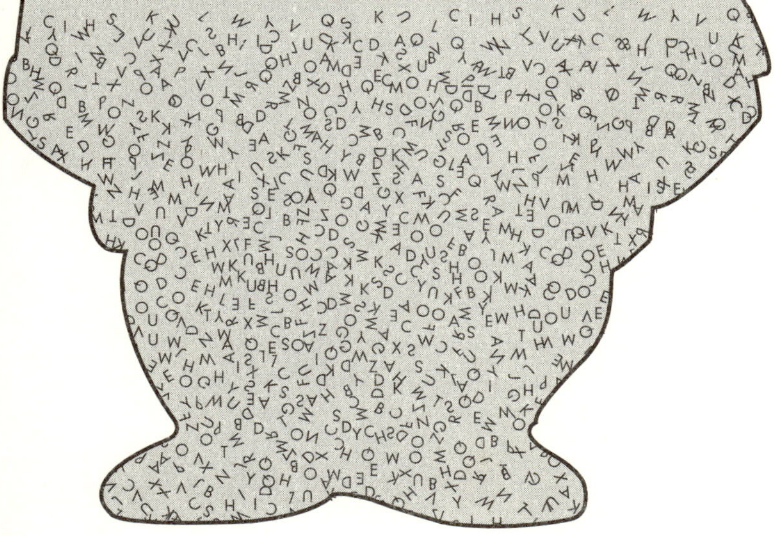

Menü 3:

STANDGERICHT

Geschmacksachen aus aller Welt von A bis Z

Hauser & Kienzle:

DEN **AUFSCHWUNG** HERBEIGENIESSEN

Krieg den Frittenbuden, Friede den Freßpalästen

Wat dem eenen sin Uhl, dat is dem annern sin Nachtigall. Selbstverständlich, es ist gut für des deutschen Menschen Gesundheit und Geldbeutel, wenn er mäßig ißt und noch weniger Alkohol zu sich nimmt. Seinen Fleischverzehr zu drosseln, könnte dem deutschen Menschen ganz sicher nicht schaden. Zugegeben, seine Lust an frischer, leichter Kost bei hoher Qualität steigt; wenn er selten und, falls überhaupt, nur für kurze Zeit im Wirtshaus hockt.

Das alles ist gut, richtig gut für des deutschen Menschen Gesundheit und Geldbeutel. Wer flüchtig hinschaut, könnte meinen, der deutsche Mensch sei in sich gegangen.

Pustekuchen. Der deutsche Mensch hat bloß mal in sein Portemonnaie und auf sein Konto geguckt. Das war's dann. Sein Guthaben schmilzt dahin. Das kränkt den deutschen Menschen heftig. Gern ließ er sich in Restaurants und Hotels verwöhnen. Vorausgesetzt, andere – Arbeitgeber, Auftraggeber, Lobbyisten – zahlten. Wodurch, das vergaß oder verdrängte der deutsche Mensch gern, die Allgemeinheit jedes Mal mit zur Kasse gebeten wurde. Das ist nun nicht gerade vergangen, vergessen, vorüber. Aber – Rot-Grün spart und empfiehlt zu sparen. Also spart der deutsche Mensch. Er muß sparen! Und wo spart der deutsche Mensch zuvörderst?

Am Essen, am Lesen und an einer Taxifahrt. An letzterer sparte er schon immer, wenn er schwer einen in der Mütze hatte.

Der deutsche Mensch spart an allem, was er für Luxus hält. Selbst wenn es sich in Wirklichkeit nur um den Hauch von Komfort handelt. Komfort, wohlgemerkt! Komfort aber kommt aus dem kirchenlateinischen »confortare« und das heißt nichts anderes als »stärken, trösten«. Und welcher Mensch bräuchte in diesen Zeiten keinen Trost, keine Stärkung? Das ficht den deutschen Menschen nicht an. Er spart. Auf diese Weise gesundet der deutsche Mensch. An Körper und Kontostand. Das ist die Nachtigall des deutschen Menschen und die Eule der Gastronomie und der Hotellerie. In beiden Bereichen steigen die Kosten. Die deshalb auch als Unkosten bezeichnet werden. Der Staat, der die deutschen Menschen zusammenhält, der will es so. Während in den Herbergen und Wirtshäusern die Kosten und mit ihnen die Betreiber auf die Bäume klettern, versinken die Einnahmen im Boden. Es ist zum Auswachsen.

Ein paar Mark müßte der deutsche Mensch schon lockermachen, anders läuft es nicht mit dem Wachstum. Einer muß damit beginnen, den Aufschwung zu wagen. Von nix kommt nix! Also – Mut zum Aufschwung! Klar, das kostet erst mal. Geht ans Eingemachte. Aber hilft – und nicht nur der Gastronomie.

Kienzle:

BAHNFAHRT LETZTER KLASSE

Es gibt Menschen, die sind gesellig. Die schätzen das Gespräch. Die lieben es, gemeinsam mit anderen zu essen und zu plaudern. Denen tritt kalter Schweiß auf die Handflächen, wenn sie in einem durchverstylten Erster-Klasse-Kabuff des Inter-City-Expreß (ICE) hocken – und neben ihnen oder gegenüber entledigt jemand mitgeführte hartgekochte Eier ihrer Schale, zerteilt seinen bereits ins Schwimmen geratenen Harzer Käse, zersäbelt eine abgehangene Knoblauchwurst und erquickt Leib und seine Seele mit einem durchgegorenen Sauerkrauttrunk. Das gäb' es nicht? Das gibt es!

Nun gibt es Sensible, die lieber 500 Kilometer im Seitengang stehend erster Klasse fahren, als sich dem auszusetzen. Nicht, weil sie was gegen hartgekochte Eier, vollreifen Harzer, leckre Koblauchwurst und abgestandene Sauerkrautgetränke hätten. Die mögen nur nicht, wenn derartige Lebensmittel auf sechs Quadratmetern gelagert, ausgepackt, zubereitet, gegessen und verdaut werden. Falls möglich – und das ist immer seltener der Fall, weil die Züge immer häufiger überbucht sind –, wechselt der so Belästigte das vorbestellte mobile Quartier. In den Speisewagen zu wandern indes bedeutet, vom Regen in die Traufe zu geraten. Nein, nicht weil es dort ebenfalls hartgekochte Eier, fließenden Harzer Käse, erlesene Knoblauchwurst und erfrischende Sauerkrautsäfte gäbe. Es ist das sogenannte Service-Personal, das ihnen den Tag versaut. Mit fleckigem Dienstgewand und Fingernägeln, die so aussehen, als hätten ihre Träger versucht, mit bloßen Händen ihre verscharrte Katze wieder auszugraben, kämen die meisten Sensibelchen noch zurecht. Da bräuchten sie nur angestrengt aus dem Fenster zu gucken. Nein, es ist der Ton, der mit Inkompetenz und Ignoranz gepaarte Ton der meisten diensttuenden Wegbegleiter in deutschen Speisewagen, der sie kirre macht. Der geht auf den Magen: »Was, das Bier ist Ihnen zu warm? Ach wo, das muß so sein, sonst werden Sie magenkrank!« Zugegeben, es ist besser geworden. Aber noch lange nicht gut.

Manche flüchten sich nun zur Entspannung in einen Großraumwagen mit Videogerät. Tun sie das, entsteht für Familie, Freunde und Kollegen später der Eindruck, der Reisende hätte versucht, durch den Aufenthalt in einer mit geteertem Abfallholz befeuerten Räucherkammer sein Leben zu verlängern. Sich haltbarer zu machen. Bildschirme sind ausschließlich in Raucherwaggons zu finden. Davon gibt es auf der gesamten Zuglänge zwei – einen in der ersten und einen in der zweiten Klasse. In diesen Wagen versammelt sich der harte Kern der europäischen Raucherschaft. »Aus Kostengründen« hat die Bahn zwischendurch nicht nur die Sicherheitsnormen ein winziges bißchen gelockert, nein, sie hat »alle Sonderbauformen – wie Telefon, Bildschirme und Aschenbecher« in einer Wagenform versammelt.

Klar, wer telefoniert und dabei fernsieht, der muß auch rauchen. Das geht schon in Ordnung. Nur sollten die Bahnvorsteher dafür sorgen, daß zu denen, die so reisen mögen, auch jene gesetzt werden, die hartgekochte Eier, reifen Harzer, Knoblauchwurst und Sauerkrauttrunk auf engstem Raum gemeinsam mit anderen zu sich nehmen wollen. Denn: Viel fahren gerne Bahn und – sind eigentlich von geselliger Art.

P. S.: Ein Wunder! Die privatisierten Bahnbeamten verkürzen seit Neuem Kindern langweilige Fahrten. Der Nachwuchs kann ohne Krebsrisiko fernsehen. Die TV-Waggons 1. und 2. Klasse sind jetzt »Nichtraucher«.

Hauser:
EIN PLATZ FÜR **BIERE**

Es soll da diesen Monarchen gegeben haben, der ständig völlig zerknitterte Hosen trug, damit niemand auf den Gedanken käme, von ihm zu sagen, er sei »Karl Eugen, der Einfältige«. Vielfalt hat eine Menge für sich. Aber die Eurokraten stehen mit ihren Gleichmach-Gesetzen, die für Einfalt auf unterstem Level sorgen sollen, bei den deutschen Brauern auf der Türschwelle. Deutsches Bier wird – noch – nach dem Reinheitsgebot der bayerischen Herzöge Wilhelm IV. und Ludwig X. vom 23. April 1516 gebraut. Neben einer Preisregelung – lang ist's her – enthält diese Verordnung auch die Bemerkung: »... zu keinem Bier mehr Stücke als Gerste, Hopfen und Wasser verwendet und gebraucht werden sollen.« Hefe und Weizen kamen erst später dazu. So gilt es noch heute in Deutschland. In der Schweiz haben sich die Brauer freiwillig darauf verständigt. In Norwegen ist es ebenfalls Gesetz.

In den meisten anderen Ländern des Erdballs bestimmen einige globale Großunternehmen den Markt. Das ist in Deutschland – noch – anders. Bei uns hat der Biermarkt eine regionale, teilweise sogar eine lokale Struktur. Nicht wenige Brauereien beliefern ihre Stammkundschaft im Umkreis von höchstens 50 Kilometern. Das trifft selbst dann zu, wenn sie sich mittlerweile größeren Einheiten angeschlossen haben. Die Vielzahl regionaler Biersorten ist ein Zeichen dafür, daß es Handwerker gibt, die ihrem Beruf mit Freude nachgehen.

Donnerwetter – ein Pils aus Hamburg oder aus Niedersachsen schmeckt anders als eines, das im Sauerland, in Hessen oder im Rheinland aus den Sudkesseln fließt. »Exportbiere« aus dem Dortmunder Raum gleiten anders über die Papillen als die »Hellen« aus Bayern. Die wiederum haben mitnichten »vieh wenicher Allohol« als Biere aus dem Norden oder dem Westen, enthalten jedoch mehr Malz als Bölkstoff von der Waterkant. Malz macht süßer, süffiger, keinesfalls schwächer. Sämtliche »Vollbiere« haben zwischen 4,5 und 5,5 Prozent Alkoholvolumen! Im Rheinland brauen und schlucken sie obergäriges Bier. Dessen Hefe steigt beim Brauen – anders als bei den anderen Sorten – nach oben. Es darf nur in Köln und Umland hergestellt werden. Am Niederrhein, in Düsseldorf und Umgebung, gibt es das – gleichfalls obergärige – dunkle Alt. In Bayern obergäriges Weizen- oder Weißbier. Nicht zu verwechseln mit dem Berliner Schankbier »Weiße«. Schankbiere haben »nur« 3,0 bis 4,5 Prozent Alkoholvolumen. Oh, heilige Vielfalt!

Kienzle:

DDR: AUFERSTANDEN AUS KANTINEN

Tobias Stregel und Fabian Tweder: Deutsche kulinarische Republik. Szenen, Berichte und Rezepte aus dem Osten

Wie falsch haben wir die Ossis beurteilt, wie gemein den Witz von dem ostdeutschen Studenten erzählt, der eine Kiwi in die Luft hielt und begeistert schrie: »Meine erste Banane!« In Wahrheit waren die ostdeutschen Verbraucher kritisch, aufgeklärt und anspruchsvoll; es hat ihnen bloß nichts genutzt. Die beiden Ostberliner Autoren Tobias Stregel und Fabian Tweder haben es nachgewiesen. Nur schwer waren die Bürger des Arbeiter- und Bauernstaats zufriedenzustellen: Einer von ihnen schickte doch tatsächlich im Dezember wutentbrannt seine vergammelte Jahresendzeit-Apfelsine an Erich Honecker. Sie sei ausgetrocknet und angeschimmelt, beschwerte er sich, die Sozialisten in den Dörfern würden als Sozialisten zweiter Klasse behandelt und überhaupt. Jüngste Pioniere mäkelten an der Schokolade kommunistischer Machart herum – zu Recht, denn nachdem die Haselnüsse im Fünfjahresplan aufgezehrt waren, wurden sie kurzerhand durch Erbsen ersetzt. Der vergebliche Versuch, Kaugummi in einem VEB selbst herzustellen, wurde zähneknirschend aufgegeben, nachdem die Eigenschöpfung im Mund zu kleinen, betonartigen Flocken mutierte. 30 Millionen Mark zahlte schließlich das Lebensmittelministerium erbost an

Wrigley, um wenigstens ein kleines Rezept zu erhaschen, nachdem man in zweijähriger Analyse vergebens die Formel der Kaugummis zu knacken versucht hatte.

Doch auch mit den sozialistischen Bruderländern gab es immer wieder Zoff ums Essen und ums Trinken. Als die DDRler partout nicht aufhören wollten, ihr Radeberger Pilsner als Pilsner zu bezeichnen, klebten die Tschechoslowaken hämisch Meissen-Schildchen an ihre Kaffeetassen. Und mit Kuba gab es Zoff, weil Castros Rum nicht schmeckte wie der aus Jamaika. Der volkseigene Abfüller »Bärensiegel-Kollektiv« versuchte als Ursache unterschiedliche Trinkmethoden auszugeben: Im tropischen Kuba käme kein Mensch auf die Idee, den Schnaps in heißen Tee zu schütten und erst dann zu konsumieren. Doch 1962 ließen sich die Kubaner schließlich breitschlagen und von einer ostdeutschen Spirituosendelegation eine neue Maschinerie zur Destillation des Rums nach DDR-Geschmack abringen. Auch mit den Russen gab es Ärger. Sie hatten eher versehentlich eine Krimsektflut produziert – also mußte der Rotkäppchensekt für eine Weile aus dem offiziellen Angebot verschwinden. Auch weshalb die Wehrdienstverweigerung im Osten Deutschlands absolut nicht angesagt war, erklärt Stregels und Tweders Buch: Nur beim Kommiß gab es garantiert und kostenlos die Mammutbüchse mit Atombrot und jeder Menge Wurstkonserven.

Staatsgäste und die DDR-Spitze hatten unter dem Entzug von Südfrüchten und Vitaminmangel nicht zu leiden. Eigentlich war es gar kein Witz, wenn man sich den Unterschied zwischen Wilhelm Pieck, Walter Ulbricht und Erich Honecker erzählte: Pieck wollte den Sozialismus für die ganze DDR, Ulbricht wenigstens für Berlin, doch nur dem famosen Honecker gelang seine Verwirklichung – in Wandlitz. Dort gab es Apfelsinen satt, und zwar nicht nur aus dem verbrüderten Kuba. Die Zutat »eine halbe Orange« stellte für die Herstellung der »Schinkentütchen mit Sahnemeerrettich« beim Staatsempfang für Andrej Gromyko am 5. Juni 1972 kein Hindernis dar. Die Banane, die da allerdings vor Stoph, Gromyko und Honecker in der Obstschale lag, hätte ihrer braunen Flecken wegen unter Wessis keinen Abnehmer gefunden.

Der Witz vom Rentner, der in einer Fleischerei nach Gänsebrust, Rinderfilet und Kalbshaxe fragt und von den umstehenden Damen für sein grandioses Gedächtnis bewundert wird, lief in Wandlitz und bei Staatsbanketten ins Leere. Känguruhschwanzfleisch war dort nicht die Rettung für unfreiwillige sozialistische Vegetarier, sondern Ergänzung für einen Speiseplan, auf dem das ewige Fleisch aus deutschen Landen nur noch Gähnen hervorrief. Zur geschmacklichen Abrundung empfahlen die Chefköche Currysahne. Übrigens hielt sich von allen Spitzenpolitikern nur Erich Honecker in seiner beachtlichen Verblendung für so beliebt, daß er auf Reisen auf Vorkoster verzichtete. Wahrscheinlich wurde er nur deswegen nicht vergiftet, weil das Gift alle war, wenn der durchschnittliche Arbeiter/Bauer in der Apotheke nachfragte.

Am 7. Oktober 1989 hauten Erich Honecker und Michail Gorbatschow noch einmal kräftig rein: Zuchtwachtelbrüstchen auf Maispüree, Forellenröllchen mit Dillsauce und Lachskaviar, Schaumbrot von Räucherzunge mit Spargelspitzen, Putensuppe mit Pistazienklößchen und Tomatenroyal. Nicht nur kulinarisch war das Dessert ein »surprise«, auch klanglich gab es eine Überraschung: Draußen skandierten Ossis »Wir sind das Volk«. Honecker steckte seine vorbereitete Rede zur Feier des 40. Jahrestags der DDR wieder ein, und das war's dann.

Hauser:
EIN VOLK, EIN REICH, **EINTOPF**

Es muß daran liegen: So wie einst der wahnsinnige Kaiser Caligula dem römischen Volk den Hunger erklärte, so verordneten die Nazis den Deutschen zwischen 1933 und 1945 den Eintopf. Vierfruchtmarmelade – aber Eintopf! Ein Volk, ein Reich, ein Topf. Was Wunder, wenn man daran nicht gerne denken mag. Und auslöffeln noch weniger. Nach dem Krieg standen wieder Eintöpfe auf den Tischen der Deutschen. Diesmal nicht staatlich, sondern notverordnet. Kohlrüben, auch Steckrüben, Wruken, Dorsche, Dotschen, Erd-, Boden- oder Unterkohlrabis genannt, bildeten lange Zeit die Grundlage vieler Speisen in noch mehr deutschen Haushalten. »Abgehangenes Pferdefleisch« war oft die Kraftquelle von Kohlrüben-Kartoffel-Eintöpfen.

Wirtschaftswunder, Freß-, Gesundheitswelle und »Neue Küche« spülten die Erinnerung an Bewährtes endgültig weg. Klein kam groß raus. Seitdem gilt es als unfein, die Frage danach, wie ein Essen geschmeckt habe, mit einer einen Berg beschreibenden Handbewegung und einem herausgepreßten »prächtig!« zu beantworten. Porzellanmalereien lösten Nahrungsmittel ab. Freßpäpste trieben ihre Leser in Lokale, bei denen nichts auf dem Teller, alles auf der Rechnung war. Ausgelöscht waren Pichelsteiner Fleisch, Grünkohl mit Schweinebacke, Gaisburger Marsch, Schlesisches Himmelreich und Westfälisches Blindhuhn. Köstlichkeiten. Deftig. Ohne »'n Klaren« obendrauf kaum zu verkraften. Aber eben auch köstlich. Damit jedoch ließ und läßt sich nicht die »Mörderkohle machen«, die heutzutage jeder und jede nach herrschender Meinung innerhalb eines Jahres beisammen haben muß. Andernfalls er als dumm gilt. Wie alle, die noch arbeiten, statt ihr Geld arbeiten zu lassen.

E - i - n - t - o - p - f. Die Geringschätzung entspringt einem Vorurteil. Denn das Wort ist deutsch, der Brauch, mehrere Zutaten in einem Topf zuzubereiten, international. Alle Welt aß aus einem Topf: Franzosen, Italiener, Spanier, Griechen, Türken, Tunesier, Ägypter, Briten, Polen, Russen. Nur die Deutschen weigerten sich lange beharrlich, an die Traditionen ihrer Mütter und Väter anzuknüpfen. Erst nach und nach, als sie merkten, daß der Eintopf nicht »typisch deutsch« ist und daß er nicht automatisch Völlegefühl und Schnapskonsum bewirken muß, kam ihnen die Erinnerung wieder. Es begann die sanfte Wiedergeburt dieses Stiefkindes der Kochkunst. Die Deutschen sind durch Reisen und Zugereiste weltgewandter geworden. Auf deren

Herden brutzeln Speisen, die sich überall sehen und essen lassen können. Zum einen, weil sie ihren Gastgebern und ihren Gästen über die Schulter geguckt haben. Zum anderen, weil deutsch sein nicht mehr heißt, Eintopf um seiner selbst willen zu essen. In die kleinsten Kochnischen der Republik ist der Erdball eingezogen. Man kocht international, weil es Spaß macht und Abwechslung auf den Teller und ins Gespräch bringt.

Allein in Deutschland gibt es 250 überlieferte Eintopfrezepte aus den verschiedenen Landschaften. Aus aller Welt hier nur ein paar Namen:

Französische **Ratatouille**, ein Gemüseeintopf aus Tomaten, Auberginen, Zucchini, grünen Paprikaschoten, Zwiebeln, frischen Kräutern und Knoblauch. Wer es ohne Fleisch nicht aushält, der kann sich diese Köstlichkeit mit hauchdünn geschnittenen, in Butter kurzgebratenen Rinderfiletscheiben aufpeppen. **Minestrone** aus Italien: getrocknete weiße Bohnen, eine Zwiebel, Peperoni, Staudensellerie, Kartoffeln, Möhre, Zucchini, rote Paprikaschote, Schneidebohnen, Porree, Wirsing, Erbsen, Speck, Petersilie und Knoblauch. Eintöpfe von Fisch und Schalentieren – wie die Marseiller **Bouillabaisse** –, von Geflügel oder anderem fettarmem Fleisch. Eine Mischung aus beidem ist das nordafrikanische **Couscous**; eine Je-nachdem-Variante das **Stifado** aus Griechenland: mit Hochrippe oder Fisch, Zwiebeln, Lorbeer, Wacholder, Nelken, Zimt, Möhren, Suppennudeln, Petersilie, Bohnenkraut und Thymian.

Die Briten, von denen immer wieder fälschlich behauptet wird, sie verstünden nichts vom Kochen und vom Essen schon gar nichts, bevorzugen **Hotchpotch**.

Davon sagte der Satiriker Ben Jonson – ein Zeitgenosse Shakespeares – einmal in einer Gastrunde, es sei »ein gutes Schweinefutter«. Worauf die Dame des Hauses, die es bereitet hatte, erwiderte: »Oh, dann darf ich Ihnen wohl noch eine Portion anbieten?« Hotchpotch besteht aus Lamm- oder Hammelkeule, Rindfleisch, dunklem Bier, Kohlrabi, Blumenkohl, Blattspinat, Zwiebeln, jungen Erbsen, Karotten, Petersilie, Majoran, Thymian, Rosmarin, Salz, Pfeffer und Butter. Na?

Viele Polen überwintern gern mit einer der ungezählten **Bigos**-Varianten, die ihr Land hervorgebracht hat. Eine besteht aus 1,5 Kilogramm gewürfeltem Schweine- und Rinderbraten, gebratener Ente, gekochtem Schinken und verschiedenen in Scheiben geschnittenen Würsten. Gebratenes Wild hebt das Ganze ungemein. Und 1,5 Kilogramm Sauerkraut. Die Bratensaucen müssen mit verwendet werden. Kurz vor Schluß des Garvorganges vollenden vier gescheibelte Äpfel, in dünne Streifen zerteilte aufgeweichte Trockenpilze, feingehackte, in Butter gebräunte Zwiebeln und zwei Eßlöffel Pflaumenmus diese Götterspeise. Sie wird mit Salz, Pfeffer und Rotwein abgeschmeckt. Darauf braucht's dann allerdings einen eisgekühlten Wodka.

Kienzle:

ESSEN WIE MARX IN **FRANKREICH**

»Wir streiken!« Ein handgeschriebener Zettel an der Autobahnkasse von Belleville gibt unmißverständlich Auskunft. Hier werden keine Gebühren kassiert: Also die Strecke Mulhouse – Belleville gespart! Immerhin 132 Franc. Belleville, das ist ungefähr die halbe Strecke von Wiesbaden zum Mittelmeer. Und nur wenige Kilometer von dort, in den sanften Hügeln des auslaufenden Beaujolais versteckt, liegt Château Pizay. Ein Kleinod. Streikende Autobahnangestellte und Winzer – hier lebte schon vor mehr als 200 Jahren ein rebellisches Völkchen. Während der Französischen Revolution jagten sie die Schloßherren davon und leisteten sich – für kurze Zeit – den Luxus des Châteaus. Freiheit, Gleichheit, Brüderlichkeit haben sie damals ernst genommen.

Pizay – das ist heute anschaulicher Geschichtsunterricht. Der Adel hat den Anschluß verloren, heute regiert ein bürgerliches Management das Schloß. Es ist angenehm, mit den Siegern von einst zu genießen. Das Schloß und den lokalen Wein. Das Essen ist eher durchschnittlich, obwohl sich der Koch seit Jahren bemüht, mit seinen Menüs dem eindrucksvollen Ambiente gerecht zu werden. Manchmal gelingt es ihm sogar. Das Menü für 200 Franc ist genießbar. Nichts Extravagantes. An schönen Sommerabenden sitzt man im Schloßhof, das Gesinde ist freundlich und der Service makellos.

Ländliche Idylle. Hühner picken aufgeregt unter den Tischen, und ein trällernder Hahn irritiert schon mal zu später Stunde mit einem verspäteten Weckruf. Schloßherr für eine Nacht. Ausruhen vom ruppigen deutschen Alltag. Das ist allerdings nicht billig. Ein großzügiges Appartement kostet 750 Franc.

Und noch etwas Erfreuliches: Deutsche verirren sich hierher nur selten. Franzosen, Briten und Belgier stellen die Mehrheit. Kleiner Hinweis für Sportsfreunde: Hier auf Château Pizay hat auch schon die französische Fußball-Nationalmannschaft genächtigt. Und sich die Kraft geholt, um Weltmeister zu werden. Trotz der eher glanzlosen Küche fahre ich seit Jahren immer wieder hin. Man wird nicht so abgezockt wie nebenan im touristenüberschwemmten Beaune.

Am nächsten Morgen geht's dann weiter Richtung Mittelmeer. Am Vorabend habe ich es wieder riskiert. Anruf im Château du Port in Marseillan – in der Nähe von Sète. Es hat geklappt. Das Hotel du Château hat selbstverständlich noch ein Zimmer frei. Ein sehr schönes sogar, für schlappe 450 Francs. Der einstige Herrensitz gehört heute einem französischen Herrenausstatter. Der hatte wohl auch die Nase voll von den protzenden Angebern an der Côte d'Azur. Deshalb hat er sich hier engagiert, im sich langsam entwickelnden Languedoc – Roussillon. Hier stimmen die Preise noch, und auch die Weine werden von Jahr zu Jahr besser. Der Weißwein Picopul de Pinet hat es inzwischen bis ins Berliner KaDeWe geschafft. Eine späte Karriere. Aber auch die Roten machen sich. In der Region gibt es außerdem drei Attraktionen. Erstens: den 15 Kilometer langen Textilstrand bei Sète. Dort kann man mit dem Auto direkt an den Badestrand fahren – wo gibt es so was noch? Zweitens: ein riesiges Nacktbadezentrum, in Frankreich nennen sich die Sonnenanbeter zurückhaltender Naturisten. Und drittens: die Austernbänke des Étang de Thau. Für ein paar Tage Urlaub Abwechslung genug. Essen, Trinken, Schlemmen.

Eine kleine Sensation in Marseillan ist das Restaurant »Chez Philippe« in einem ehemaligen Lagerschuppen nicht weit vom Hafen. Ein geschmackvolles kleines Gartenlokal ohne überflüssigen Luxus, stilsicher eingerichtet. Der Service von atemberaubender Geschwindigkeit. Das Restaurant immer ausgebucht. Das Geheimnis? Ein Menü für 100 Franc (das wären in Deutschland gerade mal 33 Mark). Dafür bekommt man unter anderem Seewolf locker im Teigmantel als Vorspeise (eine absolute Delikatesse). Als Hauptgang eine Fischmousse mit knackigen Brotstangen und zum Nachtisch ein überraschendes Anisdessert.

Etwas teurer und raffinierter kocht man im 15 Kilometer entfernten »La Tamarissière« bei Agde. Der Chef, der wie ein Budapester Stehgeiger aussieht, hat von »Gault Millau« eine Kochmütze und beachtliche 16 Punkte bekommen. Das prominenteste Restaurant der Gegend, mit Hotel. Direkt an der Mündung des Hérault. Besonders eigenwillig waren in Piment eingelegte Tintenfische mit einer kleinen Portion Kartoffelsalat. Spitze die hauseigene Bouillabaisse. Hier im »Tamarissière« fällt auf, daß auch im Sommer viele Einheimische an den Tischen sitzen – Beweis für die Qualität des Restaurants.

Ein paar Tage Südfrankreich, dann geht es wieder nach Hause. Gott sei Dank hat es auf dem geplanten

Zwischenstop in Beaune nur Absagen gegeben. (Beaune ist im Juli und August fast immer ausgebucht.) Und so sind wir in einem einfachen Landgasthof bei Mâcon gelandet. Nicht weit von der Autobahn. Im »Relais du Mâconnais«. Absoluter Volltreffer. Der Chef versteht sein Geschäft. Das Brot wird hier selbst gebacken, kein Baguette, sondern Brötchen und Graubrot, überraschend für französische Verhältnisse. Das Menü für 140 Franc ist besonders empfehlenswert. Höhepunkt ist der Nachtisch. Ein Wagen voller verführerischer kleiner Torten, Kuchen und Saucen. Angesichts der Qualität und der Preise kommt man im »Relais du Mâconnais« ins Sinnieren. Kochkunst und preiswert noch dazu! Vielleicht liegt es daran, daß die Franzosen ein geradezu libidinöses Verhältnis zum Essen haben. Essen ist Leben. Das Eßvergnügen gar als sündigen Hedonismus zu diffamieren – wie gelegentlich in Deutschland – käme keinem Franzosen in den Sinn. Weder Links noch Rechts. Genießen ist eine nationale Selbstverständlichkeit. Auch für die kleinen Leute. Gewachsene Eßkultur eben.

Die Welt verändern, nicht mit dem Gewehr, sondern mit dem Kochlöffel. Nicht die schlechteste Idee. Die Nouvelle cuisine – eine Art Weltrevolution, die jedenfalls mehr Menschen glücklich gemacht hat als der dialektische Materialismus. Marx hat ja die Philosophie vom Kopf auf die Füße gestellt. Paul Bocuse, der kochende Philosoph, hat dem Zentralorgan des Menschen, dem Magen, wieder den richtigen Stellenwert gegeben. Bocuse als späte französische Antwort auf Marx? Zugegeben, der Vergleich wankt ein bißchen. Schuld daran ist vielleicht eine Flasche gut gekühlter weißer Mâcon.

Hauser:

SCHLAPPHÜTE IN **GEISEL'S VINOTHEK**

Erfolg ist für Geheimdienstler das, was es für einen Ochsen sein muß, wenn er zweimal hintereinander in großem zeitlichem Abstand haargenau auf denselben Punkt geschissen hat. Nutzlos und gleichwohl befriedigend.

Es war vollbracht. Prachtvoll war's allerdings ganz und gar nicht. Eher ein Bubenstück. Die streng Geheimen hatten wieder einmal Schwierigkeiten beseitigt, die ohne sie nie entstanden wären. Jetzt hockten sie in »Geisel's Vinothek«, einen Katzensprung vom Münchner Hauptbahnhof entfernt, und begossen »den Erfolg« sowie sich ihre Nasen. Immerhin, wenigstens mit der Wahl des Ortes bewiesen sie hervorragende Kennerschaft. Es gibt in Bayern kein besseres Weinlokal als die zum Hotel »Excelsior« gehörende Schänke (geöffnet täglich zwischen 11 Uhr vormittags und 1 Uhr nachts, auch Verkauf). Die Weine stimmen. Die Preise stimmen. Das Essen stimmt. Der Service stimmt. Und die Gäste stimmen in der Regel auch.

An diesem Montag abend jedoch, im Sommer 1994, nehmen drei offensichtlich unter der Sinnlosigkeit ihres Daseins leidende Mitarbeiter des Bundesnachrichtendienstes (BND) und des Landeskriminalamtes (LKA) im Hotel »Excelsior« einen Typen fest, der mit 363 Gramm atomwaffentauglichem Plutonium im Handgepäck angereist war. 363 Gramm Plutonium 239 ist eine Menge, die im Trinkwasserreservoir der Stadt München ausreichte, die gesamte Bevölkerung über die Isar zu befördern. Mit diesem feinen Gewürz war ein Ganove durch die Stadt gelaufen, hatte möglicherweise in der Vinothek noch ein oder zwei Schoppen zu sich genommen – es fällt schwer, ohne wenigstens eine kurze »Geiselnahme« ins »Excelsior« zu kommen, das Lokal ist zu verlockend – und hatte sich dann, wie er meinte, zu ersprießlichen Geschäften mit den drei Schlapphüten aufs Zimmer zurückgezogen. Daß es sich um staatliche Provokateure handelte, die ihn unter dem Vorwand, mehrere Kilogramm Plutonium kaufen zu wollen, nach München gelockt hatten, wußte er natürlich nicht. Ein paar Stockwerke oberhalb von »Geisel's Vinothek« zerstob sein Traum vom großen Reichtum. Das war eine Nummer, die um den ganzen Globus ging. Aber außer dem Schmuggler und zwei Handlangern hat keiner der Beteiligten, weder die Wasserträger noch ihre Vorgesetzten, dafür eins auf die Weinnase bekommen. Die Augsburger Staatsanwaltschaft stellte im Sommer 1999 das Verfahren ein. »Sssauber!« pflegt bei ähnlichen Husarenritten im sportlichen Bereich der Münchner Kaiser Franz zu sagen.

Bleibt die Frage, ob »Geisel's Vinothek« nun für Geheimdienstler – um im Jargon zu bleiben – »verbrannt« ist. Oder ob es die Pullacher – mit dem Augsburger Persilschein unterm Mantelkragen – immer wieder an den Ort ihrer Schandtat zurückzieht. Die ehrbare Familie Geisel lehnt dazu jeden Kommentar ab. Wanderer, kommst du nach München, geh in »Geisel's Vinothek«.

Und siehst du jemanden am Nebentisch sitzen, der – statt durch ein Loch in der Abendzeitung – durch hauchdünn geschnittenen Parmaschinken »San Daniele« hindurch ganz unauffällig zu dir herüberschielt, dann steh langsam auf, geh hinüber und flüstere ihm das Codewort »Schmidbauer« ins Ohr. Wenn er erbleicht, setz dich zu ihm und lad ihn ein auf eine Flasche oder zwei. Er ist ein Veteran aus der guten alten Zeit, als Ochsen noch zweimal punktgenau auf dieselbe Stelle kacken konnten.

Kienzle:

HAMBURGS GEHEIMER RATSKELLER

Darüber, ob das gut 100 Jahre alte Hamburger Rathaus schön ist, darf gestritten werden. Sogenannte Feierabendpolitiker das Wohl und Wehe eines Gemeinwesens von der Größe Hamburgs bestimmen zu lassen ist ebenso häufig diskutiert worden. Das Parlament der Hansestadt – die Bürgerschaft – ist das einzige in Deutschland, dessen Abgeordnete keine Berufspolitiker sind. Sie gehen »normalen« Berufen nach und erledigen politische Aufgaben – außer an Tagen mit Plenar- oder Ausschußsitzungen, selbst die beginnen erst um vier Uhr nachmittags – nach Feierabend. Die »Bannmeile« ums Rathaus herum – sie sollte früher einmal Abgeordnete vor »dem Pöbel«, aber auch vor obrigkeitlicher Willkür schützen – kann man durchaus für einen Anachronismus halten. Das Restaurant »Ratsweinkeller« im Untergeschoß des Rathauses mögen die einen, »weil es eine ganz besondere Atmosphäre hat«. Die anderen finden »das Essen dort miserabel«. Kurz gesagt: Übers, im und ums Rathaus herum gab es noch nie eine einhellige Meinung.

Nur über einen Punkt herrscht unter denen, die den Vorzug hatten und haben, darüber streiten zu können, Einigkeit: Der Weinkeller ist spitze!

Der darf nicht mit dem »Ratsweinkeller« verwechselt werden. Höha, rufen die Bremer, unser Ratskeller ist besser sortiert. »Ach«, erwidern die Hamburger, »dänn biddä.« Es geht auch gar nicht um die Qualität der in den Verliesen des Rathauses eingelagerten Weine – die ist wahrlich nicht von Pappe! Es geht darum, wenigstens einmal im Leben das Privileg zu genießen, in diesen Keller hinabzusteigen. Doch nur wenige sind auserwählt – und zwar von den jeweiligen Verwaltungsdirektoren des Hauses, die den Schlüssel hüten wie Kettenhunde.

Das ist beeindruckend. Tief unten im Bauch des Rathauses stößt der staunende Besucher auf ein enges Gewölbe. Und steht plötzlich vor einem mächtigen, zur Zechzelle umgebauten Weinfaß, in dem an winzigen Tischen gerade mal ein paar Nahesitzende Platz finden, Knie an Knie und Kopf an Kopf. Keine Wirtsstube mit draller Kellnerin. Eher eine karge Kajüte für Schicksalsgemeinschaften auf hoher See. Manchmal soll der Boden hier unten kräftig schwanken. Aber nirgendwo sonst klingt das schönste Geräusch im Weltall, das

»Plopp«, wenn ein guter Korken aus einer guten Flasche flutscht, so überirdisch wie unterm Hamburger Rathaus. Arkadien an der Alster! Und wenn der Kellerton A eine Reihung erfährt, dann haben sich hier unten schon bärbeißige Ordnungsmenschen gegensätzlichster politischer Überzeugungen in den Armen gelegen.

Vom Propheten Jeremia, der die Erde für ein Jammertal gehalten hat, stammt der Satz: »Suchet der Stadt Bestes!« Hamburger Feierabendpolitiker wissen, wo es liegt. Aber nur wenige dürfen es an Ort und Stelle genießen.

Kienzle:

HERZATTACKE AUF DEN GAUMEN

Lieber Gott, du nahmst mir das Können, bitte nimm mir auch das Wollen! Weshalb soll der Mensch 100 oder auch nur 80 Jahre alt werden, wenn er auf alles verzichten muß, was Spaß macht? Na gut, da bleibt noch das eine – außer Lesen, Kunstbetrachtung und Spazierengehen. Herzkranke sollen sich sogar oft noch des einen enthalten. Zu aufregend! Vor allem aber mit Essen und Trinken nach Lust und Laune ist es endgültig vorbei.

Nach einem Herzinfarkt nimmt sich der Speisezettel für den Kranken aus wie ein Horrorfilm. »Abzuraten« ist – weil sie »größere Anteile Fette mit gesättigten

Fettsäuren« enthalten – von: Butter, Schmalz, Bratenfett, Gans, Ente, fettem Fleisch, fetter Wurst, Fleischpasteten, Geflügelhaut, Vollmilch, Sahne, vollfettem Käse, Vollmilchjoghurt, Rogen, fritiertem Fisch, Feinbackwaren, gebundenen oder mit Sahne angerührten Suppen, Bratkartoffeln, Eiskrem, Pudding, Knödeln, Sahne- und Buttersaucen, Schokolade, Toffees, Biskuits, gekochtem Kaffee, Salatdressings. Ganz zu schweigen von Alkohol. Und sei es in seiner wohltuendsten Form als Wein.

»Abzuraten« heißt auf deutsch: »Muß gemieden werden!« Wer dann noch liest, was in der Rubrik »Davon in mäßigen Mengen« Vorschrift ist, der ahnt: Es gibt kein Leben vor dem Tod! Jedenfalls nicht, wenn man auf den Rat von Ärzten hört.

Hauser:

KEIN **HERZ** FÜR KIENZLE!

Verzicht ist Stärke, Kienzle! Im Sich-Bescheiden liegt die Kraft! Was kann schlimm daran sein, wenn einer, der vom Austeilen lebt und noch lange leben will, wenigstens bei anderen Vergnügungen ein wenig zurücksteckt? Was gesund ist, kann nicht schlecht schmecken! Hier ein Gourmetmenü, das sich strikt an die ärztliche Empfehlungsliste für Infarktpatienten hält.

BARMER ERSATZKASSEROLLE

MENÜVORSCHLAG FÜR INFARKTPATIENTEN

Amuse-Gueule:
Ein Kleckschen Porridge mit einem Tröpfchen Magermilch. Das Porridge sollte beim Zubereiten ein wenig am Boden des Topfes angesetzt haben, was ihm erst den richtigen Pfiff verleiht. Mit so was im Leib haben die Briten ein Weltreich aufgebaut.

Vorspeise:
Ein Wassersüppchen von Gemüsen der Saison und frischem Liebstöckel, auch Maggikraut genannt. Das wird Roman Herzog aus seiner Kindheit kennen. Und? Ist was aus ihm geworden?

Zwischengang:
Recht schön öliges Fleisch von einer tiefgefrorenen Makrele, serviert auf einem Bett aus tiefgefrorenem, durch den Wolf gedrehtem Spinat. Fragen Sie Berliner oder Hamburger Trümmerfrauen, woher sie die Kraft genommen haben, den Schutt wegzuräumen, den ihnen die Männer vor die Füße gelegt hatten.

Hauptgang:
Fleisch von Hals und Vorderläufen eines fünf Jahre alten, notgeschlachteten Hauskaninchens. Dazu tiefgefrorene weiße Bohnen und salzlos gekochte, speckige Kartoffeln. Eine Delikatesse speziell für politisch korrekte Wildliebhaber.

Vor dem Dessert:
Magerkäse mit Trockenobst. Das macht einen schmalen Fuß und auch sonst so ansehnlich wie Kate Moss. Warum wohl? Die Dame ernährt sich genau auf diese Weise.

Dessert:
Pudding aus Magermilch mit ungesüßtem Dosenobst. Das setzt dem Ganzen die Krone auf. Wer so ißt, der wird, wenn alles gutgeht, 100 Jahre alt. Falls nicht, wird es ihm so vorkommen, als habe er 100 Jahre gelebt. Hand aufs Herz – und guten Appetit!

Hauser:

ALFRED UND ALICE IM **HÜHNER**LAND

Alice Schwarzer weiß gar nicht, wie sehr sie Frau ist. Die radikalste Frauenrechtlerin Deutschlands huldigt einem Gericht, das femininer gar nicht sein könnte. Wo Journalistenkollege Wickert – ebenfalls mit »beaucoup-d'expérience« – nur mal wieder französischen Brie zum »Gare« rollt, verlangt es Chefredakteurin Schwarzer nach einem Zitronenhuhn. »Möglichst vom Markt, frisch.« Sonst noch Wünsche?! Das ist ja gerade so, als glaube Frau Schwarzer noch an den Weihnachtsmann.

Ein wohlschmeckendes Huhn, eines, das nicht am Förderband hängend, kopfüber in die elektrisch geladene Salzlauge getunkt wird – um es ruhigzustellen, beileibe nicht, um es zu töten, denn andernfalls würde es nicht richtig ausbluten –, das anschließend auf dem Förderband rotierenden Messern zugetragen wird, die ihm die Hauptschlagader öffnen, dem weiter auf der Ausblutstrecke innerhalb einer Minute das Blut abgesaugt wird, dem heißes Wasser in der Brühschleuse das Gefieder lockert und rotierende Scheiben mit Gummifingern die Federn ausrupfen? Kopfentferner und Beinabschneider verrichten nun ihr mechanisches Werk, die feinen Haarfedern werden abgesengt und Polyphosphate injiziert, damit das Teil länger hält. Maschinell wird der Eingeweidetrakt entnommen und anschließend dem Kadaver in einem Plastiktütchen wieder hinten reingeschoben. Die Füße werden als Delikatesse in den Orient exportiert, die Federn an andere Tiere verfüttert.

Nein, diese Art Chicken mag Alice lieber nicht essen. Sie bevorzugt das Huhn, das nach persönlicher Ansprache von einem ihm seit Jahren bestens bekannten Bauern höchstselbst gemeuchelt worden ist. Niemand weiß wirklich, woran man diese Hühner erkennen kann. Vielleicht an den Würgemalen am Hals und den Hackspuren an Bauers Armen?

Tatsächlich ist das Huhn das weiblichste aller Speisetiere, die es auf der Welt gibt. So weiß, so unschuldig, so rein. Haben WissenschaftlerInnen schon gewagt zu hinterfragen, weshalb solch perfekte Unblutigkeit vor allem Frauen begeistert?! Na?! Schon gut, schon gut. Frauen, das steht jedenfalls fest, bestellen Huhn, Weißwein und Salat, Männer blutiges Steak, Pommes und Rotwein. In einigen afrikanischen Ländern wird übrigens kein Hühnerfleisch gegessen, weil die Eingeborenen den Hennen Promiskuität und soziale Verantwortungslosigkeit nachsagen – »die legen ihre Eier doch überall hin«!

Die viel entscheidendere Frage aber ist die: Wer schneidet in Alice Schwarzers Haushalt den Hühnerbraten an? Wer zerlegt das Tier, nachdem es von der Feministin so hingebungsvoll mit Zitronensaft und Knoblauchzehen in- und auswendig einmassiert worden ist? Der einzige männliche Gast? Wer ist Alices Paterfamilias? Lädt sie jemals Männer ein? Und wenn: nur solche wie Biolek? Besteht sie bloß deshalb auf ein komplettes Huhn statt auf vorgefertigtes Hühnerklein, weil sie endlich mal das Messer schwingen will? Fragen über Fragen, mit denen Alfred und Alice die deutschen Nachkocherinnen alleine gelassen haben.

Kienzle:
WAT **JEPSEN** HEUTE ZU ESSEN?

Frauen, sagt die Hamburger Bischöfin Jepsen, hätten derzeit was ganz Besonderes in die intellektualisierte und vermännlichte Kirche einzubringen. Ja, die Frauen. Sie haben so etwas Gewisses. Um ihrer kühnen Behauptung Substanz zu geben, stellte sich die junge Pastorin in die Küche und erschreckte ihren ebenso jungen Verlobten mit einem Rezept ihrer Großmutter. Buttermilchsuppe mit Fleischwurst, Backobst, Kartoffeln und Senf. Igitt. Von Stund' an widmete sich Peter Jepsen nur noch einem einzigen Ziel: Seine Gattin sollte weltweit zur ersten Bischöfin in der evangelisch-lutherischen Kirche gewählt werden. Am 30. August 1992 war es endlich soweit. Und Pfarrer Jepsen ließ sich spontan und ohne jede Verzögerung zum Hausmann beurlauben. Nachdrücklich dürfte er auch die Forderung seiner Frau unterstützt haben, die Männerquote in Kirchengremien einzuführen: Maria Jepsen hatte kritisiert, daß Männer sich in den alltagsbezogenen und sozialen Arbeitskreisen der Kirche stets vornehm zurückhielten. Achtung, männliche Kirchentagsbesucher! Kocht selber! Sonst gibt es wieder Buttermilchsuppe mit Backobst.

Hauser:
HERR OBER, ANDERE **KELLNER!**

Sie sind nicht alle so. Dieser aber sollte fünf Freunden während eines Ausfluges durch Schleswig-Holstein fünf Portionen Bratkartoffeln mit Speck, in eine Hülle aus verquirlten Eiern geschlagen – in Norddeutschland Bauernfrühstück genannt –, sowie fünf Bier und fünf Schnäpse servieren. Er wiederholte die Bestellung: »Fünfmal Bauernfrühstück, sechs Bier, sechs Korn.« – »Nein, nein, fünfmal Bauernfrühstück, fünf Bier und fünf Korn«. Darauf der Kellner zum Besteller: »Wieso, wissu nix trinkn?« Nicht jedes Mitglied des Gastgewerbes setzt das Wort Trinkgeld derart derb in Naturalien um. Es gibt auch andere. Aber: Die Geschichte ist wirklich wahr. Und nur die Spitze des Eisbergs.

In Fernsehserien gibt es von morgens bis abends tischtuchgroße Trinkgelder, Tips genannt. Sogar von armen Arbeiterwitwen, die ganz offenbar ihre Ehemänner zu Tode gespart haben, um auf Luxusschiffen mit Stewards zu kokettieren. Die Traumschiff-Dienstleister sind nie aufdringlich. Nie penetrant. Nie unaufmerksam. Nie dreist. Nie launisch. Nie inkompetent. Nie herablassend. Nie besserwisserisch. Nie ... Sie sind fortwährend so, wie es höchstens einen halben unter tausend gibt.

Und dann die anderen. Die real existierenden. Die in der Luft. Die KellnerInnen in den fliegenden Linienbussen. Was heißt Business Class? An Bord ist gerade soviel Platz, daß Fluggäste bis Schuhgröße 39 bequem sitzen können. Andere müssen die Fußspitzen nach innen kehren. Von den Knien nicht zu reden. Die fliegenden Kunden sind fürs Personal schlichtweg »Paxe«, so wie der am Wurmfortsatz erkrankte Kunde eines Arztes »der Appendix auf Zimmer 12« ist. Auch das ist in der Luft passiert: »Was, Sie wollen 'ne Schadensmeldung, nur weil ich Ihnen 'ne Kanne heißen Kaffee über die Hose gegossen habe?« Prompt landet ein Formular auf dem Tablett, »damit Sie die fünf Mark für die Reinigung erstattet bekommen«! Zuvor hatte die Stewardeß versucht, dem Pax den heißen Kaffee mit noch heißerem Wasser aus dem Schoß zu reiben. Spitzenkräfte ihrer Zunft. Auf die Frage, warum ein junger Lufthansapilot partout keine Paxe transportieren wollte, sondern lieber bei der »Cargo«-Flotte angeheuert hatte, kam unverblümt die Antwort: »Fracht motzt nicht, Fracht kotzt nicht.«

Das Gastgewerbe ist ein weites Feld und ein uralter Beruf. Die Altvorderen der Deutschen, die Germanen, hatten mit dem »coquere« der Römer, die ihr Land besetzt hatten, nichts am Helm. Sie warfen ihre Rohprodukte in siedendes Wasser oder ins Feuer. Mit auf diese Weise Gegartem, Gesottenem stillten sie ihres Leibes Notdurft. Die Römer indessen kochten mit Wein, Kräutern, Gewürzen, Gemüsen und Früchten. Sie ließen sich ihre Speisen vom »coquus«, dem späteren Koch, zubereiten. Das gefiel den besseren Deutschen jener Tage. Wer sich's leisten konnte, tat es den Besatzern gleich. Die Lebensmittel mußten von weither herbeigeschafft werden, waren entsprechend teuer und wurden deshalb in der »cella« verwahrt. Der bestallte Einkäufer und

Aufpasser war der »cellerarius«, der Kellerer. Er übte ein geachtetes und gutbezahltes Amt aus und hatte auch dafür zu sorgen, daß das in der Küche kunstvoll Zubereitete nicht durch unbedarfte Diener oder Mägde zu Schaden kam.

Der Kellner durfte sich also wichtig fühlen. Das kam bald auch in seinem Habit zum Ausdruck. Weltweit verkleiden sich Menschen, wenn sie kellnern. Schwarz ist ihre Lieblingsfarbe. Unnatürlich ihre Körperhaltung. Aufgesetzt ihre Sprache. Herablassend oder – je nach Etablissement – unterwürfig ihr Wesen. »Mein Lohn ist, daß ich dienen darf«, das Motto des evangelischen Diakonissen-Ordens, scheint den meisten fremd. Ihren Gesichtern ist anzusehen, daß sie in ihrer Dienstleistung einzig den ungeliebten Dienst und allzu selten die eigenständige Leistung erkennen. »Die Prüfungsordnung für Restaurantfachleute verlangt, daß wir den linken Unterarm in einem Winkel von 90 Grad zum Oberarm legen und ihn quer zur Taille in den Rücken pressen, wenn wir Wein servieren«, erzählen Weinkellner, wenn sie nach dem Grund für ihre grotesk anmutende Haltung beim Ausschank am Tisch gefragt werden. Ob Ludwig Reiners das vor Augen hatte, als er schrieb: »Wer eine Eigenschaft affektiert, gibt zu, keine zu besitzen«?

Das Programm der Ausbildungsordnung sieht Ausbildungsstufen vor, die aus einem anstelligen jungen Menschen eigentlich einen »cellerarius«, einen Beschaffer, Verwahrer und Verwerter im überlieferten Sinn, machen sollten. Das liest sich gut: »Eindecken von Tischen und festlichen Tafeln; Ausschenken und Behandeln von Getränken; Arbeiten am Tisch – Flambieren und Tranchieren; Bedienen und Instandhalten der Arbeitsgeräte; Lagern und Kontrollieren der Waren; Vor- und Zubereiten einfacher Speisen; Arbeiten am Buffet; Dekorieren von Räumen, Tischen und Tafeln; Servieren und Ausheben im Restaurant mit Arbeitsvorbereitung; Herstellen von Misch- und Mixgetränken; Zusammenstellen von Getränke- und Weinkarten; Abrechnen im Service; Vorbereitung und Durchführung von Festlichkeiten und Sonderveranstaltungen; Rechnungswesen und Zahlungsverkehr; fremdsprachliche Fachausdrücke.«

Ein Mensch, der das alles kann, hat wahrhaftig keinen Grund, sich vor einem Gast zu verstellen oder sich und seine Leistung geringer zu achten als den Bedienten und dessen Zahlungsfähigkeit.

Hauser:
THE REST OF **KEY WEST**

Das war mal ein Platz, auf den man sich einigen konnte. Ein Platz für Rechte und Linke, für Hemingway-Machos und Kuba-Libristen, Millionäre und Pensionäre, Kolonial-Nostalgiker und Harley-Freaks, Fischer und Faulenzer, Freibeuter des Geistes und der Meere, harte Trinker und weiche Ästheten (kurz vor oder nach ihrem Coming-out). »America's southernmost point«, nur 90 Meilen entfernt von Castros Cohiba Club, war keine Insel, sondern ein Zustand: out of area. Fluchtpunkt auch für ehedem politische Antipoden aus der Alten Welt. Der linke »Stern«-Drop-out Michael Jürgs leckte hier seine Wunden und schrieb einen Bestseller über Romy Schneider, unterbrochen nur von Tennis-Matches mit dem rechten Springer- und Burda-Drop-out Carl Schmidt-Polex, der ein paar Inseln weiter als spätgebärender Vater retiriert und gegen Wind und Wetter für die »Welt« Stellung hält, bis Kuba endlich kollabiert und mit den Vereinigten Staaten (wieder-)vereinigt wird.

Das war einmal. Inzwischen sieht es aus, als hätte ein verheerender Hurrikan dieses einzigartige, wohltuend unamerikanische Flair weit hinaus aufs offene Meer verweht. Wer heute den langen Weg von Miami über Key Largo bis nach Key West hinter sich gebracht hat, per »island hopping«, vorzugsweise im offenen Mustang Cabrio mit maximal 70 erlaubten km/h, der landet nicht mehr an der Grenze zwischen Nordamerika und Karibik, sondern – auf Mallorca. Neckermänner aus aller Welt haben Key West erobert. Und geldgeile Insulaner tun das, was vor 500 Jahren andersrum funktionierte – sie verscherbeln wertlose Glasperlen zu Höchstpreisen an die Invasoren. Aus dem charmant verschlafenen Key West ist ein riesiger T-Shirt-Laden mit anliegenden Freß- und Schlafplätzen geworden. Hunderttausende kurzbehoster, dickbeiniger Zellulitisten wälzen sich sommers wie winters die Duval Street hinauf und hinunter, beglotzen allabendlich den Sonnenuntergang am Pier House, um anschließend in Sloppy Joe's Bar einzufallen, wo der Geist von Hemingway längst nicht mehr spukt und spuckt, sondern als lokale Variante von Mickey Mouse die Souvenirtheken verstopft. Dazu paffen sie allerorten parfümierte »kubanische« Zigarren, wahlweise mit Whisky-, Honig- oder Vanillegeschmack, und fühlen sich allein schon deswegen als Rebellen im Land der Rauchverbote. Hemingway, käme er heute zurück an diesen Ort, würde sich auf der Stelle die Doppelläufige in den Mund schieben und noch mal abdrücken.

Bloß schnell weg! Schade um jeden Dollar, den man hier zurückläßt. Rein ins Auto und zurück nach Norden. Mindestens drei, vier Inseln weg von Key West. Erst hinter der Seven-Miles-Bridge darf man durchatmen. Nämlich auf Marathon Key. Wo die wunderbare Brücke endet (bzw. beginnt), steht ein kleines Hamburger-Restaurant, das Seven-Miles-Inn. Zufällig hält hier keiner – ein, zwei amerikanische Präsidenten in 50 Jahren mal ausgenommen. Touristen brausen zuverlässig an dem unscheinbaren Flachbau mit der langen, zur Straße offenen Theke vorbei, um bloß schnell nach Key West zu gelangen. Darum trifft man hier fast nur Einheimische, Locals, beim Verzehr von ausgelöstem Krebsfleisch und Burgern, wie Gott (und nicht McDonald's) sie schuf. Keine besonderen Delikatessen – und gerade deswegen delikat. Kein typischer »American Diner« – und gerade deswegen America at its best. Kein Geheimtip im Michelin – und gerade deswegen eine Adresse, »für die sich ein Umweg lohnt«. Aber von Miami nach Marathon Key gibt es ohnehin nur eine einzige schnurgerade Straße, also keinen Umweg. Es sei denn den über Key West.

Kienzle:
PROST **MATTHIAE-MAHLZEIT!**

Spanferkelfarben. Alles an dieser Frau war spanferkelfarben. Die extrem kurzen, pludernd ausladenden Arme. Die drei oder vier Kinne. Die miniplierten Haare. Das aufgebauschte, geblümte Tüllkleid. Der netzhautablösende Geruch ihres Duftwassers. Sogar ihre Stimme klang irgendwie spanferkelfarben. Die Frau saß auf einem Platz, der galaxienweit von der einzigen begehbaren Tür des Kaisersaals im Rathaus der Freien und Hansestadt Hamburg entfernt war. Um sie herum 399 Frauen und Männer, alle vom höchsten Regierungsorgan dieses Bundeslandes, dem Senat, zu Tische gebeten. Zu diesem Treffen, wispern alljährlich die Rathausinsassen, zur Matthiae-Mahlzeit also, würde »nur und nur und nur die Creme« des Gemeinwesens an der Elbe geladen. Und die Vertreter der in Hamburg ansässigen Konsulate. Kundige Hamburger wissen: Die Creme hat einen Stich.

Die Spanferkelfarbene nahm, wie alle anderen, den Hauptgang zu sich. Was für sie nicht einfach war. Zum einen, weil das riesige, aus Silber gefertigte Ratsbesteck ein gewaltiges Gewicht hat. Zum anderen, weil ihre ebenso breiten wie kurzen Ärmchen mit schwersten Goldklunkern behängt und ihre Finger, denen ein Glied zu fehlen schien, mit breiten, brillantverzierten Ringen geschient waren. Hinzu kam, daß sich in dem überfüllten Prunksaal ein Gemisch aus Körper- und Küchendunst

LEBERKÄSE AUF SENFBETT IM DIALOG MIT SEM-MEL!!
ICH HATTE ABER IM DIALOG MIT BRÖTCHEN BESTELLT!
FRED & GÜNTER

Das gibt's nur in New York: Hebräisch-Nationale Frankfurter Würstchen (oben). **Essen in Florida: Auf halbem Weg nach Key West markiert der Mile-7-Grill das Ende der kulinarischen Zivilisation** (links).

Das piekfeine Hamburg huldigt sich selbst bei der Matthiae-Mahlzeit.

Die Vergangenheit im Zeitalter ihrer technischen Reproduzierbarkeit: Walter Zimmermann und Benjamin Karsunke betreiben in München eine Weinhandlung für Alt-68er und solche, die's werden wollen. "Walter & Benjamin" ist zugleich eine Hommage an den von den Nazis zu Tode verfolgten jüdischen Denker Walter Benjamin (oben).

**Was haben Essen und Trinken mit Politik zu tun?
Laut Kienzle ist frustrierten Linken die deutsche Küchenrevolution zu verdanken.
Hauser:
"Dann müßte der Osten ja ein einziges Feinschmecker-Paradies sein."
Faschismus und Kommunismus hatten dem Volk den Eintopf verordnet. Das neue Jahrtausend wird zeigen: Erst frißt die Revolution ihre Kinder. Aber dann wird neu gekocht!**

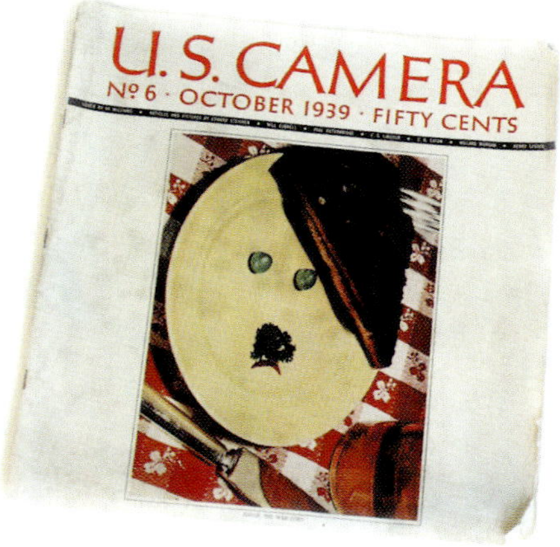

derartig zusammengeballt und aufgeheizt hatte, daß die Spanferkelfarbe langsam das kreischende Rot einer vollreifen Vierländer Tomate annahm. Aus dem Ratskeller wurden lauwarme Speisen aufgetragen, die, wohltemperiert genossen, kaum der Rede wert gewesen wären, in ihrem aktuellen Zustand aber dem Anlaß und dem piekfeinen Ambiente hohnsprachen.

Unversehens hob die Spanferkelfarbene den Damast des Tischtuchs, beugte ihr Haupt unter den Tisch und – es ertönte ein schweinernes Geräusch. Im selben Augenblick ergänzte ein säuerlicher Geruchsfaden die ohnehin delikate Duftkomposition im Raume. Das Minipli der Eingetüllten erschien wieder oberhalb der Tischplatte. Ihr temporäres Tomatenrot hatte einen leichten Blaustich bekommen. Sie tupfte sich mit der Serviette die Mundwinkel trocken und – aß wirklich und wahrhaftig weiter. Der Mann, der ihr in einem abgeschabten Smoking gegenübersaß – er war nicht der einzige so Gewandete –, legte sein Besteck ab und widmete sich fortan ausschließlich dem vortrefflichen Rotwein aus dem Ratsweinkeller. Andere gecremte Festgäste, denen das Malheur der Dame in Tüll nicht verborgen geblieben war, tafelten ungerührt weiter.

Im Jahre 1356 berichteten Chronisten erstmals von solchem »Convivium eines Ehrbaren Rates«. Künftig wurde es, am Anfang eines Geschäftsjahres, sobald der »Rat der Alten umgesetzt« worden war, wiederholt. »Sofern es die Zeitläufte erlaubten.« Die Mächtigen der Hansestadt luden dazu die »Vertreter der Hamburg freundlich gesonnenen Mächte«. Anfänglich waren das 40 Personen. Männer. Nur Männer.

Zum ersten Festmahl wurden Forellen, Kapaunbraten, Rehrücken, Kalbsviertel und Mandelmilch aufgetragen. In einem Gang. Damals muß das Wort »Arbeitsessen« entstanden sein. Später – es war im Jahr 1711 – komponierte der Konzertmeister, Kantor und Kirchenmusikdirektor Georg Philipp Telemann eigens zu diesem Zweck eine Festmusik, die noch heute, von einem Kammermusikensemble intoniert, vom Balkon des Kaisersaals ertönt: »...zu ergötzen die Herzen mit Singen und Scherzen, weil Hamburgs regierender Götterkreis lacht«.

Den Rathausverantwortlichen jedoch vergeht nach solchen und ähnlichen Mahlzeiten das Lachen: Jedesmal fehlen rund sechzig Bestecke aus dem Tafelsilber. Was allerdings kein hamburgisches und auch kein typisch deutsches Phänomen ist: Als in Großbritannien Mitte 1999 zwei Unterhaltungs-Größen, das »Spice Girl« Victoria Adams und der Fußballer David Beckham, eine 1,5 Millionen Mark teure Hochzeitsfeier für ausschließlich »exquisite Gäste« zelebriert hatten, fehlten anschließend 75 »geliehene, ziemlich wertvolle silberne Pokale«. Exquisiter Geschmack.

Die Spanferkelfarbene stakte gegen zwei Uhr nachts mit einem aus der Tischdekoration gefledderten kleinwagengroßen Bukett Edelblumen zur Dienstlimousine ihres Gatten. Auf beide wartete der Chauffeur.

Hauser:

OLIVENÖL EXTRA BRÜSSEL

Aber hopp – auf die Couch. Und zwar auf die Couch eines besonders fähigen Psychiaters. Genau dorthin gehören Parvenüs, die für einen Liter Olivenöl 90 Mark und mehr ausgeben. 90 Mark! Selbst das, was geringfügig darunter liegt, muß kritisch unter die Lupe genommen werden. Es gibt kein Speisefett – was immer es sei –, das einen solchen Preis rechtfertigt.

In der Toskana erforen vor Jahren die meisten Olivenbäume. Dennoch lieferten toskanische Ölmühlen weiter die gleichen Mengen ihres kostbaren Naturproduktes. Wie das? So: Bauern aus Apulien verkauften ihre angeblich geringerwertigen Früchte in die Toskana, wo sie ausgepreßt wurden. Nach dem Gesetz ist der Platz, an dem Oliven ans Fruchtfleisch gegangen wird, der Herkunftsort eines Olivenöls. So einfach ist das. Auf diese Weise wird aus billigen Steinfrüchten eine teure Delikatesse. Mit und ohne erfrorene Bäume. Den Eurokraten, den Advokaten und den politischen Türstehern in den Wandelhallen der Parlamente Europas sei Dank. Sagen apulische Landwirte.

Olivenöl, natives Olivenöl und natives Olivenöl extra – EU-Apparatschiks wollen diese Sprachregelung, sie haben die gewohnte Orientierung an der Jungfräulichkeit eines Öles abgeschafft – enthalten sehr viel Vitamin E, Linol- und Ölsäure. Inhaltsstoffe, die müde Menschen munter machen und alt werden lassen. Genau wie die einfach ungesättigte Fettsäure der Oliven, die in gutem, kaltgepreßtem Öl enthalten ist. Sie hält den Spiegel des schädlichen LDL-Cholesterins in Grenzen, ohne dem wohltuenden HDL-Cholesterin zu schaden. Ganz gewiß sind Olivenöle vom Typ »kräftig-fruchtig« bis zu solchen mit »mildem« Geschmack gesund. Vorausgesetzt, sie sind nicht gepanscht worden. Kaum eine Speise, die durch sie nicht gewönne. Einerlei, ob der Stoff aus Italien, Spanien, Griechenland, Tunesien, Frankreich oder aus der Türkei kommt.

Aber – 90 Mark der Liter? Auf gar keinen Fall!

Kienzle:

PFLAUMS POSTHOTEL PEGNITZ

In Wagners »Ring des Nibelungen« lassen sich Germaniens Götter von zwei Riesen ein Schloß bauen, Walhall, können und wollen aber bei der Schlüsselübergabe die Rechnung nicht bezahlen. Damit geht es los, das grause Gemache, Gemetzel und Geschmetter vom Rheingold bis zur Götterdämmerung. Ähnlichkeiten mit dem Einzug der Götter ins Berliner Regierungsviertel sind rein zufällig. (»Kanzleramt 65 Millionen Mark teurer als geplant!«)

Nicht weit von der Gralsburg des Wagnerkultes entfernt, nur wenige Autominuten vor den Toren Bayreuths, haben sich zwei altfränkische Brüder ihr eigenes Walhall aufgebaut: Pflaums Posthotel Pegnitz. Die Zimmerschlüssel sind für Normalsterbliche fast unerschwinglich. Aber Politiker, Popstars und sonstige Prominente steigen hier gerne ab. Denn im PPP bekommen sie das totale Kontrastprogramm zum hehren, hartbestuhlten Bayreuther Kunstgenuß geboten. Famose fränkische Sterneküche (jawohl, die gibt es!), gelegentlich mit musikalischem Mummenschanz aus der Abteilung Wagner-Kuriosa als »Gourmet-Oper« garniert. Die eigentliche Sensation aber sind die Gästezimmer im PPP. Keines gleicht dem anderen, jedes ein bis ins kleinste Detail ausgetüftelter Design-Traum – vom pompösen Plüsch-Puff bis zur hypermodernen High-Tech-Halle mit Whirlpool am Fußende des Bettes. Und jeder Raum auf dem aktuellen Stand der Wiedergabe von Wagners Werken in Audio und Video. Dennoch ist das PPP kein Themenhotel im banal amerikanischen Sinne. Nein, eher die Pegnitzer Antwort auf Neuschwanstein.

Das Gästebuch verzeichnet Götter (Aga Khan), Kaiser (von Japan) und Königshäuser (Windsor). Das PPP ist die inoffizielle Sommerresidenz der bayerischen Ministerpräsidenten. Clinton war da, Gorbatschow kam, sah und staunte.

Wo Roman Herzog, Heiner Müller und Michael Jackson auf ihre Kosten kamen, muß eine ganz besondere Form von Wahnsinn walten. Den Brüdern Andreas und Hermann Pflaum ist dieses Kunststück gelungen. Und mehr: Bisher konnten sie noch immer ihre Handwerkerrechnung bezahlen.

Hauser:
DEUTSCHER **RIESLING?**

Die Helden des Nibelungenliedes soffen noch Met. Die erste große Millenniums-Sause war noch lange nicht in Sicht. Aber dann! Fest steht, daß Riesling bereits im Jahr 1490 am Rhein angebaut wurde. Das belegen Urkunden. Fest steht, daß heute über 80 Prozent des europäischen Rieslings aus Deutschland kommen. Aber die deutscheste aller Rebsorten ist keineswegs so urgermanisch, wie Weinexperten behaupten. Möglich wäre, so murmeln Wissenschaftler, daß sich der Riesling selbst aus der rheinischen Rebe Vitis Vinifera Silvestris herausgeklont habe. Möglich. Mehr nicht. Sein Name ist »dunklen Ursprungs«, formuliert ein Sprachlexikon. Rösling und Rüsling hat er zuvor geheißen. Aber auch was das bedeutet und woher es kommt, weiß niemand. Das passiert schon mal, wenn es um den Nachweis reinrassiger Abstammung geht!

Hauser:

SCHLARAFFENLAND: ABGEBRANNT

Peter Fischer: Schlaraffenland, nimm's in die Hand. Kochbuch für Gesellschaften, Kooperativen, Wohngemeinschaften, Kollektive und andere Menschenhaufen sowie isolierte Fresser

Das Buch, mit dem Jürgen Trittin kochen lernte. Oder vielleicht sogar leben lernte. Diese Bündnis-Grünen haben ja immer außerordentlich schwierige Sozialisationsphasen hinter sich. Aber was konnte der so überaus beliebte grüne Minister eigentlich aus einem Buch lernen, dessen erste Zeile schon behutsam darauf hinweist, daß »mit den Fortschritten des Kapitalismus ... die fortschreitende Zerstörung des menschlichen Lebens und der Naturbasis verbunden« sei? Wir wissen es nicht, denn unter Naturbasis stellt sich ohnehin jeder etwas anderes vor. Doch der Überbau hat den blutjungen Jürgen vielleicht gar nicht interessiert, ja die luziden Gedanken Peter Fischers hätten den politisch begeisterten Jüngling sogar aus der Bahn in einen depressiven Fatalismus geworfen.

Der biologische Anbau, urteilt das »Schlaraffenland«, sei bloß »eine Groteske, da Luft, Wasser und Boden nirgendwo mehr biologisch sind«. Biologisch sicher, aber wohl auf die falsche Art. Und noch eine Weisheit verkündet das Buch ex cathedra: »Ein gutes Essen kann nur aus guten Lebensmitteln hergestellt werden. Diese gibt es nicht mehr.« Ja, so waren sie, die knallharten Siebziger!

Inzwischen haben Klaus Töpfer und Helmut Kohl – natürlich nur unter massivem Druck von Bündnis 90/Die Grünen – dafür gesorgt, daß der Rhein wieder sauber und die Luft klar wurde. Und nachdem Töpfer im Rhein gebadet hatte, trauten sich auch die Lachse wieder, auf deren Anwesenheit jetzt alle so schrecklich stolz sind. Im »Schlaraffenland« allerdings werden dem Thema »Fisch« nur vier ärmliche Seiten gewidmet. Die Fische sind den Kommunarden einfach zu teuer. »Sie können in der Kollektivküche verwendet werden, wenn beim Einkaufen auf die oft erheblichen Preisschwankungen geachtet wird«, empfiehlt Vorkoch Peter Fischer streng. Und hat gleich einen Trost parat: »Nicht sehr oft essen, da das Meerwasser auch schon verseucht ist.« Weshalb Fleisch billiger und die Massentierhaltung vielleicht doch keine so gute Idee war, beschäftigte die Wohngemeinschaftsköche noch nicht wirklich.

Sicher fühlte man sich nur in der Überzeugung, daß die Zubereitung von Essen eine zu wichtige Angelegenheit sei, als daß man sie der »Idiotie der Kleinfamilie« überlassen dürfe. Auch hygienisch war man noch nicht auf dem neuesten Stand. Heute weiß jeder Hobbykoch, daß die Benutzung von Schneidebrettchen aus Holz zum alsbaldigen Tod führt (Salmonellen, Bakterien und so weiter), und daher greifen wir brav zum Schneidebrettset von Ikea mit dem wahrhaft sprechenden Namen »Legitim«; damals waren künstliche Materialien verpönt: »Plastik benutzen die hektischen Pfuscher.« Abwasch: »Das ist eine widerliche Arbeit«, stellt das Buch kategorisch fest. Das hat Jürgen Trittin voll verinnerlicht und wird daher heute nicht müde, in der Öffentlichkeit die neue Umweltfreundlichkeit von Spülmaschinen zu betonen, die seinen Hedonismus so herrlich politisch korrekt werden ließ.

Peking-Ente? »Nach Peking fahren und Peking-Ente essen.« Der Genuß von Haifischflossen wird nur der übertriebenen Kosten wegen kritisiert, ein Menü von 1899 hemmungslos als Neidfaktor (»zum Aufhetzen!«) abgedruckt, dessen siebter Gang Ortolane sind (siehe Mitterrand), und Feinde von Innereien als Bauern im Sinne eines »Was-der-Bauer-nicht-kennt« gebrandmarkt. »Niere geht überhaupt nicht, von wegen der Pisse«, stellt Fischer verächtlich fest und bietet mit missionarischem Eifer Rezepte für Kalbs-, Schweine-, Rinder-, Hammel- und Lammnieren an. Der dermaßen gestählte Esser wird zu weiteren Großtaten ermuntert: »Wenn du dir erst einmal Nieren einverleibt hast, wird es dir nur noch wenig Schwierigkeiten bereiten, nun auch Hirn zu essen.«

Eine Todsünde für Grüne von heute empfahl »Schlaraffenland« völlig skrupellos: Um Verhau in der Küche zu vermeiden, soll der Kollektivkoch jedweden entstehenden Abfall sofort in den Küchenabfalleimer werfen. Mit anderen Worten: KEINE Mülltrennung!

Kienzle:
SLOW FOOD & EUROTOQUE

Der Gedanke ist großartig. Eine Bewegung gegen das schnelle, hauptsächlich fette, inhaltslose, lieblose, geschmacksneutrale, genmanipulierte, hochgehäufte, kurzum: ungesunde Fressen zu gründen war eine Idee, die allzu lange hatte auf sich warten lassen. Der Einfall kam aus Italien und trägt einen englischen Namen – Slow Food. Den gescheitesten, witzigsten, musischsten aller deutschen Spitzenköche, den in Stuttgart arbeitenden Vincent Klink, als Aushängeschild für die deutsche Sektion des mittlerweile internationalen Vereins zu gewinnen war ein Geniestreich. Niemand in seinem Gewerbe kann Essen und Trinken und wie's besser sein könnte wirkungsvoller erklären als er.

Alles begann eines schönen Sommertages im Jahr 1986. Damals eröffnete der amerikanische Fast-food-Fabrikant mit dem vorgeschobenen schottischen Namen ausgerechnet an einem der malerischsten Plätze Roms, der Spanischen Treppe, einen Buletten-Bums. Dünn gewürztes Hackfleisch, zu handtellergroßen Scheiben gekloppt und in labbrige Sesambrötchen geklemmt – eine Kriegserklärung an italienische Gernesser. »No!« scholl es durch die Ewige Stadt. Anführer der Aufständischen war Carlo Petrini, Redakteur und Gastronomie-Kritiker der kommunistischen Zeitschrift »Il Manifesto«. Der scharte ein Häuflein aufrechter Genießer italienischer Zunge um sich und ersann gemeinsam mit ihnen die Ge-

genbewegung. Slow Food war geboren. Eine Schnecke ist das Wappentier des Widerstandes gegen den Verfall des gepflegten Speisens. Über 60.000 Menschen in aller Welt haben sich bisher unterm Dach des Schneckenhauses versammelt. Das Tolle daran ist, daß Schnecke und »Arche« – sie kennzeichnet bedrohte natürliche Nahrungsmittel – inzwischen sogar die USA erreicht haben.

In Deutschland folgen knapp 3000 Langsamesser der Schnecke. »Und jede Woche kommen 120 dazu«, behauptet frohgemut Andrea Arcais, stellvertretender Vorsitzender von Slow Food. Arcais gehört zu den Organisatoren von Gastmahlen, die unter Slowfoodisten »Conviviae« heißen. Das sind Treffen, bei denen Erfahrungen ausgetauscht, Vergleiche gezogen und überlieferte Rezepte, die in Vergessenheit zu geraten drohen, weitergegeben werden. Wie sich diese Zusammenkünfte finanzieren lassen, bleibt dahingestellt. Vor Sponsoren aus der Industrie hat man begreiflicherweise Manschetten – zu schnell könnte der Schnecke das traurige Schicksal des Grünen Punktes zuteil werden, wenn quasi gegen Eintrittsgebühr jeder von dem Gütesiegel Gebrauch machen dürfte. Geld ist also knapp bei Slow Food Germany. Trotzdem überlegen die deutschen Schnecken derzeit, eine Fachhochschule für Geschmacksbildung zu gründen. Wo? In der Toskana, naturalmente.

In Lübeck fand 1999 ein Slow-Food-Festival statt, mit kulinarischen Seminaren von Whisky bis Weinbergschnecke, von Käse bis Krustentier sowie einem Spezialitätenmarkt in der Altstadt. Der PR-Erfolg war so beträchtlich – 80 Journalisten kamen aus aller Welt –, daß die Stadtväter hinter vorgehaltener Hand schon Vergleiche zum Schleswig-Holstein-Festival zogen, und zwar wenig schmeichelhafte für Justus Frantz und seine Nachfolger. Schon hebt Dresden den Finger und bietet sich fürs nächste Slow-Food-Festival im Jahre 2001 an. Qualität beginnt sich offenbar doch langsam zu rechnen.

Ganz im Sinne von Slow Food geht »Eurotoque« an Tisch und Herd heran. Dort haben sich ausschließlich europäische Spitzenköche versammelt. Deren Sinnen und Trachten ist es, Kinder an Schulen zu lehren, wie was schmeckt. Oder besser gesagt, wie was schmecken kann, wenn es denn richtig behandelt worden ist. Und das kommt an. Kinder lernen spielend, daß Milch nicht schmecken muß wie in Wasser aufgelöste Schlämmkreide, Tomaten nicht wie weiche Tischtennisbälle, Erdbeeren nicht wie feucht gewordenes Styropor. Auch »Eurotoque« verleiht sein eigenes Gütesiegel – ein Euro-E mit Kochmütze –, zum Beispiel an Kochbücher für Kinder. Ein besonders empfehlenswertes stammt aus der Reihe »Flic, Flac, Floo« und wurde in Zusammenarbeit mit dem Pegnitzer Sternekoch Hermann Pflaum als knallbunter Comic entwickelt (Kinder Verlag, Unterföhring, 1997). Rezepte von Käsespätzle bis Seezunge mit Zitronenbutter erklärt Pflaum so kinderleicht, daß das Buch für Küchenanfänger jeden Alters bestens geeignet ist.

Hauser:

AUSSER **SPESEN** NICHTS GEWESEN

»Geld stinkt nicht«, sprach der römische Kaiser Vespasian vor gut 2000 Jahren und erhob eine Steuer für die Benutzung öffentlicher Toiletten. Soweit sind wir noch nicht. Noch nicht! Aber ziemlich nahe dran. In ihrem steten Bemühen, jeden Fliegenschiß mit einer Abgabe zu belegen, haben Waigel, Eichel & Co. schon vor einiger Zeit das sogenannte Arbeitsessen als steuerminderndes Ärgernis ins Visier genommen. Arbeitsessen! In Deutschland stinkt das förmlich nach Unterschleif. Nach verbotenem Lustgewinn während der Arbeit. Nach sinnloser Völlerei auf Kosten der Allgemeinheit. Daß täglich steuerträchtige Geschäfte im Wert von Millionen und Milliarden an Eßtischen angebahnt, verabredet und besiegelt werden, das weiß der Finanzminister wohl. Aber lieber drückt er die ganze Gastronomiebranche in den Gully, als auch nur einen miesen kleinen Spesenschummler entkommen zu lassen.

Bewirtungsrechnungen müssen seit dem 1. Juli 1994 in sämtlichen Einzelheiten belegen, was bei einem abzugsfähigen Arbeitsessen verzehrt und verzecht wurde. Das später abzuhaken ist zwar eine Heidenarbeit, in der eigenen Buchhaltung, beim Steuerberater, im Finanzamt. Aber es bringt nichts. Außer weiteren Kosten. Und häßlichen Szenen zwischen dem Steuersachbearbeiter Hugo Hungrig und dem Journalisten Bruno

Blau, von dem Hungrig zum x-ten Male wissen will, warum er so viele Interviews in Schumann's Bar führe, wo er doch sicher auch das eine oder andere Pils zum eigenen Vergnügen gezischt habe. Damit sei die Trennung zwischen dienstlicher und privater Aufwendung nicht mehr eindeutig blablabla und somit der Gesamtbetrag aller Bewirtungen in toto nicht absetzbar blablabla. Schreibt Bruno Blau daraufhin empört zurück, er fühle sich vom Finanzamt behandelt wie der Kapitän eines Vergnügungsdampfers, der für das Vergnügen, auf einem solchen Dampfer arbeiten zu dürfen, allen Ernstes Vergnügungssteuer zahlen solle, dann kann man sich in etwa vorstellen, mit welch händereibendem Vergnügen Hugo Hungrig sich fortan der Steuersache Blau widmet. So sichert allein der Posten »Bewirtungsaufwand« Tausende von Arbeitsplätzen – in Finanzämtern, Steuerkanzleien und Finanzgerichten. Der volkswirtschaftliche Nutzen dabei ist gleich Null. »Das ist wie im weißen Seidensmoking unter der kalten Dusche Tausendmarkscheine verbrennen«, sagt einer, der's wissen muß.

Sie sind (noch) zu feige, die Herren Finanzminister, dem Hotel- und Gaststättengewerbe den offenen Kampf zu erklären. Das hieße nämlich: »Streichung sämtlicher Bewirtungskosten als Steuerminderungsgrund.« Die Folge wäre ein Aufstand in der Gastronomie – und viele weitere Arbeitslose. Statt dessen erzeugen die Erfinder des Regelwerkes »R 21« im Paragraphen 4 des Einkommenssteuer-Gesetzes wieder nichts als Lüge und Heuchelei. Denn sie öffnen mit ihrer Pfennigfuchserei neue Hintertürchen. Es darf zwar nicht mehr pauschal »an Speisen und Getränken« heißen. Aber: statt »Hummer, Kaviar,

Fasan, Kalbsfilet, Champagner, Burgunder und Bordeaux« kann »Menu I«, »Tagesgericht 5«, »Lunch-Buffet« oder gar »zweimal Frühlingserwachen« auf dem Spesenzettel stehen. Das wird akzeptiert.

Eigens quittieren muß nach aktueller Vorschrift der Kellner dem Gast das Trinkgeld. Igitt, wie peinlich! Also verzichtet stets einer von beiden. Entweder der Gast auf die Quittung. Oder der Kellner aufs Trinkgeld.

Und das stinkt letztlich beiden. Nur nicht dem Finanzminister. Denn Geld stinkt nicht.

Kienzle:

TALKSHOW FÜR GENIESSER

Die zwei ganz großen A der deutschen Unterhaltungsbranche!! Amado und Antwerpes – endlich gemeinsam. Marijke Amado, bisher besser bekannt als Moderatorin der Mini-Playback-Show, in der sogenannte »Kinder« (siehe Michael Schanze) zum Download-Mißbrauch showmäßig kongenial aufbereitet werden – in diesem Fall vom Privatfernsehen –, und der so großartige wie ehemalige sozialdemokratische Regierungspräsident Franz-Josef Antwerpes (genannt »Dr. Antwerpes«) treten endlich gemeinsam vor die Kamera. Das muß man verstehen: Antwerpes a. D. ist dringend auf neue Einnahmequellen angewiesen. Da kommt der WDR gerade recht. Und prompt macht es Antwerpes – (Gehalt eines

Regierungsdirektors und trotzdem sozialwohnungsbedürftig, wir erinnern uns) – gar nichts aus, sich gemeine Fragen von einer Weinkönigin gefallen lassen zu müssen, denn gegen Bares ist Antwerpes nichts Menschliches fremd. »Ich weiß ja nicht, wieviel Feuer Sie noch haben?« hänselt ihn die Weinkönigin. Als Antwerpes zugibt, nach 50 von 100 angesetzten Weinproben schon völlig knülle zu sein, fordert ihn die Königin auf, wenigstens bei solchem Anlaß ehrlich zu sein – und wirklich auszuspucken. Dennoch stampft Antwerpes vor seinem genußsüchtigen Publikum trotzig auf: »Ich WILL von Müsli keine Ahnung haben!« Na ja. Die Bewohner der Kölner Bucht, deren Kindern Antwerpes für die kürzliche Sonnenfinsternis kein schulfrei geben wollte, verwundert das nicht im geringsten. Sie sind es gewohnt, daß Antwerpes bei Naturereignissen kurzen Prozeß macht (»Nebel? Sperren wir die Autobahnen!«). Kinder schulfrei? »Denen will ich den Marsch blasen«, rheinnäselte Hobbywinzer Antwerpes, der für karitative Zwecke seinen Wein für 500 bis 800 Mark losschlägt. An Fasching hindert ihn das natürlich nicht daran, höchstpersönlich strenge Alkoholkontrollen auf allen Straßen durchzuführen. Wie sagt die heitere Holländerin Amado zu ihrem Kollegen: »Bring es, Vater!«

Hauser:
VEGETARIERNACHWEIS

Die sehen alle immer so aus, als könnten sie nur dann lachen, wenn jemand aufs Gesicht fällt, den sie nicht mögen. Die verströmen sämtlich ein Klima wie Margot und Erich Honecker in Gesellschaft von Erich Mielke. Freudlos. Friedlos. Fraglos. Die haben sich und anderen längst jede Frage beantwortet. Sie wirken selbst dann so, als seien ihre Lippen blau und rasierklingendünn, die Augen glanzlos, der Teint graubraunbiergelb, wenn das auch nicht den Tatsachen entspricht. Seltsam: Bei ihrem Anblick denkt man an alles, nur nicht an Essen, an Trinken, an Lust, gar Wollust, oder an irgendeine andere Form des Genießens.

V e g e t a r i s m u s. Das Wort muß langsam auf der Zunge zergehen. Ganz langsam. Tut es aber nicht. Es bleibt dort bleischwer liegen. Nicht, weil vegetarisch zu leben unverdaulich wäre. Beileibe nicht. Aber Ismen aller Art gehen einem immer schwer runter, mag im übrigen jede und jeder nach ihrer/seiner Façon den Tisch decken. Es gibt ja nicht wenige Köche, die vegetarisch und ansonsten vollwertig werkeln. Und zwar mit Ergebnissen, die ganz und gar nicht so aussehen – »Körner müssen quellen für den Sieg!« – wie die Bannerträger des Veganertums: grau, griesgrämig, gereizt. Gemeint sind jene, die im Namen der Friedfertigkeit »auch mit Tieren« Scheiben einschlagen, Nachbarn anpöbeln, Bauern bespucken, Metzger bedrohen oder was sonst noch als Maßnahme konsequent praktizierter Nächstenliebe gilt. »Auch mit Tieren«, haha. Mit Menschen haben sie's wohl weniger am Hut.

Mit der Bibel gehen Vegetarier, Veganer oder Fruktoristen nach Gutdünken um. Es stinkt ihnen 1. Mose 1,28 – »... macht euch die Erde untertan und herrschet über die Fische im Meer und über die Vögel unter dem Himmel und über das Vieh und über alles Getier, das auf Erden kriecht« –, das ist ihnen ähbäh. Gern genommen wird dagegen 1. Mose Kapitel 1, Verse 29 und 30: »Sehet da, ich habe euch gegeben alle Pflanzen, die Samen bringen, auf der ganzen Erde, und alle Bäume mit Früchten, die Samen bringen, zu eurer Speise.« Die passen in den Kram. Mit keiner Silbe aber wird an dieser Stelle verboten, Fleisch zu sich zu nehmen! Allerdings findet sich: »Aber allen Tieren auf Erden und allen Vögeln unter dem Himmel und allem Gewürm, das auf Erden lebt, habe ich alles grüne Kraut zur Nahrung gegeben.« Das heißt, wer Kohl oder anderes Kraut ißt, der frißt der Tierwelt das Futter weg. Oder?

Wenn alle Stricke reißen, tragen sie vor, der Mensch sei von Haus aus kein gemischt-, sondern ein grünfressendes Säugetier. Das beweise die Anlage seines Gedärms. Im Ernst, das ist oft zu hören. Wodurch erhellt wird, womit diese Leute essen. Wozu der aufgerichtete – nicht etwa aufrechte – Mensch vier Reißzähne hat – zwei oben, zwei unten –, mit denen sich weder Gräser noch Körner zermalmen lassen, das wissen sie nicht. Auch weshalb sie nicht sämtliche anderen fleisch- oder gemischtfressenden Tiere – neben der sogenannten Krone der Schöpfung – ausrotten wollen, das erklärt kein »militanter Veganer«

einem »mordenden« Artgenossen. Nein, sie telefonieren lieber mit Metzgern. Nächtens. Vor allem Öko-Fleischern drohen sie Mord- und Totschlag an. Denn die vermasseln ihnen ihre schönen Argumente gegen gespritzte Tiere in Massenhaltung.

Nichts gegen die Losung »Blattsalat für die Freiheit«. Alles gegen jede Form von Massentierhaltung, »Fleischproduktion« und sonstige Ausbeutung von Tieren. Es muß gesetzlich gegen Kriminelle vorgegangen werden, die lebende Tiere, in winzige Verschläge eingepfercht, durch Europa karren oder sie in stickigstinkenden Batterien halten und was es sonst für Niederträchtigkeiten gibt, um noch eine Mark mehr aus Tieren herauszuschinden. Es kann allerdings nicht darum gehen, den anderen eine in Jahrmillionen gewachsene Prägung aus dem Hirn zu treten. Lachend kämpfen! Sich dafür einsetzen, daß jedes Lebewesen seiner Art gerecht sein Dasein fristen kann. Auch das Säugetier Mensch, Unterart: Gemischtfresser.

Kienzle:

VIKTUALIENMARKT

Der Englische Garten, die Isar und ihr Gestade, die Landschaft um die Stadt München herum – alles unbestritten schön. Vergleichbares gibt es jedoch auch andernorts. Ein Platz aber ist einzigartig in Deutschland.

Der Viktualienmarkt ist ein sichtbares Zeichen dafür, daß es einen Gott geben muß. Dieser Marktplatz braucht sich vor keinem Südeuropäer – nicht einmal vor Italienern und Franzosen – zu verstecken. Er ist Farbe, er ist Licht, er ist Duft, er ist Gewurl, er ist Gespräch, er ist Sehnsucht und Erfüllung. Er ist die reine Freude. Auf dem Viktualienmarkt gibt es alles, was Herz, Gaumen und Magen begehren. Inländisches und Ausländisches. Alles da. Und alles in bester Qualität. Bloß: Nichts von dem, was es dort zu kaufen gibt, ist wirklich billig. Das meiste aber seinen Preis wert. Rehschulter, Stubenküken und Gans bei Pörrers »Wild & Geflügel«. Käse im »Bad Tölzer Kasladen«. Tee in der »Teeschale«. Fisch im »Poseidon«. Obst und Gemüse von Hans-Jürgen Koch. Kräuter und eingelegte Gurken von Freisingers. Fleisch und Wurst beim Metzger Wittman. Essig und Öl bei »Essig & Öl«. Brot von Forsters. Bier und Tellerfleisch »Beim Sedlmair«. Wer in München vom Essen was versteht, kann diese Namen im Schlaf herunterbeten. Dem Besucher werden diese Händler der vier Jahreszeiten stolz vorgeführt wie Sehenswürdigkeiten. Vergeßt das Hofbräuhaus! Streicht Marienplatz und Maximilianstraße von eurer Sightseeing-Tour! Geht lieber zum Vikualienmarkt. Nehmt euch genügend Zeit für diesen kleinen Garten Eden auf Erden.

Kienzle:
WALTER & BENJAMIN

Da müssen erst zwei Männer ohne öffentliches Amt, ohne Geld und Auftrag Dritter kommen, um einem verbrannten deutschen Denker und Dichter ein Denkmal zu setzen. Sie haben für Walter Benjamin einen wunderbar lebendigen Erinnerungsraum errichtet. Ihre Gedenkstätte der besonderen Art steht auf dem Boden der »Hauptstadt der Bewegung«, die den jüdischen Philosophen, Humanisten und Kommunisten das Leben gekostet hat (1940 Selbstmord auf der Flucht über die spanische Grenze). Sie steht in München. In der Rumfordstraße nahe dem Viktualienmarkt: Walter & Benjamin. Walter Zimmermann, 43, und Benjamin Karsunke, 33, haben einen Ort geschaffen, der dem Geehrten Spaß gemacht hätte. Einen Laden für Wein und andere Spezialitäten nämlich. Nix für Bildungstouristen oder Wehleidige. Einen Platz für die Lust. Die Lust an erstklassigen Kreszenzen – im Ausschank und im Straßenverkauf –, an Viktualien, die's nicht überall gibt – vom Teller oder über den Tresen –, an Gästen und Kunden, die man nicht überall trifft, an Gesprächen wie in Wiener Kaffeehäusern Anfang oder in Berliner Cafés Ende der 20er Jahre.

Walter Zimmermann, Journalist, Humanist mit abgebrochenem Jura-Studium, und Benjamin Karsunke, bekennender und praktizierender Komparatist, erklärter Romantiker und überzeugter Pauillacist, wollten keine

»historische Konstruktion« für Walter Benjamin. Deshalb gaben sie keine Bronze-Plastik mit eingebrannten Daten in Auftrag – wer in München hätte schon erlaubt, die aufzustellen? Sondern sie gaben ihrem Laden schlichtweg ihre Vornamen, getrennt durch das kommerzielle &-Zeichen. Die Botschaft wurde sofort verstanden und angenommen. Walter & Benjamin avancierten zur kulinarischen Denkstelle für versprengte Linke aller Schattierungen. So kann es geschehen, daß am Tresen Leute in Kaschmirklamotten edle Weine aus Frankreich, Italien, Spanien, den USA und Deutschland verkosten und nebenbei erklären, weshalb sie mittlerweile PDS wählen.

Walter & Benjamin haben ihre Freude daran, ihren Gästen Geist und Zunge zu lockern. Das hat aber auch zu tun mit Christian Rabe von Pappenheim, genannt »Kiko«. Der heißt nicht von ungefähr so, sondern ist ein Nachfahre der bei Schillern erwähnten Pappenheimer. Kiko steht dreimal in der Woche mittags in der Küche und kocht allein aus Lust am Kochen. Und wie! Oder mit Ulf Doerge, einem Jazzmusiker, der von Berufs wegen mit Töpfen und Tellern hantiert. Oder mit der Bedienung Zvjezdana Kolundzic, »Dana«, einer Philosophiestudentin. Oder mit Christian Belzl, einem Zahnarzt, der aus Freude am Wein immer wieder den Kellner gibt. Oder mit Hans-Jürgen Koch, einem schwäbischen Obst- und Gemüsehändler vom Viktualienmarkt, der nicht nur die Küche beliefert, sondern nebenbei über Wein und die Welt philosophiert. Oder Christoph von Kleist, Rechtsanwalt und Inhaber eines Weingutes im Elsaß, der sich zungenschnalzend durchs Sortiment von Walter & Benjamin süffelt.

Der linke Dichter Erich Mühsam, der in den 20ern im »Alten Simpl« hockte und dort unter anderem sein Lied vom »Revoluzzer« krächzte, wäre heute wohl Stammgast bei Walter & Benjamin. München ist also immer noch für Überraschungen gut. Übrigens: Kein Mensch heißt gern Karsunke. So werden Menschen gerufen, wenn der Vater Yaak Karsunke, der Lyriker der 68er, ist.

Hauser:
ZUR **WEINKUR** IN DIE WACHAU

Ein neuer Österreicherwitz? Im Weinparadies Wachau bieten ein Arzt und ein Luxushotel gemeinsam eine »Weinkur« an. Picheln auf Krankenschein? Natürlich nicht. Der Kremser »Primarius« Dr. Reinhard Pesch und das Steigenberger Avance Hotel haben sich zusammengetan und gemeinsam ein Programm entwickelt, in dem »erstmals alle Potentiale des Weins erschlossen« werden. Zwölf Tage lang wird der Kurlauber, nach eingehender Voruntersuchung – vom Ernährungsstatus bis zur »Body Composition Analysis« –, mit »wohltuenden Wickeln, Packungen mit wertvollem Traubenkernöl und Tresterprodukten, Tresterbädern, verjüngender Kosmetik, Masken mit Traubenkernöl, Peelings mit Fruchtsäuren und mit drei bis fünf Massagen« traktiert.

Des weiteren gibt es »Individual- und Kleingruppentherapien für Herz/Kreislauf und Entspannung«. Selbstverständlich fehlt ein »Ernährungs-Workshop« sowenig wie ein »Triathlon aus Schiffahrt – Radfahren – Wandern«. Und was ist mit dem Wein? Den gibt es in Form von »Weinhauer-Exkursionen« (Ausflügen zu Winzern) und Vorträgen über Wein. Was, gar nichts zum Schlukken? Ja doch: Zu »mediterranen« Vier-Gänge-Menüs bekommt der Kur-Teilnehmer täglich »2/8 bis 3/8 Liter biologischen Weißwein«. Ah, ja. Gängige »Kuransätze«, so Primarius Pesch, stellten Ernährung und Bewegung in den Vordergrund, »immer wieder begleitet von diversen Ver- und Geboten«. Die Kremser Weinkur hingegen binde die »drei Säulen positive Lebenseinstellung, Ernährung, Bewegung« zu einer Einheit zusammen. »Wobei auf die Lebensfreude besondere Aufmerksamkeit gelenkt wird.«

Kuransätze, Composition Analysis, Ernährungs-Workshop – das klingt wieder alles ganz schrecklich gesundbeterisch. Weil die Veranstalter es offensichtlich nicht gelernt haben, solche Angebote auf dem schmalen Grat zwischen PR-Gedöns und seriöser Information anschaulich zu formulieren. Läßt man einmal die modische Wellness-Verpackung beiseite, bleibt dennoch eine längst überfällige Erkenntnis übrig: Der Wein ist nicht allein zum Trinken da. Wenn es der ganzheitlichen Kremser Weinkur gelingt, aus der Wachauer Rebe noch ein paar weitere Wirkstoffe des Wohlbefindens herauszupressen und dem Kurgast im nichtoralen Bereich zuzuführen, dann dürfte das bald auch für andere Anbaugebiete ungeahnte Perspektiven eröffnen. Aber warum soll es beim Wein bleiben? Auch Schottland hat schöne Hotels. Und dem Whisky werden von alters her unerhörte Heilkräfte zugeschrieben. Also – man sieht sich. Demnächst vielleicht beim Kuren in den Highlands!

Kienzle:

WEINSPRACHE: KISUAHELI FÜR ANGEBER

Das weiß der deutsche Wandkalender: »Unter Blinden ist der Einäugige König.« Diese Binsenweisheit haben sich Legionen von Getränkeschreibern und Weinkellnern – wie sich denken läßt, nicht die besten – derart zu eigen gemacht, daß sie mit Vokabeln und Behauptungen um sich werfen, die kein Normalbürger nachprüfen oder widerlegen kann. Wie alle guten Blender wissen sie, daß die meisten Menschen wenig wissen. Allemal über Wein. So hüllen sie sich in die Aura abgehobener Experten für Rebsäfte aller Art. Was einerseits einen schmalen Fuß macht. Und andererseits eine dicke Brieftasche. Obacht! Obacht! Obacht! Wer sein bißchen Wissen wie einen Bauchladen vor sich herträgt, der kann nicht viel im Kopf haben. Leuchtet ein, oder?

Deshalb schwafeln sie in Klappentexten überflüssiger, gedruckter Weinschulen davon, daß die für Leute seien, »... die gerne Wein trinken, aber noch keine Weinprofis sind«. Lachhaft: Sobald man eine Professionelle ist oder ein Professioneller, ist Schluß mit lustig. Hört der Spaß auf. Ist von Lust keine Rede mehr. Professioneller Weintrinker?! Das ist deutsch. Oder trunksüchtig.

Wobei klargemacht werden muß, daß hier nicht von Önologen – Weinwissenschaftlern – und Winzern die Rede ist. Die müssen wirklich so reden. Die brauchen für ihren Beruf Unterscheidungsmerkmale, um Weine weiterentwickeln zu können, Fehler auszuschließen und aus tausend anderen guten Gründen. Weinliebhaber können ebenfalls solche Kenntnisse haben. Selbstverständlich. Aber sie werden sie – allein, um die Stimmung am Tisch nicht zu zerstören – nicht wie ein Analyse-Computer in synthetischem Falsett unter die ungebildete Masse streuen. Sondern sich still und nur für sich an ihrer Kennerschaft erfreuen.

»Erster Eindruck im Duft: ein Hauch exotischer Früchte mit Frühlingsblüten, Toast, Vanille, Karamell. Körperreich, sahnig, mit Schmelz und leichter Butternote am Gaumen.« Oder: »... kernig mit pikanter Säure und lauten Aromen wie Holunder, Cassis, Stachelbeer, Spargel« und: »Exotische Früchte wie Litschi, Granatapfel oder Passionsfrucht sind zu riechen. Weicher Geschmack, feine Holznoten, konzentrierter Extrakt, frischer Charakter mit betont reifer Fruchtsäure im Abgang.« Solche Texte finden sich, verfaßt von einer Professionellen, im esoterisch geprägten Buntblättchen einer deutschen Tageszeitung. Und nicht allein dort. Da faßt sich ein genießender Mensch ans Scheitelbein. 'ne leichte Butternote am Gaumen! Doch wohl eher ein Haarriß in der Schädeldecke. Laute Aromen. Nein, lauter Dummsinn. Die kennen in ihrem Überdruß natürlich nur eine Stachelbeer, keine Stachelbeere. Von schwarzer Johannisbeere haben sie ebenfalls noch nie gehört: Sie flöten von Cassis. Weicher Geschmack. Ach was, weicher Keks. Sie sind wie die Ballonmützenträger in der Küche mit ihrem »Fliegenbein an einer Mousse aus Erdbeerkernen«. Sie sind ganz einfach Schaumschläger.

Das Wahnwitzige an der Formulierungskunst der Auf- und Geldschneider ist: Wenn sie an irgend etwas Natürliches oder an Gegenstände des täglichen Lebens herangeführt werden, versagen ihnen ihre Nasen den Dienst. Sie haben sich, wie pubertäre Geheimdienstler, in der Hoffnung, so könne niemand in die Karten gucken, auf ein Vokabular geeinigt, das ihnen eine exklusive Position sichert. Wer von Toast und einer Butternote am Gaumen schwätzt, dem sollte beim nächsten Treffen durch einen mit Margarine bestrichenen Toast und Marmelade von exotischen Früchten mit Frühlingsblüten das Maul gestopft werden. Wetten, daß der weder das eine noch das zweite und schon gar nicht das dritte herausschmeckt.

Ein Wein schmecke »nach altem Sattelleder«. Nein, es handelt sich nicht um einen satirischen Kabarett-Text. Was erwarten die Redner oder Schreiber solcher Texte eigentlich von Weintrinkern: Daß sie sich ein Pferd halten, das sie täglich satteln, um den »Duft« in der Nase zu haben? Oder um die Muskulatur des Gauls abzutasten, weil es anders schwerfällt, das Gefühl des »Profi«-Testers nachzuempfinden, sein feiner Wein sei »nervig wie ein gutes Pferd«. Da trifft es sich gut, daß Rösser altes Brot mögen. Denn es soll Weine geben, die nach alter Brotkruste riechen. Es wird der Tag kommen, an dem sogar dabeistehen wird, ob die Kruste von Vollkorn-, Misch- oder Weißbrot stammt.

Die hauptamtlichen Schnüffler erriechen an Weinen Früchte und Kräuter, von denen mancher ehrbar seines Weges ziehende Bürger noch nie gehört, geschweige denn, daß er sie je gerochen oder geschmeckt hat. Die Schnüffler haben sie, nebenbei bemerkt, auch nur in den seltensten Fällen im Original vor sich gehabt. Und selbst wenn, mit verbundenen Augen können die meisten von ihnen Pfefferminze nicht von Basilikum unterscheiden. Daß »Earl Grey«-Tee nach Bergamotte duftet, ist ihnen fremd. Aber: »Der Wein hat was von Earl Grey«, konstatieren sie starren Blickes. Wer's nicht glaubt, sollte den nächstbesten Aufschneider auf die Probe stellen. Oder eine Probe für Professionelle – irrsinnigerweise Verkostung genannt: verderben, verrecken, verdammen, verkosten – besuchen. Dabei nicht auf den zu kostenden Wein, sondern nur darauf achten, wie sie sich gegenseitig belauern, um sicherzugehen, daß sie nicht völlig danebenhauen. Auch Blindproben – die nicht von ungefähr so heißen – sind ein Quell für ein gepflegtes, schadenfrohes Vergnügen. Kein Amateur ahnt, wie oft, vor allem wie schwer bei dieser Art von Veranstaltungen Experten von eigenen Gnaden schon ins Jauchefaß gegriffen haben. Ein Spaß wie im Zirkus.

Fett könne ein Wein sein, heißt es im Weinführer. Wie? Was? »Fett« siehe unter »ölig«, weist einem der Führer den Weg. Dort findet sich der Eintrag, ein öliger Wein sei fett. »Dieser hier hat einen fleischigen Schwanz«, näselt der Sommelier dritter Klasse und wird damit keineswegs anzüglich. Nein, es geht darum, daß die Kreszenz einen »guten Abgang« hat. Genausogut könnten die »Connaisseurs« sagen, daß ein Wein vom ersten Riechen bis zum letzten Schluck außerordentlich nachhaltig rieche, schmecke und mit allen Geschmacksstoffen im Mund und im Rachenraum verweile. Das allerdings könnte jeder sagen, der nicht gerade einen Gummigaumen, eine Plastikzunge und ein Blutgerinnsel in der Nase hat. Das macht nichts her.

Weinfachbücher lesen und Gespräche mit Weinberichterstattern oder manchen Kellnern führen heißt zu lernen, daß diese Herrschaften mit Wasser kochen. Abweichungen um 180 Grad sind keine Ausnahme, wenn mehr als ein Buch oder mehr als ein »Experte« zu Rate gezogen worden ist. Klar, es gibt Fachwörter und Hinweise, die nötig sind, um sich zu informieren und zu orientieren – die indessen können sich selbst Alzheimervergeßliche innerhalb kürzester Zeit einprägen. Sie sind keine Geheimwissenschaft.

Der nie um ein Wort verlegene, jesuitisch erzogene Jurist, Amateurwinzer und Weinfreund Heiner Geißler hat es in anderem Zusammenhang gesagt: »Je weniger wir Politiker von einer Sache verstehen, desto blumiger, fremdländischer und geheimnisvoller wird unsere Sprache.« Das hat er nicht bei den Jesuiten, nicht bei den Politikern, nicht bei den Juristen, nicht von den Winzern, das hat er von geschäftstüchtigen Wein-Journalisten und mittelmäßigen Weinkellnern gelernt. Von denen jedoch darf sich kein vernunftbegabter Liebhaber guter Weine verblüffen lassen.

Nachspeise:

DESSERTVARIATIONEN

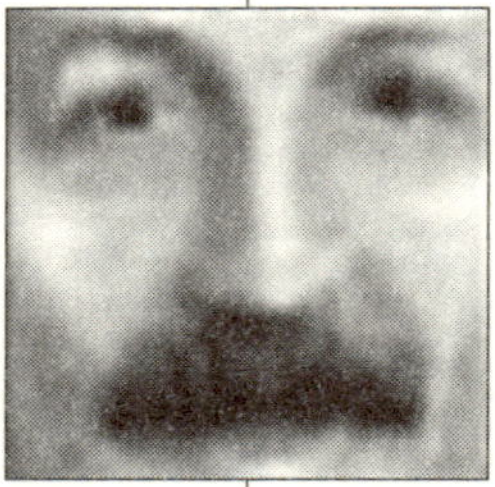

GLOSSAR

Ablöschen:
Der braunschwarze Bratensatz am Boden eines Topfes oder einer Pfanne wird mit einem Schuß Wasser, Wein, Schnaps, Bier oder Brühe unter Rühren gelöst. An deutschen Stammtischen lösen Wein, Schnaps und Bier den braunen Bodensatz.

Abschäumen:
Eiweiß gerinnt unter Hitze. Der dadurch entstehende Schaum wird von Fleischbrühen abgeschöpft. Das ist, was Politiker alle vier Jahre tun, wenn sie dem Volk den Schaum vom Mund schöpfen.

Aufwallen:
Bevor Wasser durch Erhitzen blubbert, siedet oder kocht, wirft's Wellen. Bevor es in Berlin endlich blubberte, mußten erst mal Aufwallungen durchs Land gehen.

Al dente:
Gemüse oder Teigwaren mit Biß – gerade eben gar – kochen. Die Zähne müssen einen »federleichten« Widerstand spüren. Politische Entscheidungen sind selten al dente, sondern entweder halbgar oder nur noch für Zahnlose genießbar.

Ausbeinen:
Das Ablösen des Fleisches vom Knochen. Entbeinen ist auch das Zerfieseln eines politischen Gegners.

Blanchieren:
Kurzes Eintauchen roher Lebensmittel in siedendes Wasser. Enzyme werden abgetötet, Bitterstoffe gelöst. Politiker versuchen gelegentlich, befleckte Westen zu blanchieren.

Bouquet garni:
Kräutersträußchen aus Thymian, Lorbeerblatt, Petersilie. Synonym für eine kleine Koalition.

Brühen:
Obst und Gemüse lassen sich überbrüht besser häuten. Bei abgebrühten Politikern ist das Gegenteil der Fall.

Dämpfen:
Speisen in heißem Wasserdampf bei 100° C garen. Ungefähr das, was Schröder mit Trittin macht.

Dressieren:
Lebensmittel in eine gewünschte Form bringen. Durch Fraktionszwang geschieht nichts anderes.

Dünsten:
Mit wenig Flüssigkeit bei 90 bis 100° C garen. Deckel auf den Topf, sonst brennt der Inhalt an. In der Politik ständige Praxis.

Emulgieren:
Lange kräftig rühren. Nur so lassen sich Stoffe, die einander abstoßen, miteinander verbinden. Ähnliches passiert derzeit im Bundesrat.

Farce:
Fleisch, Fisch, Gemüse, Brot, Kartoffeln oder Reis mit Ei binden und zu einer streichfähigen Füllung verarbeiten. Synonym für Regierungsarbeit.

Fines herbes:
Feingehackte Kräutermischung aus Estragon, Kerbel und Petersilie. Schröder und Fischer sind gerade dabei, Fundi-Unkraut in den eigenen Reihen zu Fines herbes kleinzuhacken und über die eigene Suppe zu streuen.

Fond:
Konzentrierte Brühe, die dadurch entsteht, daß Fleisch oder Fisch mit Knochen beziehungsweise Gräten und Würzzutaten so lange in Wasser köcheln, bis sie fast einen Extrakt ergeben. Von manchem Immobilienfonds bleibt nach jahrelangem Köcheln überhaupt nichts mehr übrig.

Frappieren:
Zwischen Eisstücken oder im Kühlschrank abkühlen. Politikern gelingt es fast täglich, ihre Wähler zu frappieren.

Glasieren:
Gekochtes durch Gelee oder Bratensaft vorm Austrocknen schützen. Der Architekt Norman Foster hat den gesamten Bundestag glasiert. Wollte er ihn damit vor dem Austrocknen schützen – oder sollen die Besucher der Reichstagskuppel beim Blick in den Plenarsaal einfach nur an Sülze denken?

Gratinieren:
Ein Gericht bei starker Oberhitze überbacken. Auch das Bundesverfassungsgericht wird gelegentlich bei starker politischer Oberhitze überbacken.

Herbes de Provence:
Lorbeer, Thymian, Rosmarin, Basilikum, Salbei, Estragon und Majoran zum Strauß gebunden. Die Große Koalition.

Julienne:
In feine Streifen geschnittenes Fleisch, Obst, Gemüse. So wird mit Hinterbänklern verfahren, die nicht auf ihre Anführer hören wollen.

Jus:
Leicht gelierender, entfetteter Bratensaft. Hat nichts mit Recht und Gerechtigkeit zu tun.

Legieren:
Suppen mit Eigelb oder Sahne andicken. Wenn Politiker Dinger, die sie gedreht haben, nachträglich zu einem Gesetz legieren, nennt man das Legislatur.

Mousse:
Schaumige Masse aus gegarten, pürierten Zutaten. Also Politikerreden.

Parieren:
Zum Essen ungeeignete Teile wie Hautstückchen, Sehnen oder Gräten entfernen. Hinterbänkler eignen sich hervorragend zum Parieren.

Pochieren:
In reichlich – nicht kochender – Flüssigkeit ziehen vor allem Klöße, Teig-

waren, Obst, Gemüse und Fisch gar. Schröders Trick mit Lafontaine: ins heiße Wasser werfen und dann ziehen lassen.

Pürieren:
Zerstampfen und Zerdrücken von Gegartem zu einer breiigen Masse. So wird aus den Ansichten vieler Parteimitglieder eine Parteimeinung.

Sautieren:
Häufiges Wenden in heißem Fett läßt kleine Fleischstücke in der Pfanne springen. Stoiber hat seinen Parteifreund und Justizminister Alfred Sauter so lange sautiert, bis dieser heftig britzelnd aus der Pfanne sprang.

Spicken:
Sehr mageres Fleisch wird vorm Braten mit Speckstreifen durchzogen. Kenner sagen, das Fleisch verliere dadurch seine Lebendigkeit und seinen Geschmack. Was »gewöhnlich gut unterrichtete Kreise« mit willfährigen Journalisten machen, nennt man ebenfalls so. Am Ende steht Geschmackloses in der Zeitung.

Stocken:
Wenn flüssige oder halbflüssige Substanzen gerinnen, sagen Bayern und Österreicher, sie »stocken«. Das rot-grüne Projekt ist in der Hitze der Regierungsarbeit sehr schnell ins Stocken geraten.

Unterheben:
Vorsichtiges Vermischen von Eischnee oder geschlagener Sahne mit einer Grundspeise. Das Ganze soll schaumig bleiben. Genau das ist der Auftrag des Regierungssprechers: Die Regierungsarbeit mit Sahne unterheben und den Journalisten als schmackhaften Schaum verkaufen.

Wasserbad:
Empfindliche Massen werden im Wasserbad mit einem Schneebesen »aufgeschlagen«. Dabei hängt eine kleine Schüssel oder ein sonstiges Behältnis in einem entsprechend größeren Topf, der mit heißem Wasser gefüllt ist. Der aufsteigende Dampf liefert die notwendige Wärme. Auch Wählermassen sind empfindlich. Darum werden sie im Wahldampf mit dem Schmähbesen vorsichtig aufgeschlagen, in der Hoffnung, daß sie nicht vor dem Urnengang verkochen oder in sich zusammenfallen.

LITERATURHINWEISE

Aign, Waltraute, *Zu Gast in deutschen Landen.* Stuttgart, Das Beste 1985.

Anda, Béla/Kleine, Rolf, *Gerhard Schröder. Eine Biographie.* Berlin, Ullstein 1998.

Bauer, Petra (Hrsg.), *Hier kocht das Chaos. Politisch gewürzte Rezepte.* Hamburg, Zinnober 1987.

Behnke, H., *Geprüft und bewährt.* Hamburg, Selbstverlag 1910.

Bergmann, Hansgeorg, *Unvergessene Küche.* Hamburg, Gruner + Jahr 1979.

Bertholle, Louisette (Hrsg.), *Die geheimen Rezepte der besten Restaurants Frankreichs.* Bern, Hallwag 1976.

Biolek, Alfred, *Die Rezepte meiner Gäste.* München, Zabert Sandmann 1997.

Bleuel, Hans Peter, *Südtirol. Küche, Land und Menschen.* Weil der Stadt, Hädecke 1995.

Boini, Rita, *Buon appetito: Die vegetarische Küche Italiens.* München, Edition Spangenberg bei Droemer 1999.

Bölling, Klaus, *Die letzten dreißig Tage des Kanzlers Helmut Schmidt.* Reinbek, Rowohlt 1982.

Borkowski, Dieter, *Erich Honecker – Statthalter Moskaus oder deutscher Patriot?* München, Bertelsmann 1987.

Bornkamm, Karin/Ebeling, Gerhard (Hrsg.), *Martin Luther – Ausgewählte Schriften.* Frankfurt/M./Leipzig, Insel 1983.

Brandt, Rut, *Freundesland.* Hamburg, Hoffmann und Campe [14]1993.

Brandt, Willy, *Erinnerungen.* Berlin, Ullstein 1994.

Burchardt, Rainer/Knobbe, Werner, *Björn Engholm: eine Biographie.* Stuttgart, DVA 1993.

Carluccio, Antonio, *Meine italienische Küche.* München, Heyne 1997.

Charmley, John, *Churchill. Das Ende einer Legende.* Berlin, Propyläen 1995.

Cipriani, Arrigo, *Harry's Bar-Kochbuch.* München, Heyne 1993.

Domagala, Rosemarie (Hrsg.), *Morgenimbisz an des lantgraven hove. Gastlichkeit auf der Wartburg.* Eisenach, Wirtschaftsbetriebe Wartburg 1994.

Dorn, Alexander, *Genscher-Quiz-Buch.* Frankfurt/M., Eichborn 1991.

Duch, Karl, *Handlexikon der Kochkunst.* Linz, Tauner 1989.

Dumont, Cédric, *Kulinarisches Lexikon.* Bern, Hallwag 1997.

Filmer, Werner/Schwan, Heribert, *Hans-Dietrich Genscher.* Rastatt, Moewig bei Ullstein 1993.

–, *Helmut Kohl.* Düsseldorf, Econ 1985.

Fischer, Peter, *Schlaraffenland, nimm's in die Hand. Kochbuch für Gesellschaften, Kooperativen, Wohngemeinschaften, Kollektive und andere Menschenhaufen sowie isolierte Fresser.* Berlin, Wagenbach 1975.

Fisher, M. F. K., *Die Küche in Frankreichs Provinzen.* Amsterdam, Time-Life 1969.

Freud, Sigmund, *Mein Kochbuch.* Frankfurt/M., Eichborn 1986.

Gerhard, Frank, *Kulinarische Streifzüge durch Hessen.* Künzelsau, Sigloch Edition 1981.

Genscher, Hans-Dietrich, *Erinnerungen.* Berlin, Siedler 1995.

Giacosa, Ilaria Gozzini, *Genießen wie die alten Römer.* Frankfurt/M., Eichborn 1995.

Giesbert, Franz-Olivier, *François Mitterrand. Die Biographie.* Berlin, Propyläen 1997.

Gollmer, Richard (Hrsg.), *Das Apicius-Kochbuch aus der altrömischen Kaiserzeit.* (Nachdruck der Ausgabe: Breslau, Alfred Langewort 1909), Brensbach, Satyr 1997.

Gööck, Roland, *Das Buch der Gewürze.* Hamburg, Mosaik 1965.

Gorys, Erhard, *Das neue Küchenlexikon.* München, dtv 1994.

Grunenberg, Nina, *Vier Tage mit dem Bundeskanzler.* Hamburg, Hoffmann und Campe 1976.

Hachenberger, Richard, *Theodor Heuss. Stationen beim Wein.* Wiesbaden, Gesellschaft für die Geschichte des Weins e.V. 1997.

Hamm, Wilhelm, *Das Weinbuch.* Leipzig, Weber 1865.

Harris, Marvin, *Wohlgeschmack und Widerwillen.* Stuttgart, Klett-Cotta 1988.

Heckmann, Herbert, *Die Freud des Essens.* München, Hanser 1979.

Hering, Richard, *Lexikon der Küche.* Gießen, Pfannenberg 1990.

Herres, Volker/Waller, Klaus, *Der Weg nach oben. Gerhard Schröder, eine politische Biographie.* München, Econ 1998.

Hessler, Doris-Katharina, *Meine Vollwertküche.* Steinhagen, Zabert Sandmann 1988.

Hoffmann, Peter, *Politiker erinnern sich: Lieblingsgerichte aus Kindertagen.* Frankfurt/M., pmi 1990.

Hofmann, Maria, *Bayrisches Kochbuch.* München, Birken 1965.

Höhne, Anita/Hochenegg, Leonhard, *Ein Rezeptbuch für die Lust.* München, Heyne 1999.

Hoicke, Cornelia/Pollmer, Udo/Grimm, Hans Ulrich, *Vorsicht Geschmack.* Stuttgart, S. Hirzel 1998.

Isaacson, Walter, *Kissinger – a biography.* New York, Simon & Schuster 1992.

Kapfelsberger, Eva/Pollmer Udo, *Iß und stirb. Chemie in unserer Nahrung.* München, dtv [4]1989.

Kiehnle, Hermine, *Kiehnle Kochbuch.* Weil der Stadt, Hädecke 1994.

Kiesinger, Kurt G., *Dunkle und helle Jahre. Erinnerungen 1904–1958.* Stuttgart, DVA 1989.

Klein, Hans, *Es begann im Kaukasus.* Berlin, Ullstein 1991.

Kleine, Rolf/Spruck, Matthias, *Johannes Rau. Eine Biographie.* München, Econ 1999.

Klink, Vincent/Opitz, Stephan (Hrsg.), *Cotta's kulinarischer Almanach auf das Jahr 1998/99.* Stuttgart, Klett-Cotta 1997.

Koch, Peter, *Willy Brandt. Eine politische Biographie.* Berlin, Ullstein 188.

Köhler, Werner/Merk, Gerhard, *Echte Münchner Küche.* München, Zabert Sandmann 1997.

Könneker, Marie-Luise/Fischer-Homberger, Esther, *Götterspeisen, Teufelsküchen.* Frankfurt/M., Luchterhand 1990.

Köpf, Peter, *Der Neue: Gerhard Schröder – Deutschlands Hoffnungsträger.* München, Knaur 1998.

Kort, Michael, *Nikita Khrushchev.* New York, F. Watts 1989.

Krause-Burger, Sibylle, *Helmut Schmidt: aus der Nähe gesehen.* Düsseldorf, Econ 1980.

Lebert, Norbert, *Kulinarische Rätsel.* Frankfurt/M./Leipzig, Insel 1998.

Lemnis, Maria/Vitry, Henryk, *Altpolnische Küche und polnische Tischsitten.* Warschau, Interpress 1983.

Löffler, Henriette, *Großes illustriertes Kochbuch.* Ulm, J. Ebner 1902.

Matt, Werner/Glocker, Walter, *Erlesenes aus Österreichs Küche.* Linz, Tauner 1991.

Meyer, Antje, *Heide Simonis. Ein Porträt.* Bergisch Gladbach, Lübbe 1994.

Mitterrand, Danielle, *Gezeiten des Lebens.* Düsseldorf, Econ 1997.

o. A., *Die Bibel.* Stuttgart, Deutsche Bibelstiftung 1978.

o. A., *Gastgewerbliche Berufe.* Hannover, Schroedel Schulbuch 1991.

o. A., *Kochrezepte für die Militärküche.* Schweizerische Armee, Reglement 60.6d, Bern 1983.

o. A., *Das rote Kochbuch. So speisen Oskar Lafontaine und seine politischen Freunde.* Oberding, Reimo 1998.

o. A., *Das schwarze Kochbuch. So speisen Helmut Kohl und seine politischen Freunde.* Oberding, Reimo 1998.

Oberleithner, Wolfgang/Dähnhardt, Wolfgang, *Österreich. Küche, Land und Menschen.* Weil der Stadt, Hädecke 1995.

Paczensky, Gert von/Dünnebier, Anna, *Kulturgeschichte des Essens und Trinkens.* München, Goldmann 1997.

–, *Leere Töpfe, volle Töpfe.* München, Knaus 1994.

Peiler, Renate u. a. (Hrsg.), *Das große Kochbuch deutscher Köche.* Hamburg, Gruner + Jahr 1984.

Peters, Babette (Hrsg.), *Hamburg kocht. 47 lukullische Erzählungen.* Hamburg, Christians 1997.

Poppinga, Anneliese, *Meine Erinnerungen an Konrad Adenauer.* Bergisch Gladbach, Lübbe 1986.

Posche, Ulrike, *Gerhard Schröder: Nah-Aufnahme.* München, Goldmann 1998.

Quirk, Robert E., *Fidel Castro. Die Biographie.* Berlin, Edition Q 1996.

Reagan, Ronald, *Erinnerungen: ein amerikanisches Leben.* Berlin, Propyläen 1990.

Rehder, Anita/Kürtz, Jutta, *Das Kochbuch aus Kombüse und Pantry.* Münster, Hölker 1976.

Reichlmayr, Heidi, *Gerichte, die Geschichte machten.* Wien, Meyster 1979.

Reitmayr, Monika (Hrsg.), *Das grüne Kochbuch. Lieblingsgerichte bekannter Bündnis 90/Die grünen-Politiker(innen) des Deutschen Bundestages.* Oberding, Reimo 1998.

Reitz, Ulrich, *Wolfgang Schäuble. Die Biographie.* Bergisch Gladbach, Lübbe 1996.

Root, Waverley, *Das Mundbuch.* Frankfurt/M., Eichborn 1994.

Rose, Norman, *Churchill: an unruly life.* London, Simon & Schuster 1994.

Rosenbaum, Ulrich, *Rudolf Scharping. Eine Biographie.* Berlin, Ullstein 1993.

Rosnack, Marie, *Stettiner Kochbuch.* Stettin, Nicolai'sche Buch- und Papierhandlung 1845.

Ryan, Mary Jane, *Ich bin so wild nach Kirschsorbet. Coole Frauen und heiße Rezepte.* München, dtv 1998.

Schäfer-Schuchardt, Horst, *Die Olive. Kulturgeschichte einer Frucht.* Nürnberg, DA 1993.

Schmölders, Claudia, *Einladung zum Essen. Ein Buch für Gäste.* Frankfurt/M./Leipzig, Insel 1998.

Schraemli, Harry, *Von Lukullus bis Escoffier.* Bielefeld, Ceres 1991.

Schuhbeck, Alfons, *Das neue bayrische Kochbuch.* Steinhagen, Zabert Sandmann 1989.

Steffen, Klaus, *Essen wie Erich. Bevor der Ofen aus war – Das Beste aus Honeckers Hofküche.* Berlin, Eulenspiegel 1996.

Sternburg, Wilhelm von, *Adenauer – eine deutsche Legende.* Frankfurt/M., Athenäum 1987.

Stregel, Tobias/Tweder, Fabian, *Deutsche Kulinarische Republik. Szenen, Berichte und Rezepte aus dem Osten.* Frankfurt/M., Eichborn 1998.

Strauß, Franz Josef, *Die Erinnerungen.* Berlin, Siedler 1989.

Terrill, Ross, *Mao. Eine Biographie.* Hamburg, Hoffmann und Campe 1981.

Teubner, Christian, *Das große Buch der Kuchen und Torten.* Füssen, Edition Teubner 1983.

–, *Suppen und Eintöpfe.* München, Gräfe und Unzer 1986.

Thatcher, Margaret, *Downing Street No. 10: Die Erinnerungen.* Düsseldorf, Econ 1993.

–, *Die Erinnerungen 1925–1979.* Düsseldorf, Econ 1995.

Uecker, Wolf, *Brevier der Genüsse.* München, Droemer Knaur 1986.

–, *Die neue alte Küche.* Hamburg, Gruner + Jahr 1983.

Visser, Margaret, *Mahlzeit!* Frankfurt/M., Eichborn 1998.

Wallow, Hans (Hrsg.), *Rudolf Scharping: der Profi.* Düsseldorf, Econ 1994.

Wellmann, Hans-Heinrich, *Eier und Käse.* Amsterdam, Time-Life 1980.

Wiemann, Gertrude, *Kochbuch für den feineren und bürgerlichen Haushalt.* Fürth, Schreiber 1910.

Witzigmann, Eckart, *Mehlspeisen, Gebäck, Desserts.* München, Heyne 1994.

Wolf, Friedrich/Müller, Henning, *Wer war Wolf: Friedrich Wolf (1888–1953) in Selbstzeugnissen, Bilddokumenten und Erinnerungen.* Köln, Röderberg 1988.

Wolf, Markus, *Geheimnisse der russischen Küche.* München, Piper 1997.

REGISTER

Rezepte

Amuse-Gueule

Vorspeisen

Salate

Suppen und Eintöpfe

Nudeln und Teigwaren

Vegetarische Gerichte

Fischgerichte

Fleisch-, Geflügel- und Wildgerichte

Süßspeisen

Käse

Menüvorschlag für Infarktpatienten

Personenregister

A

B

C

R

S

BILD- UND QUELLENNACHWEIS

Focus/Paul Schirnhofer, Berlin Bildteil S. 1–4, Paul Glaser, Berlin S. 5, Schwanstein.com S. 6 oben, Regina Schmeken, München S. 6 unten, Schwanstein.com S. 7–9, Agentur Focus/Paul Schirnhofer, Berlin S. 10, Schwanstein.com S. 11, BZ/Lothar Müller, Berlin S. 12 oben, Schwanstein.com S. 12 Mitte und unten, Bierling & Rhodenhausen, München S. 13, Schwanstein.com S. 14, dpa/Rolf Rick, München, S. 15, Bilderdienst Süddeutscher Verlag, München S. 15 Mitte, Walter Zimmermann und Benjamin Karsunke, München S. 15 unten, Schwanstein.com S. 16 oben, U.S. Camera S. 16 unten.

Abdruck des Kapitels *Ständige Verdrehung* (in dieser Ausgabe unter dem Titel *Spezialdemokraten unter sich*) von Bodo H. Hauser aus *Bitte recht feindlich!* von Bodo H. Hauser und Ulrich Kienzle, Hamburg 1998. Mit freundlicher Genehmigung des Hoffmann und Campe Verlags, Hamburg